Morice's Stories
in Attic Greek

Morice's Stories in Attic Greek

Anne Mahoney

Cover: Ajax and Achilles playing dice. Attic black-figure amphora, second half 6th c. BCE, Museo Nazionale di Villa Giulia, Rome. Photo courtesy of Nintallah/ Art Resource, NY.

ISBN 1-58510-189-3

Printed in the United States of America

10 9 8 7 6 5 4 3 2 1

Table of Contents

Preface to the Focus edition

Morice's *Stories* is a collection of straightforward prose narratives, divided into 100-word sections. These stories are suitable for intermediate-level Greek students who have seen all or most of the grammar. Because Morice chose characters and incidents from history and mythology, these stories also serve to introduce Ancient Greek culture.

The Rev. Francis David Morice (1849-1926) translated Pindar's Olympian and Pythian odes and wrote a book about Pindar, and he collaborated with Arthur Sidgwick on a Greek prose composition text. Morice was also an entomologist, whose field work took him to northern Africa as well as various sites nearer home. His classification of the sawflies (flying insects related to ants) in Britain is still used. His experience teaching Greek came at the Rugby School, where he was master of the house later called Cotton House from 1884-1895.

For the present edition, I have revised Morice's "Hints to Beginners" (now "Hints for Reading") and his notes in accordance with modern principles in the teaching of Greek. Morice assumed students would be construing and translating these stories, rather than simply reading them. He suggested that students should begin by locating the main verb, then its subject, then obvious modifiers. This promotes the idea that Greek is a puzzle to be decoded rather than a language that can be used for actual communication. Instead, I have given suggestions about reading Greek as it is written, by phrases, in the normal Greek word order, rather than attempting to re-arrange it into something approximating English.

I have also updated several dated references, for example to sums of money, and given at least one classical (or other) source for most of the stories. Some are traditional and some may be Morice's own inventions. Those that are classical are often told by more than one author; I have not made any attempt to produce an exhaustive list of variant forms.

Notes on the first dozen or so selections are fuller than those for the later ones. In the first 198 stories, verb forms are printed with hyphens setting off reduplication, augment, or prefixes, so that the basic root of the verb will be easier to recognize. This simplification is dropped for the remaining 65 stories, to help students get used to verbs as they appear in standard editions.

Because many Greek students have already studied Latin, and others will go on to do so, the notes occasionally draw parallels with Latin grammar. If students already know the Latin forms or constructions, this is helpful, and if not, it may make them curious about the younger classical language. Morice, of course, assumed that all his readers were more experienced in Latin than in Greek. This can no longer be assumed, so in no case is the Latin parallel the *only* explanation for a point of Greek grammar.

There are several ways to use these stories in the Greek classroom. Morice designed them as transitional reading, between the textbook and the class's first unadapted Greek. Because there are so many stories, students can get as much practice as they need. The stories can also be used as a supplement in an intermediate-level class, somewhat easier than the main readings, to allow the class practice in rapid, fluent reading. They are also appropriate for sight passages on quizzes or exams, and as each numbered section is just 100 words long, it is easy to control the amount of reading being assigned.

Boston, June 2005

Preface to the 1879 edition

This book is intended to supply beginners in Greek with materials for construing, easier than Xenophon, more interesting than the disconnected sentences of a Delectus, and better calculated than Aesop to familiarise a young reader with the ordinary vocabulary and idiom of the best Attic prose writers.

Few words or constructions have been introduced which are not of constant occurrence in the most correct Attic authors. Thus the beginner who passes from this book to Xenophon, Thucydides, and Demosthenes, and to the composition of Attic prose on his own account, will have little or nothing to unlearn. On the contrary, he will, it is hoped, find his memory stored with a good stock of precisely those words and phrases which will most often stand him in stead. At the same time, care has been taken not to perplex the beginner with long sentences or difficult idioms. The syntax of an ordinary sentence of simple Attic furnishes sufficient occupation for the intelligence of an average schoolboy; and a real mastery of this, such as it is hoped this book will give him, is a better groundwork for his future studies than a half-knowledge of the mysteries of *Anacoluthon, Brachylogia,* and *Ellipsis.*

The book consists of stories and passages of simple narrative, which it requires no special knowledge of Greek antiquities or history to understand. To introduce a boy straight from his Grammar to even so simple an author as Xenophon is to plunge him without preparation into a whole world of thoughts and customs of which he knows absolutely nothing. He is bewildered with all the technicalities of Athenian legal procedure and Spartan military organisation, of ancient religious ritual, and a thousand unfamiliar features of Greek political and social life. To such this book will introduce him, not *per saltum,* but gradually and with preparation. The gulf between his own experiences and the remote world of Classical Antiquity is bridged for him by the explanations introduced in Text, Notes, or Vocabulary, and it is hoped that with a little assistance from his teachers he will never find himself hopelessly at sea as to the meaning of an allusion or the nature of an event described.

An unusually full Vocabulary of Words and Stems has been supplied, and in the introductory pages entitled 'Hints to Beginners' will be found full instructions to guide the learner in its use. Many boys are retarded in their Greek studies from mere ignorance of the way in which a Lexicon should be used. An augment or a

3

reduplication sets them vainly hunting for words where they will never find them. A teacher who guides his boys to look out their words according to the principles embodied in these 'Hints' will save them many a *mauvais quart d'heure* of wholly useless and uninstructive labour.

The comprehensive character of the Vocabulary makes the addition of a large stock of Notes superfluous. The few which have been given may serve however to save time and sharpen intelligence, and their extreme brevity will leave an idle boy no excuse for neglecting to acquaint himself with them.

English equivalents of Proper Names, with quantities marked where needful, and occasionally with a word or two of explanation, have been added in a Vocabulary of their own.

Augmented and Reduplicated Verbs have been, as far as possible, indicated in the text by the employment of hyphens. And the same method has been employed, after the example of Mr. Phillpotts in his excellent elementary Greek Texts, to distinguish the prepositional factor in a compound verb.

Of the Stories, some appear now for the first time in a Greek dress, others are adaptations — usually from the less-read authors of antiquity, as Aelian, Apollodorus, Plutarch, Athenaeus, and Diodorus. Difficult verb-inflections have been altogether avoided in the early Stories, and have been only introduced gradually, and with full assistance from Notes and Vocabulary in the later. The whole book has been arranged into short chapters, of equal or nearly equal length, each possessing sufficient unity to serve as a lesson for a beginner. And at the end will be found a series of longer stories, mostly adapted from Thucydides, and narrating interesting episodes in Grecian history. In these the employment of hyphens has been discarded, as it is hoped that the reader, by the time he reaches this part of the book, will have already learned to use the Vocabularies intelligently.

The author wishes to acknowledge the kind and valuable assistance which he has received throughout from his colleague Mr. Arthur Sidgwick. The original conception of the book is in great measure due to his suggestion; and, in its final form, it has received the benefit of his experience and scholarship in a careful revision of the proofs, freeing the text from many blemishes which the author had overlooked.

In preparing this Second Edition, the substance of the book has been left unaltered. Verbal and typographical errors in the text have been corrected; some missing items have been supplied in the Vocabulary; and the Vocabulary of Proper Names has been extended so as to comprise short biographical notices of some of the more important personages mentioned in it.

F. D. M.
Rugby, 1879.

Hints for Reading

1. Using the Vocabulary

1. Stems

When you cannot at once find a *word* in the Vocabulary, look for a *stem* which may guide you to it.

For instance, suppose you come on the word θρέψει. You will find no *word* in the vocabulary beginning with θ from which it could be derived; but you will find a *stem* θρεψ-, and this will refer you to τρέφω, of which θρέψω, θρέψεις, θρέψει, etc., is the future.

Or suppose you have to look up τριχὸς. You will find no noun or verb under τ to which you can refer it; but you will find "τριχ- stem of θρίξ," and when you have looked up θρὶξ, you will see that τριχὸς must be its genitive singular.

It is useful to learn some of the common patterns in stem formation. In the two examples given here, one form of the word has an aspirate consonant (θ, φ, χ) at the end of the first syllable while another form has the aspiration at the beginning. Since Greek prefers not to have aspiration at the start and end of the same syllable, this kind of alternation is common.

Similarly, some verbs, mostly the -μι verbs, have reduplication in their present stems, like δί-δωμι, but not in the future or aorist (δώσω, ἔδωκα). And some verbs have an ε in most forms, but an ο in the perfect; they may have a second aorist with neither one. Examples are λείπω and πέμπω. Finally, there is a class of common verbs like λαμβάνω which have an extra nasal consonant (ν, μ) in the first syllable and -αν- at the end of the present stem. These are additions to the basic root, here λαβ-, which appears by itself in the future and aorist.

2. Augments, etc.

In looking up verbs take care not to be misled by augments and reduplications. Augments never appear in the present, but only in past tenses of the indicative. Reduplications with ε belong to the perfect. Some verbs have a reduplication with ι in the present, like δίδωμι from root δω- and γιγνώσκω from root γνω-. The aorists of these verbs will not be reduplicated.

5

For instance, the meaning of ἐθήρευσα will be found by looking up θηρεύω, not ἐθηρεύω.

Again, to find ἔβη. ἐ being the augment, disregard it for the moment, and turn in the Vocabulary to "βη-, perf. fut. and aor. stem of βαίνω"; then look up βαίνω, and you will find "2 aor. ἔβην," of which ἔβη is, of course, the 3d pers. sing.

To assist the beginner in this, syllabic augments and reduplications, in the first 198 stories of this book, are separated from their stems by a hyphen.

Thus: ἔ-βη, ἐ-πε-πλήρωτο (from πληρόω), etc.

3. Temporal Augments

If a verb-form begins with η or ω, this is often due to the temporal augment. Therefore:

> A. To find the present or the stem of a verb-form beginning with η, look first under η, then (if you do not find it) turn at once to α or ε.

> B. If the form begin with ω, its present or stem will usually be found under ο.

4. Compound Verbs

In these the augments, etc., regularly follow the preposition.

Thus, in προσ-έ-βαλλον, έ is the augment; look up προσ-βάλλω.

Again, in προσ-έ-πεσε, έ is the augment, πέσ- is the 2 aor. stem of πίπτω; look up προσ-πίπτω.

Again, in δι-ῆγε, ῆ is due to the temporal augment (sect. 3). -ῆγε comes from -άγω; so look up δι-άγω.

Be careful of forms starting with ἐπ-, which could be *either* augmented forms of verbs starting with π- *or* forms of verbs starting with the prefix ἐπι-. In the early stories of this book the hyphen will help you tell them apart.

5. Changes of Prepositions in Compound Verbs

Several prepositions are altered in form when compounded with words beginning with certain letters, and as the augmented and unaugmented tenses of the same verb often begin with different letters, this change may take place in the one set of tenses and not in the other.

Thus, σὺν is unaltered before ε, but becomes συμ- before β; so to find συν-έ-βαινε we must look up not συν-βαίνω but συμ-βαίνω.

Again, ἐπὶ becomes ἐπ- before a vowel, but remains ἐπὶ before a consonant; so ἐπ-έ-βαινε comes not from ἐπ-βαίνω but from ἐπι-βαίνω.

Again, before the rough breathing (like ἁ) ἐπί becomes ἐφ-; so, to find ἐπ-έ-στη or ἐπι-στάς, since ἔ-στη and στὰς come from ἵστημι, we must look up ἐφ-ίστημι.

A list of these changes is given below (see sect. 7), and the learner when in difficulty should continually refer to it.

The preposition πρό sometimes combines with a following augment, and produces a diphthong πρου-.

Thus, if we have to find πρου-χώρησε, we must look up προ-χωρέω.

6. Special Irregularities

Many irregularly formed, suppletive, or otherwise puzzling tenses of verbs will be found separately noted in the Vocabulary, for example ἧκα, 1 aor. of ἵημι; ὠλόμην, 2 aor. mid. of ὄλλυμι; κέκτημαι, perf. of κτάομαι, etc.

7. List of Changes of Prepositions in Composition

The following is a list of the principal changes which prepositions undergo in composition. (See sect. 5.)

Rule A. ἀνά, διά, παρά become ἀν-, δι-, παρ- before all vowels, whether the breathing be rough or smooth; before consonants they remain unaltered.

> *Examples*: ἀν-έ-βαινε from ἀνα-βαίνω.
> δι-ίστημι, but δια-στάς.
> παρ-έχω, but παρα-σχών.

Rule B. ἀντὶ, ἀπὸ, ἐπὶ, κατὰ, μετὰ, ὑπὸ, before vowels with a smooth breathing become ἀντ-, ἀπ-, ἐπ-, κατ-, μετ-, ὑπ-. Before vowels with a rough breathing they become ἀνθ-, ἀφ-, ἐφ-, καθ-, μεθ-, ὑφ-. Before consonants they remain unaltered.

> *Example*: κατ-έχω, καθ-έξω, κατα-σχών.

Rule C. ἐκ before a vowel appears as ἐξ, before a consonant as ἐκ.

> *Example*: ἐξ-ίστημι, ἐξ-έ-στην, but ἐκ-στάς.

Rule D. ἐν is assimilated. It becomes ἐγ- before gutturals (γ, κ, χ); it becomes ἐλ- before λ; and it becomes ἐμ- before labials (π, β, φ, μ). Before other letters it remains unaltered.

> *Examples*: ἐλ-λοχάω, ἐν-ε-λόχησα.
> ἐμ-βάλλω, ἐν-έ-βαλε.

Rule E. σὺν is assimilated in the same ways: it becomes συγ- before gutturals, συλ- before λ, and συμ- before labials. Additionally, it becomes συρ- before ρ, and συ- before ζ and usually before σ. Before other letters it remains unaltered.

> *Examples*: συγ-χωρέω, συν-ε-χώρησα.
> συμ-βαίνω, συν-έ-βη.
> συ-στάς, συν-ίστημι.

8. Proper Names

All words beginning with a capital letter should be looked up in the vocabulary of proper names, where the conventional English form of each word is given, and (occasionally) points of history and geography connected with them are briefly stated.

2. GRAMMAR FOR READING

1. Structure of Sentences

Read in order rather than skipping around looking for the main verb and its subject. Get used to Greek word order, which normally has the subject, then the object, then the verb, as opposed to English which almost always has the object after the verb. Note phrases: in Greek prose, just as in English, the modifiers of a word will generally be next to the word, not somewhere far away. Clauses are generally not "interlaced." That is, words will modify, govern, or be governed by other words in the same clause. For example, consider a sentence like ὁ διδάσκαλος βιβλία οὐκ ἔχει, ἀλλὰ οἱ μαθηταὶ πολλὰ βιβλία ἔχουσι. Here the word order tells you unambiguously that οὐκ must modify ἔχει, not ἔχουσι.

It is useful to begin a new story by "pre-reading" it. Read through the story fairly quickly, not looking up anything, but trying to get the main idea and the main structure. Pay attention to the case and number of each noun, adjective, and pronoun, and the person and number of each verb. Watch for markers that tell you where a clause begins or ends: these include commas, co-ordinating conjunctions like καί or ἀλλά, subordinating conjunctions like ἐπεί or ἐάν, and particles like μέν and δέ.

After pre-reading, go back and read more slowly, using the notes and the vocabulary where you need to.

Avoid writing English glosses over the Greek words. If you need to make notes, write them on a separate piece of paper. Keep your text clean so you can return to it and re-read it for additional practice.

Take for example this straightforward sentence:

ἄπρακτον γάρ σε ἀπο-πέμψει ὁ ἐπὶ ταῖς θύραις ἑστηκώς.

Do not begin looking up word by word and construing it into some such nonsense as: "Without success for you he will send the on the doors having stood." Instead, approach it this way:

ἄπρακτον, masc. acc. sg. or neut. nom. or acc. sg.; this could be a subject or an object; some person or thing is unsuccessful.

γάρ: this sentence gives a reason for something we read in the last sentence.

σε: masc. acc. sg., so this must be what ἄπρακτον modifies, and it is probably a direct object of a transitive verb, though it could also turn out to be the subject of an infinitive.

ἀπο-πέμψει, 3rd sg. fut. indic. act. This is the main verb of the clause and σε must be its object. "(Because) he/she/someone will send you away unsuccessful...." We would still like to know who the subject is; it might be clear from the context or there might be an explicit subject coming up.

ὁ, masc. nom. sg. This article introduces a noun phrase that will be the subject: this is who will be sending the "you" away. From here until we get the noun, everything will be part of that noun phrase.

ἐπὶ ταῖς θύραις, prepositional phrase. Because we are inside a noun phrase (between the article and the noun), this phrase *must* modify the noun. In other words, it's not the "you" who is at the doors, nor the speaker, but the subject.

ἑστηκώς, masc. nom. sg., perf. ppl. act. of ἵστημι. Our subject is standing at the doors.

Since this is the end of the sentence, the participle must be acting as a noun, and we conclude that it is "the person standing at the doors" (that is, the doorman or porter) who "will send you away unsuccessful."

With practice you will learn to form a mental picture of the action without necessarily re-expressing the sentence in English. Remember, translating is *not* a way to understand a sentence. It is a way — only one of several possible ways — for you to *demonstrate* your understanding.

2. Pesky Little Words

Pay attention *from the first* to little words, conjunctions, particles, etc. You will find them incessantly reappearing as you go on, and will save yourself trouble in the end by noticing them carefully at first. They are the markers that tell you the structure of the sentence and of the paragraph.

3. Punctuation

Be careful of punctuation marks, especially the question mark, which is like an English semicolon (;). And remember that parentheses are often contained between *a pair of commas,* but *a single comma* makes a separate new clause. So: Words separated by two commas sometimes belong to the same clause, but words separated by one comma belong to different clauses.

4. Pronouns

Make yourself as familiar as possible with the declensions of pronouns in the Grammar, especially with those of οὗτος, ὅστις, and ὅδε. This will save you countless tiresome hunts after such words as ἥντινα and τάδε, which lexicons and vocabularies (including the one in this book) will hardly ever explain to you.

The syntax of αὐτός, αὐτή, αὐτό is tricky because the word means several different things depending on how it is used.

First of all, in attribute position, it means "same," as τοὺς αὐτούς, *the same people;* τὸν αὐτὸν χρόνον, *the same time.*

When it appears by itself, it is the pronoun for the third person, "him, her, it," but only in the oblique cases, never in the nominative. Examples: ἔκτεινα αὐτόν, *I killed him;* ὀργίζεται αὐτοῖς, *he is angry with them.*

In predicate position, *or* when it is the subject, it is an intensifier, "he himself," like Latin *ipse:* ἃ αὐτὸς ἔχει, *what he himself has;* αὐτοῦ κελεύοντος, τὸν ἄνδρα ἔκτεινα, *I killed the man at his own request;* αὐτὸ τοῦτο, *this very thing;* αὐτὸν τὸν ἄνδρα, *the man himself.* (but τὸν αὐτὸν ἄνδρα, *the same man,* as above)

Finally, it goes along with the plural pronouns ἡμᾶς, ὑμᾶς, σφᾶς to make the plural reflexives: κτείνωμεν ἡμᾶς αὐτούς, *let us kill ourselves;* ὀργίζονται σφίσιν αὐτοῖς, *they are angry with themselves.*

5. The Article

Notice the position of the article, especially when it is nominative.

(1.) *It marks the subject.*

> Thus ὁ ἀγαθός ἐστι δίκαιος = the good man is just,

> But ἀγαθός ἐστιν ὁ δίκαιος = the just man is good.

(2.) All words placed between an article and its noun constitute with the article and noun *a single noun phrase,* which all belongs together. The words in between may be adjectives, prepositional phrases, or other modifiers. They are said to be in *attribute position* as modifiers of the noun.

Take these two sentences:

> (a) οἱ ἐν τῇ πόλει ἄνθρωποι τιμῶνται.

> (b) οἱ ἄνθρωποι ἐν τῇ πόλει τιμῶνται.

In *(a)* the words ἐν τῇ πόλει *must* modify οἱ ἄνθρωποι, "The-men-in-the-city are honored"; in *(b)* ἐν τῇ πόλει goes not with οἱ ἄνθρωποι but with τιμῶνται, "The men are honored-in-the city."

A little thought will show that these two sentences convey a perceptibly different meaning.

(3.) Sometimes after an article and its noun the same article is repeated, followed by an adjective, or some expression equivalent to an adjective. For example:

> (a) ὁ ἀνὴρ ὁ ἀγαθός.

> (b) οἱ ἄνθρωποι οἱ ἐν τῇ πόλει.

Here the word or words introduced by the *second* article are treated exactly as if they had been placed between the *first* article and its noun. That is, they make a *single noun phrase* which must be understood as a unit. Think of this extra article as an "extended attribute position," making a kind of annex to the regular attribute position before the noun. For example:

(a) ὁ ἀνὴρ ὁ ἀγαθὸς = ὁ ἀγαθὸς ἀνὴρ = "the-good-man."

(b) οἱ ἄνθρωποι οἱ ἐν τῇ πόλει = οἱ ἐν τῇ πόλει ἄνθρωποι = "the-men-in-the-city."

(4.) An exceedingly common construction in Greek is that of the *article agreeing with the participle of a verb,* just as if this latter were a substantive.

This construction occurs sometimes in English, as "the slain," "the missing," etc., but much more frequently in Greek. English is much more apt to use a relative clause:

οἱ ψευσάμενοι, "those who lied."

τῆς βασιλευούσης, "of her who is reigning."

τὸ φερόμενον, "that which is being carried."

Some of these expressions sound stilted; to an English-speaker's ear it may seem more natural to use a noun instead of a participle:

οἱ ψευσάμενοι, "the liars."

τῆς βασιλευούσης, "of the queen."

τὸ φερόμενον, "the burden."

In general Greek writers use participles much more often than English writers do; if you get used to them you will become much more comfortable with Greek style.

(5.) The Greek article is often used when English would prefer a *possessive pronoun,* "my, your, his, its, their," etc. Common sense will show you *who* is the possessor, for example:

λούομαι τὰς χεῖρας, "*I* wash *my* hands."

ἔρρηξε τὸν δεσμὸν, "*he* broke *his* chain," or "*she* broke *her* chain," or "*it* broke *its* chain," according to the context.

πιέζουσι τοὺς ὑπηκόους, "they oppress *their* subjects," etc.

(6.) The article may combine with an infinitive and produce a kind of verbal neuter noun. Thus:

τὸ λέγειν, literally "the to-speak," or "the power to speak," "speech" (declined, τοῦ λέγειν, τῷ λέγειν, etc.).

τὸ θνήσκειν, "the act of dying," "death."

This infinitive can have its own modifiers and complements (objects and so on), just like any other verb:

τὸ σοὶ λέγειν, "the speaking-to-you"

τὸ εὖ λέγειν, "the well-speaking," "speaking well"

τὸ λογοὺς λέγειν, "saying words"

6. Subjunctives and Optatives

Greek verbs have six different moods: indicative, imperative, subjunctive, optative, infinitive, and participle. Of these the first four are the *finite* moods, bounded or limited by person and number (Latin *finis* means a boundary). The first two are the *independent* moods and the other four *subordinate*, because they generally appear in subordinate clauses or phrases.

Because English has nothing corresponding to the subordinate uses of the Greek subjunctive and optative, students sometimes find these moods difficult. There are certain kinds of clauses that require these moods, and certain circumstances in which the optative is optionally used. In these uses, these moods do not *mean* anything in particular; they merely mark subordination.

In many subordinate clauses, the rule will be "subjunctive in primary sequence, optative in secondary sequence." Sequence here refers to *sequence of moods*. A sentence is said to be in *primary sequence* when its main verb is in the present, future, or perfect tense in the indicative, or any tense of the imperative or subjunctive. A sentence is in *secondary sequence* when its main verb is in the imperfect, aorist, or pluperfect indicative. The optative is often optional: that is, the subordinate clause may have the subjunctive or indicative even in secondary sequence.

The Greek sequence of moods rule is similar to the Latin "sequence of tenses" rule: "Past tenses of the subjunctive follow past tenses, primary tenses follow primary" — Latin does not have an optative so uses sequence of tenses rather than of moods. English on the other hand, which has very nearly lost its subjunctive, has a "tense harmony" rule: present after present, past after past. For example, consider the direct statement "The woman loves the cat" and how it might appear in indirect statement.

Socrates says that the woman loves the cat. Primary sequence, present tense.

ὁ Σωκράτης λέγει ὅτι ἡ γυνὴ τὸν αἴλουρον φιλεῖ. Similarly.

Socrates said that the woman *loved* the cat. Secondary sequence, so the subordinate verb becomes past tense.

ὁ Σωκράτης εἶπε ὅτι ἡ γυνὴ τὸν αἴλουρον φιλεῖ. Secondary sequence, but no need to change.

ὁ Σωκράτης εἶπε ὅτι ἡ γυνὴ τὸν αἴλουρον φιλοίη. Secondary
sequence, with optional optative *mood*, but still present *tense*
because the loving is at the same time as the saying.

Even if you have not learned the subjunctive and optative moods yet, you can
still read most of these stories. All the subjunctives and optatives in the first few
stories are identified and explained.

Easy Greek Stories

ANACHARSIS VISITS SOLON

1. Σόλων ἦν συνετώτατος πάντων τῶν Ἀθηναίων, τὴν γὰρ σοφίαν αὐτοῦ οὐ μόνον οἱ πολῖται ἐ-θαύμαζον, ἀλλὰ καὶ οἱ ἄλλοι Ἕλληνες πάντες, πολλοὶ δὲ καὶ τῶν βαρβάρων. ἀκούσας δὲ περὶ τούτων Σκύθης τις, ὀνόματι Ἀνάχαρσις, ἐ-βουλεύετο δια-λέγεσθαι τῷ Σόλωνι, ἔχων καὶ αὐτὸς δόξαν ἐν τῇ πατρίδι ὡς σοφὸς ὤν. πλεύσας οὖν εἰς τὰς Ἀθήνας ἔρχεται εὐθὺς ἐπὶ τὴν ἐκείνου οἰκίαν, λέγων ὅτι "ἄπωθεν ἥκει βουλόμενος ποιεῖσθαι πρὸς ἐκεῖνον φιλίαν." ὑπο-λαμβάνει οὖν ὁ Σόλων "βέλτιον εἶναι ποιεῖσθαι φιλίας οἴκοι." ὁ δὲ Ἀνάχαρσις ἀπο-κρίνεται εὐθύς, "οὐκοῦν δεῖ σέ, οἴκοι ὄντα, ποιεῖσθαι πρὸς ἐμὲ φιλίαν." ἐ-γέλασε τοίνυν ὁ Σόλων, καὶ δέχεται τὸν ἄνθρωπον φιλικῶς.

In these notes, "Hints" refers to the "Hints for Reading" at the beginning of the book. Other references by number are to the stories themselves and their notes.

ἐ-θαύμαζον The hyphen marks the augment; see Hints 1.2.

τῇ πατρίδι See Hints 2.5.5.

ὑπο-λαμβάνει Introduces indirect statement with accusative and infinitive. In this story we also have indirect statement with ὅτι and finite verb, and direct statement.

ποιεῖσθαι "Make to (or for) himself." This is the usual force of the middle.

οἴκοι Adverb, as the accent shows. The nom. pl. of οἶκος would be οἶκοι.

Plutarch, *Life of Solon* 5.1-2

Solon's Laws

2. ὁ δὲ Σόλων ἐ-σπούδαζε τότε περὶ νομοθεσίας. ταῦτα οὖν ἀκούσας ὁ Ἀνάχαρσις ψέγει αὐτὸν διὰ ταύτην τὴν πραγματείαν, λέγων "τοὺς νόμους οὐδὲν δια-φέρειν τῶν ἀραχνίων. ἐκεῖνα μὲν γὰρ κατ-έχει τὰ σμικρὰ καὶ λεπτατῶν ἁλισκομένων, δια-σχίζεται δὲ ὑπὸ τῶν ἰσχυρῶν καὶ παχέων. οἱ δὲ νόμοι ὁμοίως τοὺς μὲν πένητας τῶν πολιτῶν ἀεὶ πιέζουσιν, οἱ δὲ πλούσιοι αὐτοὺς πάνυ ῥᾳδίως δια-φεύγουσιν." ὁ δὲ Σόλων πρὸς ταῦτα ἀπο-κρίνεται, "ναί· ἀλλὰ συνθήκας ἄνθρωποι φυλάσσουσιν, εἰ κέρδος ἐστὶν αὐτὰς μὴ παρα-βαίνειν. ἐγὼ δὲ ἐπίσταμαί τε ταῦτα, καὶ τοὺς νόμους ἁρμόζω οὕτως τοῖς πολίταις, ὥστε κέρδος ἐστὶ πᾶσιν ἐμ-μένειν μᾶλλον αὐτοῖς ἢ παρα-νομεῖν."

> **οὐδὲν** Adverbial. See vocabulary.
> The speech of Anacharsis starts out in indirect statement but continues in direct statement.
> **τῶν ἁλισκομένων** Hints 2.5.4.

> Plutarch, *Life of Solon* 5.4-5

King John and the Rich Man

3. ὁ βασιλεὺς Ἰωάννης ἐ-σπάνιζε χρημάτων. ἀκούσας δὲ ὅτι ἄνθρωπός τις πάνυ πλούσιός ἐστιν, ἐ-βούλετό τι παρὰ τούτου λαμβάνειν. προσ-καλέσας οὖν τὸν ἄνθρωπον ἐπι-τάσσει αὐτῷ τριάκοντα τάλαντα· ἐπειδὴ δὲ ἐκεῖνος οὐκ ἐ-πείθετο, ὁ βασιλεὺς κατα-κλείει τε αὐτὸν εἰς εἱρκτὴν, καὶ τὸν φύλακα τοῦ δεσμωτηρίου κελεύει ἐξ-έλκειν τοῦ ἀνθρώπου καθ᾽ ἑκάστην ἡμέραν ὀδόντα ἕνα, ἕως ἂν βούληται τίνειν τὸ ἀργύριον. ἡ γὰρ τῶν παλαιῶν βασιλέων δύναμις τοσαύτη ἦν, ὥστε ὑπὸ μηδενὸς νόμου κατ-έχεσθαι. νῦν δὲ οἱ μὲν νόμοι κρείσσονές εἰσιν, ἥσσονες δὲ οἱ βασιλεῖς. ὥστε οὐκέτι οὐδεὶς εἰς εἱρκτὴν οὐδέποτε εἰσ-πίπτει, πλὴν ὅταν κακούργους τινὰς οἱ νόμοι οὕτω κολάζωσιν.

> **πλούσιός ἐστιν** Greek uses the present here, not the past as English would, because the man *is* rich at the same time as the king hears about him. Hints 2.6.
> **ἐπιτάσσει** Understand "the payment of," etc.
> **τριάκοντα τάλαντα** This is a huge amount of money.
> **ὥστε κατέχεσθαι** See Vocabulary for ὥστε with infinitive. You will find it with a finite mood a little further on.

οὐκέτι οὐδείς … οὐδέποτε In formal English a string of negatives cancel one another; in Greek they only strengthen the first negative, as they might in some comic or colloquial kinds of English. The sense here is "no longer anyone … ever," or more freely "nobody, no more, no way."

κολάζωσιν 3rd pl. present subjunctive active, in a general temporal clause with ὅταν, "whenever" rather than just "when." See Hints 2.6.

Told of King John of England in various sources.

SWANS

4. λέγει ὁ Ἀριστοτέλης τὸν κύκνον θυμοειδῆ εἶναι καὶ ἀκράχολον. πολλάκις γοῦν, εἰς ὀργὴν καὶ μάχην τρεπόμενοι, ἀπο-κτείνουσιν ἀλλήλους οἱ κύκνοι. λέγει δὲ ὁ αὐτός, ὡς νόμος αὐτοῖς ἐστὶ μάχεσθαι τοῖς ἀετοῖς· ταῦτα δὲ ποιοῦσιν ἀμυνόμενοι, οὐ γὰρ ἄρχονταί γε τοῦ πολέμου. ὅτι δὲ καὶ ᾄδουσι, τοῦτο πάλαι περὶ αὐτῶν πιστεύεται. ἐγὼ δὲ ᾄδοντος κύκνου οὐδεπώποτε ἤκουσα, ἴσως δὲ οὐδὲ ἄλλος οὐδείς· ἀλλ᾽ ὅμως πολλοί εἰσιν οἱ πιστεύοντες, ὡς ᾄδει. λέγονται δὲ ταῦτα μάλιστα ποιεῖν, ὅταν μέλλωσι τελευτήσειν. πορεύονται δὲ πετόμενοι ἐπὶ μακρόν, πολλάκις δὲ καὶ τὴν θάλασσαν δια-βαίνουσι, τὸ δὲ πτερὸν αὐτοῖς οὐδέποτε κάμνει.

αὐτός, αὐτοῖς Note the numbers: the first is Aristotle, the second the swans.

ὡς Introduces indirect statement, like ὅτι, taking a finite verb.

ἀμυνόμενοι "In self-defense."

οὐδὲ … οὐδεὶς See notes to 3.

μέλλωσι 3rd pl. present subjunctive active, general temporal clause as in 3. The generality comes not from repeated actions of any individual swan but from the idea that all swans supposedly do this. Note the tense of the complementary infinitive τελευτήσειν.

ἐπὶ μακρὸν ἐπὶ with acc. often signifies extension over: "a long way."

αὐτοῖς Ethical dative, or dative of possession.

Aelian, *Varia Historia* 1.14, quoting
Aristotle, *History of Animals* 610a.

NIOBE

5. ἡ τοῦ Ταντάλου θυγάτηρ Νιόβη, ἔχουσα τέκνα πολλά τε καὶ καλά, ἐπὶ τούτοις λίαν ἐ-σεμνύνετο. δια-λεγομένη γὰρ αὐτῇ ποτε γυνή τις τῶν συνηθῶν ἔ-φη κατὰ τύχην, ὅτι ἡ Λητώ ἐστι καλλίπαις, οἱ γὰρ παῖδες αὐτῆς θεοί εἰσιν, ὅ τε Ἀπόλλων καὶ ἡ Ἄρτεμις· ἀκούσασα δὲ ταῦτα ἡ Νιόβη ἔ-φη μεγαλαυχουμένη ὡς τὰ ἑαυτῆς τέκνα πολλῷ εὐειδέστερά ἐστιν ἢ τὰ ἐκείνης. διὰ ταῦτα οὖν ἀγανακτήσασα ἡ Λητὼ πέμπει τὸν Ἀπόλλωνα καὶ τὴν Ἄρτεμιν. οἱ δὲ ἀφ-ικόμενοι τὰ τῆς Νιόβης τέκνα πάντα κατ-ε-τόξευσαν. ἡ δὲ Νιόβη συνεχῶς δακρύουσα κατ-ε-τήκετο, καὶ ἐ-γένετο πέτρα κατα-χέουσα ἀεὶ χειμῶνός τε καὶ θέρους ὑδάτια.

> **ἐστι καλλίπαις** See 3 on the use of the present here.
> **τὰ ἐκείνης** Understand τέκνα. Who must ἐκείνη be?
> **οἱ δὲ ἀφικόμενοι** οἱ is *pronoun*, not *article*.
> **κατετόξευσαν** Hints 1.5 and 1.7.
>
> Apollodorus 3.5.6 tells the story; Niobe is an example
> in *Iliad* 24.602 ff and in several tragedies.

NOT GUILTY!

6. Μιλήσιός τις φόνου δίκην ἔ-φευγεν. ἐλεγχόμενος δὲ περὶ τοῦ πράγματος ὑπὸ τῶν δικαστῶν ἔ-φη ἔχειν οὐ μίαν μόνην ἀπολογίαν ποιεῖσθαι, ἀλλὰ τρεῖς πασῶν καλλίστας. "ἐγὼ γάρ," ἔ-φη, "ὦ δικασταὶ, τὸ μὲν πρῶτον οὐ πάνυ ἔ-κτεινα τὸν ἄνθρωπον· τὸ δὲ δεύτερον ἔ-κτεινα μὲν αὐτόν, ἀκούσιον δὲ τὸ ἔργον ἦν, ἔ-τυχον γὰρ τότε μεθυσθείς, ὅτε ἐκεῖνο ἔ-δρασα· τὸ δὲ τρίτον οὐ δίκαιός εἰμι διὰ ταῦτα κολάζεσθαι, ἐπεὶ ἐκεῖνος ἐμὲ πρότερος ὕβρισε ὥστε ἔ-κτεινα αὐτὸν ἀμυνόμενος, οἱ δὲ νόμοι οὐ κολάζουσι τοὺς τοιαῦτα ποιοῦντας, ἀλλ' ἀναίτιον τὸ ἔργον ἐστι. ταῦτα δὲ ἀπολογούμενος οὐκ ἔ-πεισε τοὺς δικαστὰς ἀλλὰ κατα-κριθεὶς ἀπ-έ-θανε.

> **Μιλήσιος** Since there was a tradition of philosophy at Miletus, identifying this
> character as Milesian marks him as clever — not necessarily in a good way.
> **τὸ μὲν πρῶτον** Adverbial, "in the first place," or "first of all."
> **ἀπέθανε** Hints 1.4. Note that this verb is used chiefly of *violent* deaths; "to die
> *(simply)*" is τελευτᾶν.

PROMETHEUS BOUND

7. πλάσας ὁ Προμηθεὺς ἐξ ὕδατος καὶ γῆς τοὺς πρώτους ἀνθρώπους ἐ-βουλεύετο διδάσκειν αὐτοὺς τέχνας τε παντοίας καὶ ἐπιστήμας. ἀλλ᾽ ἠπόρει τὸ πρῶτον, ὁπόθεν δοίη αὐτοῖς πῦρ· οὐ γὰρ ἦν τότε τοῦτο ἐπὶ τῆς γῆς, οἱ δὲ θεοὶ αὐτὸ παρ᾽ ἑαυτοῖς ἐ-φύλασσον. λάθρᾳ οὖν ἐκείνων ἐς τὸν οὐρανὸν ἀνα-βὰς, σπέρματά τινα πυρὸς ἔ-κλεψε, καὶ ἐν νάρθηκι κρύψας ἔ-δωκε τοῖς ἀνθρώποις. αἰσθόμενος δὲ ταῦτα ὁ τῶν θεῶν βασιλεὺς Ζεὺς ὠργίσθη. προσ-ηλώσας οὖν τὸν Προμηθέα πέτρᾳ τινὶ ἐν τῷ Καυκάσῳ ὄρει, ἀετὸν ἔ-πεμψεν, ὅσπερ ἐλθὼν καθ᾽ ἑκάστην ἡμέραν ἐ-σπάρασσεν αὐτοῦ τὸ ἧπαρ, τὸ δὲ σπαρασσόμενον νύκτωρ αὖθις ηὐξάνετο.

> **παντοίας** Word order tells you this must modify τέχνας. When two noun phrases are joined by τε and καί, καί comes between the two phrases, while τε comes after the first word of the first phrase, possibly after the entire first phrase.
> **ἠπόρει** Hints 1.3.
> **δοίη** 3rd sg. aorist optative active from δίδωμι, verb of an indirect question in secondary sequence. Hints 2.6.
> **προσ-ήλωσας** A participle, from προσ-ηλόω.
> **τὸ σπαρασσόμενον** Hints 2.5.4.
>
> The play *Prometheus Bound*, probably by Aeschylus, tells this story; see also Hesiod, *Works and Days* 42 ff, Apollodorus 1.7.

THE CHIMAERA

8. ἡ καλουμένη Χίμαιρα θηρίον τι ἦν τερατῶδες, τὸ δὲ τοῦ σώματος εἶδος εἶχε τοιοῦτον, ὥστε οὐ ῥᾴδιόν ἐστιν αὐτὸ δι-ηγεῖσθαι. ἦν γὰρ δὴ τὰ μὲν ἔμπροσθεν λέων, τὰ δὲ ὄπισθεν δράκων· μέση δὲ τούτων τρίτη τις κεφαλὴ ἐπ-ῆν κερασφόρος, ὡσεὶ αἰγός, καὶ διὰ τοῦ στόματος πῦρ ἀν-ιεῖσα. αὕτη οὖν ἡ Χίμαιρα δι-έ-φθειρε τὴν χώραν πᾶσαν, καὶ τὰ βοσκήματα πανταχοῦ ἐ-λυμαίνετο. μία γὰρ οὖσα τριῶν θηρίων δύναμιν εἶχε. τέλος δὲ ἀν-εῖλεν αὐτὴν ὁ Βελλεροφόντης ὧδε. ἵππον τινὰ πτηνὸν εἶχεν, ὀνόματι Πήγασον. ἀνα-βὰς οὖν ἐπὶ τοῦτον, καὶ βοήσας, ἤρθη ἐς τὸν ἀέρα, καὶ ὕπερθεν τοξεύων τὴν Χίμαιραν ἀπ-έ-κτεινε.

> **ἡ καλουμένη** "The so-called."
> **τὰ ἔμπροσθεν** Adverbial, "in front."
> **τέλος** Adverbial accusative; a fairly common use of a very common word.
> **ἤρθη** Hints 1.6.
>
> *Iliad* 6.144 ff.

Rough Wooing

9. συλλέξας ὁ Ῥωμύλος ἐποίκους πολλούς, καὶ τὴν πόλιν Ῥώμην κτίσας, εἶτα ἐς ἀπορίαν τινὰ κατ-έστη. τῶν γὰρ μεθ' ἑαυτοῦ ἀνδρῶν ὀλίγοι τινὲς γυναῖκας εἶχον, οἱ δὲ πολλοὶ γαμεῖν βουλόμενοι οὐκ ἐ-δύναντο. οὐ γὰρ ἦσαν παρ' αὐτοῖς παρθένοι, οὐδὲ πρου-θυμήθησαν οἱ πέλας τοῖς τοιούτοις ἀνθρώποις τὰς θυγατέρας ἐκ-δοῦναι. πρὸς ταῦτα οὖν ἐ-μηχανήσατο τοιάδε. λόγος δι-ε-δόθη ὑπ' αὐτοῦ πρῶτον, ὡς μέλλει θεῷ τινὶ θυσίαν μεγάλην ποιεῖσθαι καὶ πανήγυριν. ἀκούσαντες δὲ ταῦτα πολλοὶ τῶν πλησίον συν-ῆλθον μετὰ τῶν θυγατέρων ἐπὶ θέαν. σημείου δέ τινος γενομένου, οἱ Ῥωμαῖοι μετὰ βοῆς ὁρμήσαντες τὰς μὲν γυναῖκας ἥρπαζον, τοὺς δὲ ἄνδρας σκεδάσαντες ἀπήλασαν.

κατέστη Hints 1.7 B and 1.4.

οἱ πολλοὶ "The many," i.e. "most." *Without* article it would be simply "many."

προυθυμήθησαν Hints 1.5.

σημείου ... γενομένου Genitive absolute. Remember the genitive absolute (like the Latin ablative absolute) has a *logical* connection, but not a *grammatical* connection, with the rest of the sentence.

Plutarch, life of Romulus 14.

Tarpeia the Traitress

10. στρατεύσαντές ποτε ἐπὶ τὴν Ῥώμην οἱ Σαβῖνοι τῆς ἀκροπόλεως ἐκ προδοσίας ἐ-κράτησαν. ἦν γὰρ ἐν αὐτῇ Ταρπεία τις, θυγάτηρ Ταρπείου τοῦ φρουράρχου. αὕτη οὖν, ἰδοῦσα τοὺς Σαβίνους φοροῦντας χρυσᾶ περιβραχιόνια, τούτων ἐπ-ε-θύμησε. καὶ ὑπ-έ-σχετο τὸ χωρίον προ-δώσειν, εἰ ἕκαστος τῶν εἰσ-ιόντων δοίη αὐτῇ ἐκεῖνα, ἃ ἐν τῷ ἀριστερῷ βραχίονι ἐ-φόρει. ἐπὶ τούτοις οὖν οἱ Σαβῖνοι ὡμολόγησαν, καὶ ἡ μὲν Ταρπεία νύκτωρ τὰς πύλας ἀν-έ-ῳξεν, ἐκεῖνοι δὲ εἰσ-ῆλθον εἰς τὴν ἀκρόπολιν. ᾔτει οὖν ἡ γυνὴ τὸν μισθόν· οἱ δὲ Σαβῖνοι, ἐπι-βαλόντες αὐτῇ τὰς ἀσπίδας — ἐ-φόρουν γὰρ καὶ ταύτας ἐν τοῖς ἀριστεροῖς βραχίοσι — κατ-έ-χωσάν τε αὐτήν, καὶ ἀπ-έ-κτειναν.

αὕτη Note *accent* and *breathing*. From οὗτος, not αὐτός.

ὑπέσχετο From ὑπισχνέομαι.

τῶν εἰσιόντων Hints 2.5.4.

δοίη 3rd sg. aorist optative active, in protasis of conditional in indirect statement in secondary sequence. The direct statement would be προδώσω, εἰ δώσεις (simple future), or προδώσω, ἐὰν δῷς (future more vivid, with aorist subjunctive in the protasis). Hints 2.6.

ἀνέῳξεν Hints 1.6.

κατέχωσαν From καταχώννυμι.

Plutarch, life of Romulus 17.

THE TWO PRESENTS

11. πένης τις ἐν τῷ κήπῳ ῥαφανῖδα ἔ-σχεν ὑπερφυῶς καλὴν καὶ μεγάλην, ὥστε ἰδόντες αὐτὴν οἱ πλησίοι πάντες ἐ-θαύμαζον, δαιμόνιόν τι εἶναι οἰόμενοι τὸ φυτόν. ἔ-δοξεν οὖν τῷ πένητι τὴν ῥαφανῖδα ταύτην τῷ βασιλεῖ διδόναι. καὶ ἐς ἄστυ ἐλθὼν προσ-εῖπε τοὺς φύλακας, λέγων, ὅτι δῶρόν τι φέρει παρὰ τὸν βασιλέα· οἱ δὲ τὸν ἄνθρωπον ἐς τὰ βασίλεια εἰσ-ήγαγον. ἰδὼν δὲ αὐτὸν ὁ βασιλεὺς ἠρώτησε, τί τὸ δῶρον εἴη; ἀντ-εῖπεν οὖν ἐκεῖνος, φαῦλον μὲν τὸ δῶρον εἶναι, κτημάτων δὲ, ὧν αὐτὸς ἔχει, κάλλιστον. ὁ δὲ βασιλεὺς, ἡσθεὶς τῇ εὐνοίᾳ τοῦ ἀνθρώπου, χρυσὸν πολὺν αὐτῷ ἐ-δωρήσατο.

> **ἔδοξεν** Impersonal, "it seemed good."
>
> **εἴη** 3rd sg. present optative active of εἰμί, in an indirect question in secondary sequence.
>
> **ὧν αὐτὸς ἔχει** ἔχω governs an accusative; but here, as often, the *relative* pronoun is attracted into the case of its *antecedent* κτημάτων.

12. μαθὼν δὲ τὰ γενόμενα βουκόλος τις ἐ-βούλετο καὶ αὐτός τι παρὰ τοῦ βασιλέως λαβεῖν. ἐκ-λέξας οὖν ἐκ τῶν ἑαυτοῦ ἀγελῶν μόσχον τινὰ διαφερόντως καλὸν, τῷ βασιλεῖ ἐ-δωρεῖτο· οἰόμενος ἐκεῖνον ἀπέραντόν τινα μισθὸν ἀντὶ τούτου δώσειν, ἐπεί γε ἀντὶ ῥαφανῖδος τοσαῦτα ἔ-δωκε. ὁ δὲ βασιλεὺς, οὐκ ἀγνοῶν, τί βουλόμενος ταῦτα δρᾷ, ἔ-λεξε τοιάδε. "δέχομαι μὲν, ὦ ἄριστε σὺ ἀνθρώπων, τὸν μόσχον, ὃν ἄγεις· κενὸν δέ σε ἀπο-πέμπειν αἰσχύνομαι, δοκεῖς γὰρ εὔνους ἐμοὶ εἶναι. δῶρον ἄρα σοι δίδωμι, εἰς ὅπερ πολὺν χρυσὸν ἄρτι ἐ-δαπάνησα." ταῦτα δὲ λέξας, ἔ-δωκε τῷ ἀνθρώπῳ τὴν ῥαφανῖδα, ἣν ὁ πένης ἐκεῖνος αὐτῷ ἤνεγκε.

> **τί βουλόμενος** Literally, "wishing what," i.e. "with what object" or "what he was thinking." Here τί introduces a question, and its subject is *not* the same as the main clause.
>
> **δρᾷ** 3rd sg. present optative active of δράω, verb of indirect question in secondary sequence.
>
> **αἰσχύνομαι** Note that this word *with an infinitive* means "to be ashamed to do a thing (and so not do it)." *With a participle* it means "to be ashamed of doing a thing (but do it anyway)." Which is it here?

THE POLYPUS

13. θαλάσσιά τινα θηρία εἰσὶν οἱ πουλύποδες, ἡ δὲ λαιμαργία αὐτῶν δεινή ἐστιν. οὐδενὶ γὰρ οὐδέποτε ἐν-τυγχάνουσιν, ὅ τι οὐ φαγεῖν δύνανται. πολλάκις δὲ οὐδὲ ἀλλήλων ἀπ-έχονται, ἀλλ᾿ ἐμπεσὼν ὁ ἐλάσσων τῷ μείζονι, καὶ περι-ληφθείς, εἶτα ἐκείνῳ γίγνεται δεῖπνον. ἐλλοχῶσι δὲ οἱ πουλύποδες καὶ τοὺς ἰχθῦς, τοιόνδε τι μηχανώμενοι, ἵνα αὐτοὺς ἐξ-απατῶσιν. ὑπὸ ταῖς πέτραις κάθ-ηνται, καὶ ἑαυτοὺς εἰς τὸ ἐκείνων χρῶμα ἀλλάσσουσιν. ἐκεῖ οὖν δια-μένοντες ἀκίνητοι, δοκοῦσι καὶ αὐτοὶ πέτραι εἶναι. οἱ τοίνυν ἰχθῦς, ὅταν παρ-ίωσι, προσ-νέουσι τοῖς πουλύποσιν ἀδεῶς, ὡσεὶ πέτραις. οἱ δὲ περι-βάλλουσιν αὐτοὺς ἀφυλάκτους ὄντας, καὶ τὴν γνάθον ἐπ-άγοντες, διὰ τάχους κατ-εσθίουσι.

> **οὐδενὶ ... οὐδεπώποτε** See 3, note on negatives.
> **τὴν γνάθον** i.e. his hard, horn-like beak.

Aristotle, History of Animals 590b

THERE'S MANY A SLIP 'TWIXT THE CUP AND THE LIP

14. ἐ-φύτευσεν Ἀγκαῖος ἀμπέλους, καί, σπουδάζων περὶ τούτων, τοὺς οἰκέτας ἐ-πίεζεν. ὀργισθεὶς οὖν αὐτῷ τῶν οἰκετῶν τις κατ-ηρᾶτο, λέγων ὡς οὐδέποτε τοῦ καρποῦ γεύσεται. περι-ερχομένης δὲ τῆς ὀπώρας, ὁ Ἀγκαῖος χαίρων ἐ-τρύγα, καὶ τὸν οἰκέτην ἐ-κέλευσεν αὐτῷ τὸν οἶνον κεράσαι. μέλλων δὲ τῷ στόματι τὴν κύλικα προσ-φέρειν ὑπ-ε-μίμνησκεν ἐκεῖνον τῆς κατάρας. ὁ δὲ ἔ-φη, "πολλὰ μεταξὺ πέλει κύλικος καὶ χείλεος ἄκρου." καὶ τούτων ἔτι λεγομένων, ἧκέ τις ἀλλήλων, ὡς ὑπερμεγέθης ὗς φθείρει τὰς ἀμπέλους. ἀπο-βαλὼν οὖν ὁ Ἀγκαῖος τὴν κύλικα ὥρμησεν ἐπὶ τὸν ὗν, καὶ πληγεὶς ὑπ᾿ αὐτοῦ ἀπ-έ-θανε. ἡ δὲ περὶ τῆς κύλικος καὶ τοῦ χείλους παροιμία ἐντεῦθεν δια-δίδοται.

> **κεράσαι** Where we talk of "pouring out" a cup of wine, the Greeks talk of "mixing" it. Greek wine was a thick kind of syrup, which had to be mixed with water before drinking.
> **ὁ δέ** This often marks a change of subject.
> **πολλὰ μεταξὺ**, etc. This is a dactylic hexameter verse. χείλεος would have been χείλους if it had been prose, and πέλει would probably have been ἐστι.
> **τούτων λεγομένων** Genit. absol. Note the tense: "while these things were being ...," not "when these things had been ...."

ἡ δὲ περὶ, etc. Hints 2.5.2.

Greek Anthology 10.32

THE OBEDIENT HORSE

15. ἄνθρωπός τις ἵππον ἐ-πρίατο, δοκοῦντα καλόν τε εἶναι καὶ συνετόν. τοῦτον οὖν τὸν ἵππον ἐ-δίδαξε πάντα ποιεῖν, ὅσα αὐτὸς κελεύοι. ὁπότε γὰρ φθέγξαιτο, "εἶα" λέγων, ἀκούσας ὁ ἵππος εὐθὺς δρόμῳ ἔ-θει· κελεύοντος δὲ τοῦ δεσπότου παύεσθαι, τότε δὴ καὶ τοῦτο ἐ-ποίει. ἐπι-καθ-ήμενος οὖν ἐκείνῳ, εἶδέ ποτε ὁ ἄνθρωπος δένδρον παρὰ τῇ ὁδῷ πε-φυτευμένον, οὗπερ τοὺς ὄζους μῆλα πολλὰ καὶ ὡραῖα ἐ-βάρυνεν. ἰδὼν δὲ ἐ-χάρη, ὡς γὰρ θέρους τότε ὄντος ἐ-δίψη. καὶ, προσ-ελθὼν πρὸς τὸ δένδρον, ἐ-κέλευσε τὸν ἵππον παύεσθαι. ὁ μὲν οὖν ἵππος, ὑπ-ακούσας, ἐ-ποίησε τὸ προσ-τε-ταγμένον. ὁ δὲ ἄνθρωπος τὴν χεῖρα ἐξ-έ-τεινεν, ἵνα τὰ μῆλα λάβοι.

> **κελεύοι** Optative in secondary sequence, Hints 2.6. The equivalent without the
> optative is ὅσα ἂν κελεύῃ, a general relative clause. φθέγξαιτο is similar.
> **ἔθει** For ἔ-θε-ε.
> **ὡς θέρους ὄντος** Notice ὡς with genit. absol.: "as it was," etc.
> **ἐδίψη** A few verbs in -αω contract αε into η, not (like τιμάω) into α.
> **λάβοι** Optative in purpose clause in secondary sequence, Hints 2.6.

16. ἐπεὶ δὲ ὑψηλὸν ἦν τὸ δένδρον, ἐπ-ανα-στὰς ὁ ἄνθρωπος ἐπὶ τοῦ νώτου τοῦ ἵππου, οὕτω τῶν μήλων ὠρέξατο. μεταξὺ δὲ ἐσθίων, ἔλεξε τοιάδε. "ὦ μακάριος ἐγὼ τῆς σοφίας, ὃς δε-δίδαχα οὕτως εὖ τὸν ἵππον, ἃ χρὴ ποιεῖν ἑκασταχοῦ! νῦν μὲν γὰρ, κελεύσας αὐτὸν παύεσθαι τοῦ δρόμου, τὰ μῆλα τάδε πάνυ ἡσυχῇ κατ-εσθίω. ὅταν δὲ ἅλις ἔχω αὐτῶν, εὖ οἶδα ὅτι ἀνύσας αὖθις ὁδοποιήσεται, ἐὰν μόνον φθέγξωμαι, εἶα λέγων." τοσαῦτα οὖν εἶπεν ὁ ἄνθρωπος, καὶ δι' ἡδονὴν τὴν φωνὴν ἐπ-έ-τεινεν. ἀκούσας δὲ ὁ ἵππος τὸ "εἶα," δρόμῳ εὐθὺς προ-υ-χώρησεν. ἀπο-πεσὼν δὲ αὐτίκα ὁ ἄνθρωπος, ἐ-κεῖτο ἐν τῇ ὁδῷ καλινδούμενος.

> **τῶν μήλων** Partitive gen., "after the ..."
> **μεταξὺ ἐσθίων** Literally, "meanwhile eating," i.e. "while he was eating."
> **τοσαῦτα** refers to the *past* speech, τοσάδε would refer to something which was to
> *follow.* (τοιαῦτα and ταῦτα differ in the same way from τοιάδε and τάδε).

THE INDIAN WIDOWS

17. ἀπο-θανὼν ἐν μάχῃ τινὶ Κητεύς, Ἰνδῶν στρατηγὸς, κατ-έ-λιπε γυναῖκας δύο, αἵπερ συν-ηκολούθουν αὐτῷ ἐν τῷ στρατοπέδῳ. νόμος δὲ ἦν ἐκ παλαιοῦ τοῖς Ἰνδοῖς τοὺς ἐν τοῖς πολέμοις ἀεὶ πεσόντας καίειν ἐν πυρᾷ μεγάλῃ, μίαν δὲ ἑκάστῳ γυναῖκα συγ-κατα-καίειν, ἥντινα ζῶν μάλιστα ἐ-φίλει. παρ-ῆσαν οὖν πρὸς τὴν τοῦ Κητέως ταφὴν αἱ γυναῖκες ἀμφότεραι, φιλοτιμούμεναι πρὸς ἀλλήλας ὑπὲρ τοῦ συν-απο-θανεῖν. δια-κρινόντων δὲ τῶν στρατηγῶν, ἔ-δοξε πᾶσι νέμειν τῇ πρεσβυτέρᾳ τὴν τιμὴν ταύτην. ἀν-έ-βη οὖν αὕτη ἐπὶ τὴν πυρὰν, χαίρουσα ὡς ἐπὶ νίκῃ τινί. ἡ δὲ ἑτέρα ἀπ-ῄει ὀλοφυρομένη, καὶ τὰς τρίχας σπαράσσουσα, ὥσπερ μεγάλου τινὸς εὐτυχήματος ἐ-στερημένη.

> τοὺς ... πεσόντας Hints 2.5.2. ἀεὶ, "from time to time." See Vocabulary.
> τοῦ συναποθανεῖν Hints 2.5.6. Understand here, "the privilege of dying," etc.
> αὕτη Not αὐτή. See 10.
>
> Diodorus Siculus 19.33

PRESENTS TO THE KING

18. νόμον τόνδε οἱ Πέρσαι μάλιστα φυλάσσουσιν. ὅταν πορείαν διὰ τῆς χώρας ὁ βασιλεὺς ποιῆται, δῶρόν τι αὐτῷ προσ-φέρουσι πάντες, ἕκαστος κατὰ τὴν ἑαυτοῦ δύναμιν. τὰ δὲ δῶρα ταῦτα οὐ πάνυ πολυτελῆ ἐστιν, οὐδὲ γὰρ πλούσιοί εἰσιν οἱ διδόντες. ἀλλ᾽ οἱ μὲν βουκόλοι μόσχους προσ-φέρουσιν, οἱ δὲ γεωργοὶ σῖτον ἢ οἶνον. εἰ δὲ τυγχάνει τις ἔτι πενέστερος ἐκείνων ὤν, ὁμοίως καὶ οὗτος δίδωσι τῷ βασιλεῖ, ὅ τι ἂν ἔχῃ, οἷον γάλα, καὶ τυρὸν, καὶ τρωκτὰ ὡραίων καρπῶν. εἰ δὲ ἰδών τις τὸν βασιλέα παρ-ιόντα εἶτα δῶρον αὐτῷ μὴ φέρει, οὗτος, ὡς ἀνάξια δρῶν τῆς πατρίδος, ὑπὸ πάντων ἀτιμάζεται.

> ποιῆται Subjunctive verb in general temporal clause with ὅταν. Not the nominative
>   plural of ποιητής: how can you tell?
> ἐκείνων refers to βουκόλοι and γεωργοὶ.
> καρπῶν Genit. of Apposition (or Material), "consisting of ..."

19. ἀνὴρ δέ τις Πέρσης, ὀνόματι Σιναίτης, ἐν-έ-τυχε ποτε Ἀρταξέρξῃ τῷ βασιλεῖ, τῷ ἐπικαλουμένῳ Μνήμονι. ὡς δὲ πόρρω ὢν τῆς ἑαυτοῦ οἰκίας, ἠπόρει ὅ τι ἐκείνῳ διδοίη. καὶ διὰ τὸν νόμον ἐ-ταράχθη, μὴ ἄτιμος γένοιτο, εἰ τῷ βασιλεῖ μὴ δωροφοροῖ. ἐλθὼν οὖν σπουδῇ πρὸς τὸν ποταμὸν τὸν πλησίον ῥέοντα, καὶ ἐπι-κύψας, ἀμφοτέραις ταῖς χερσὶν ἠρύσατο τοῦ ὕδατος. Ἔπειτα δὲ ἀν-ελθὼν αὖθις, "ὦ βασιλεῦ" ἔ-φη, "δι' αἰῶνος βασιλεύοις! νῦν μὲν οὖν σε τιμῶ, ὅπῃ δύναμαι, τῷ ὕδατι τοῦ ποταμοῦ, τόδε γὰρ μόνον ἔχω. ὅταν δὲ ἐπὶ τὸν σὸν σταθμὸν παρα-γένῃ, τὰ κάλλιστα τῶν ἐμῶν κτημάτων σοι δωρήσομαι."

ὅ τι In an indirect question, τίς often changes to ὅστις. So πῶς, ποῖος, etc., to ὅπως, ὁποῖος, etc.

δι' αἰῶνος etc. Usual formula in addressing a Persian king. Compare Book of Daniel, Chap. vi., verses 6 and 21.

βασιλεύοις Optative of wish, not potential because there is no ἄν.

σταθμόν "Stopping place" where the king would lodge that night.

20. ἐπὶ τούτοις οὖν ἡσθεὶς ὁ Ἀρταξέρξης ἔ-λεξε τοιάδε. "δέχομαι ἡδέως, ὦ ἄνθρωπε, τὸ δῶρον τόδε. καὶ τιμῶ γε αὐτὸ οὐχ ἧσσον ἢ τὰ πάνυ πολυτελῆ, ἐπεὶ ἄριστον πάντων ὕδωρ ἐστίν. ἀλλ' ὅμως, ὅταν ἐν τῷ σταθμῷ κατα-λύω, τότε σύ μοι πάντως ἐπι-φάνηθι." τοσαῦτα δὲ εἰπὼν ἐ-κέλευσε τοὺς δορυφόρους λαβεῖν τὸ δῶρον. οἱ δέ, προσ-δραμόντες ὅτι τάχιστα, ἐ-δέξαντο ἐκ τῶν χειρῶν ἐκείνου τὸ ὕδωρ εἰς χρυσῆν φιάλην. ὁ δὲ βασιλεύς, ἐλθὼν ἔνθα κατ-έ-λυεν, ἔ-δωκε τῷ ἀνδρὶ στολὴν Περσικὴν καὶ φιάλην χρυσῆν καὶ χιλίους στατῆρας. ἄλλων δὲ δώρων ἔ-φη οὐδὲν δεῖσθαι, ἱκανὸν γὰρ εἶναι τὸ ὕδωρ.

ἄριστον etc. This sentiment is twice repeated by the famous Greek poet, Pindar (Olympian 1.1, Olympian 3.42), and seems to have been very familiar to the ancients.

καταλύω Subjunctive, not indicative, because of ὅταν.

ὅτι τάχιστα Recall that ὅτι with a superlative adjective or adverb means "as X as possible," so here "as fast as possible." The idiom is like Latin *quam rapidissime*.

οὐδὲν Adverbial.

εἶναι Infinitive, because the indirect statement still continues. So ὕδωρ and ἱκανὸν must be *accusatives*.

21. ἄλλος δέ τις Πέρσης, ὀνόματι Ὠμίσης, προσ-ε-κόμισεν Ἀρταξέρξῃ τῷ βασιλεῖ ῥοιὰν μεγίστην. ὑπερ-εκ-πλαγεὶς οὖν τῷ μεγέθει αὐτῆς ὁ βασιλεὺς ἔ-φη, "ὦ ἄνθρωπε, ἐκ ποίου παραδείσου τόδε τὸ τέρας ἔ-λαβες, ὅπερ νῦν μοι δῶρον φέρεις;" ὁ δὲ Ὠμίσης εἶπε πρὸς ταῦτα, ὅτι οἴκοθεν καὶ ἐκ τῆς ἑαυτοῦ γεωργίας τὸν καρπὸν κέ-κτηται. πυθόμενος οὖν ταῦτα ὁ βασιλεὺς ὑπερ-ήσθη, καὶ βασιλικὰ δῶρα τῷ ἀνθρώπῳ ἔ-πεμψε. ὕστερον δὲ καὶ σατραπείαν τινὰ ἔ-δωκεν αὐτῷ, ἐπ-ειπὼν τοιάδε. "νὴ τὸν Μίθραν, οὗτός γε ὁ ἄνθρωπος ἄξιός ἐστιν ἀρχὰς λαβεῖν. ἐκ γὰρ τῆς τοιαύτης ἐπιμελείας δυνήσεται οὐ μόνον ῥοιὰς, ἀλλὰ καὶ πόλεις, μεγάλας ἐκ μικρῶν ποιεῖν."

> **παράδεισος** A sort of park or private nursery-garden, in which a great lord might rear valuable or curious plants, etc. Hence our word "Paradise."
>
> **Μίθραν** See Vocabulary of Proper Names.

Aelian 1.31-32

ONCE TOO OFTEN!

22. σατράπης τις, ἀπο-στὰς ἀπὸ τοῦ βασιλέως, ἐ-πολιορκεῖτο. δείσας δὲ μὴ τὰ σιτία αὐτῷ ἐκ-λείποι, ἀπ-έ-πεμψεν ἐκ τῆς πόλεως τοὺς πενεστάτους τῶν πολιτῶν. οἱ μὲν οὖν ἐξ-ῄεσαν, μετὰ τῶν γυναικῶν καὶ τῶν παίδων, εἰς χιλίους καὶ ἑπτακοσίους. ὁ δὲ βασιλεύς, οἰκτείρας αὐτοὺς τοῦ πάθους, ἐν τῷ ἑαυτοῦ στρατοπέδῳ ἐ-δέξατο πάντας φιλοφρόνως· βορᾶς τέ τι παρ-έχων αὐτοῖς, καὶ χρήματα, καθ' ἕκαστον ἄνδρα στατῆρας δύο. μετὰ δὲ ταῦτα ὁ σατράπης καὶ ἄλλους ἀπ-έ-πεμψε πεντακοσίους. ὁ δὲ βασιλεὺς οὐχ ὁμοίως τούτους ἐ-δέξατο, ἀλλ' ἐ-κέλευσεν αὐτοὺς εἰσ-ιέναι αὖθις εἰς τὴν πόλιν. "χρὴ γὰρ," ἔ-φη, "φιλάνθρωπον μὲν εἶναι, μαλακὸν δὲ μή."

> **εἰς χιλίους καὶ ἑπτακοσίους** See the vocabulary for this idiomatic use of εἰς.
>
> **τοῦ πάθους** "For their ..."
>
> **βορᾶς τι** Roughly the same as βορᾶν τινα, as in English "a bit of food" is similar to "some food." Compare Latin, *cibi aliquid*. See for a similar genitive, 18 (last note).
>
> **μή** Made emphatic by its position at the end of the sentence, *after* the word it negatives.

A CURIOUS DISEASE

23. φησὶ Καμεράριός τις, ὡς ἐ-κάθητό ποτε ἐν πόλει τινὶ πρὸ τοῦ βουλευτηρίου, παρ-ῆσαν δὲ μετ' αὐτοῦ καὶ τῶν βουλευτῶν τινές. δια-λεγόμενοι δὲ ἐν ἀλλήλοις κατ-εῖδον ἄνθρωπόν τινα αὐτοῖς προσ-ιόντα, καὶ δοκοῦντα πτωχόν τε εἶναι καὶ βούλεσθαί τι παρ' αὐτῶν λαμβάνειν. εὐθὺς οὖν ἀφ-ικόμενος οὗτος ἤρξατο δακρύειν, φάσκων ὡς ἐν μυρίᾳ πενίᾳ ἐστὶ διὰ νόσον τινὰ δεινοτάτην, ἥπερ βαρέως ἐγ-κειμένη οὐκ ἐᾷ αὐτὸν ἐπι-τελεῖν ἔργον οὐδὲν, οὐδὲ τροφὴν οὐδαμόθεν εὑρίσκεσθαι. ἀκούσαντες δὲ ἐκεῖνοι μὲν ἠρώτων τίς ἡ νόσος εἴη. ὁ δὲ, "ἀλλ' οὐ δύναμαι," φησὶν, "ὦ ἄνδρες, ταῦτα ὑμῖν δι-ηγεῖσθαι, πλὴν ὅτι χαλεπωτάτη ἡ νόσος ἐστίν."

> **ἐκάθητο** One would have expected the augment to *follow* the κατὰ (Hints 1.4), but the Greeks seem to have forgotten that the word was a compound.
>
> **εὐθὺς ἀφικόμενος** Literally, "*Immediately* ... arriving," i.e. "*Immediately,* when he arrived." (Compare 16, second note.)
>
> **νόσον** A second declension *feminine* noun.

24. ὁ μὲν οὖν πτωχὸς τοσαῦτα εἶπεν· οἱ δὲ, ἐλεήσαντες αὐτὸν, καὶ δόντες ὅσα ἑκάστῳ ἐ-δόκει, ἀπ-έ-πεμψαν. ὕστερον δὲ, βουλόμενοι μανθάνειν ἀκριβέστερον τὴν τῆς νόσου φύσιν, κελεύουσι δοῦλόν τινα θεῖν σκεψόμενον, ὅσπερ τῆς ἰατρικῆς ἔ-τυχεν ἔμπειρος ὤν. ἐπι-γενόμενος οὖν οὗτος τῷ πτωχῷ ἐπι-σκοπεῖ αὐτοῦ τὰ μέλη πάντα, οὐ μέντοι νόσου οὐδεμιᾶς σημεῖα εὑρίσκει. θαυμάσας οὖν πρὸς ταῦτα, "ὦ ἄνθρωπε," ἔ-φη, "ποίαν δὴ νόσον ἔχεις; δοκεῖς γὰρ ἔμοιγε πάνυ ὑγιὴς εἶναι." ὁ δὲ ἀντ-εῖπεν, "ἀλλ' ὡς ἀληθῶς δεινοτάτη μου ἡ νόσος ἐστὶν, εἰ καὶ ἀφανὴς οὖσα τυγχάνει· περι-έχει γάρ μου τὰ μέλη πάντα, τὸ δὲ ὄνομα αὐτῆς ἐστιν ἀργία!"

> **σκεψόμενον** Fut. participles often express purpose, "in order to ...."
>
> **ποίαν** ποῖος expresses surprise and some indignation, "what, pray?" or "what on earth?" τίς merely inquires to get information, "what?"
>
> **ὡς ἀληθῶς** ὡς simply strengthens ἀληθῶς, "really and truly."

DEMOPHON AND THE GODDESS

25. ἐ-βασίλευέ ποτε ἐν Ἐλευσῖνι Κελεός τις. ἦν δὲ αὐτῷ παιδίον, ὀνόματι Δημοφῶν, ὅνπερ ἰδοῦσα ἡ θεὸς Δημήτηρ ἐ-βούλετο ἀθάνατον ποιῆσαι. εἰκάσθη οὖν γυναικὶ, καὶ, πείσασα τὸν Κελεὸν, τροφὸς ἐγένετο τῷ Δημοφῶντι. ἐκ δὲ τούτων θαυμάσιον τι ἔ-δρα· ἐν-τιθεῖσα γὰρ νύκτωρ ἀεὶ τὸ παιδίον εἰς πῦρ, περι-ῄρει αὐτοῦ τὴν θνητὴ σάρκα. ὁ δὲ Δημοφῶν διὰ ταῦτα κακὸν μὲν οὐδὲν ἔ-πασχεν, ἀεὶ δὲ μᾶλλον ηὐξάνετο· δαιμόνιον γὰρ τὸ πρᾶγμα ἦν. τέλος δὲ εἰσελθοῦσα ἀπροσδοκήτως ἡ μήτηρ, καὶ τὸν παῖδα ὁρῶσα ἐν τῷ πυρὶ, ἀν-ε-βόησε διὰ φόβον. καὶ ἡ μὲν θεὸς εὐθὺς ὀργισθεῖσα ἠφανίσθη, ὁ δὲ παῖς κατα-καυθεὶς ἀπ-έ-θανε.

> **ἐκ δὲ τούτων** "Thereupon," "at that."
>
> **περι- ῄρει**, contracted from περι-ε-αίρε-ε, coming from περιαιρέω.
>
> > Ovid (*Fasti* 4.393-620, esp. 537-560), and one of the Homeric Hymns (to Demeter, number 2), give a different version of this story, in which the child is not hurt, but merely left by the offended goddess to grow up an ordinary mortal.

DIONYSUS AND THE PIRATES

26. ὁ θεὸς Διόνυσος τὴν ἄμπελον εὗρε πρῶτος. φασὶ δὲ οἱ μυθολόγοι, ὡς τοὺς εἰς αὐτὸν ἀσεβοῦντας ἐ-κόλαζε, μανίαν ἐμ-βάλλων. πολλοὶ δὲ ἦσαν οἱ τοιοῦτοι, εἰώθει γὰρ ὁ Διόνυσος θνητῷ εἰκασθεὶς ἐπὶ γῆς φαίνεσθαι, ὥστε ἔ-λαθε θεὸς ὤν. βουλόμενος δέ ποτε εἰς νῆσόν τινα δια-κομισθῆναι ἐ-μισθώσατο ἐπὶ τῷ πλῷ τριήρη τινὰ ληστρικήν. ἐπι-βουλεύσαντες τοίνυν αὐτῷ οἱ ναῦται ἔ-μελλον πλεῖν ἐς τὴν Ἀσίαν, ἵνα πωλήσωσιν αὐτὸν ἐπὶ δουλείᾳ. ὁ δὲ θαυμασίῳ τινὶ τρόπῳ δίκην παρ᾽ ἐκείνων ἔ-λαβε. τὸν γὰρ ἱστὸν τῆς νεὼς καὶ τὰς κώπας ἐ-ποίησεν ὄφεις· οἱ δὲ ναῦται μανέντες, καὶ ἐς τὴν θάλασσαν ἐκ-πηδήσαντες, ἐ-γένοντο δελφῖνες.

> **ἐμβάλλων** This tells what he was doing when he ἐκόλαζε, or in other words *how* he did that.
>
> **εἰώθει** Plupf. in form, *impf.* in meaning.
>
> **ἐπὶ δουλείᾳ** "into slavery," "as a slave."
>
> **δελφῖνες** A familiar image from a shallow cup by the potter Exekias in the Munich Museum of Antiquities (Munich 2044) shows this scene.
>
> > Homeric Hymn to Dionysus (number 7).

The Famine

27. ἐ-γένετο ἐν χώρᾳ τινὶ λιμὸς μέγιστος, ὥστε οἱ πένητες σφόδρα ἐ-ταλαιπωροῦντο, πολλοὶ δὲ ὑπὸ σιτοδείας καὶ ἀπ-έ-θανον. ἔ-πεμψαν οὖν ἀγγέλους ὡς τὸν βασιλέα, διδάξοντας οἷα κακὰ πάσχουσι, καὶ δεησομένους ἐκείνου, ἢν δύνηται, πέμπειν αὐτοῖς ὠφέλειαν. ἡ δὲ θυγάτηρ τοῦ βασιλέως — ἔ-τυχε γὰρ παρα-καθ-ημένη αὐτῷ — ἐ-θαύμασε ταῦτα ἀκούσασα. εὐθὺς οὖν ἔ-φη, "ἀλλ᾽, ὦ ἀγαθοὶ, εἰ οὕτω δὴ πιέζεσθε, διὰ τί οὐκ ἐσθίετε ἄρτους καὶ τυρὸν; βέλτιον γὰρ ἂν εἴη τοῦτο ποιεῖν, ἢ λιμῷ ἀπο-θανεῖν!" ταῦτα δὲ εἶπεν οὐ δι᾽ ὕβριν, ἀλλὰ δι᾽ ἄγνοιαν τῆς τῶν πενήτων διαίτης οἰομένη τὴν τοιαύτην εὐτελῆ τροφὴν καὶ ἐν λιμοῖς μέλλειν περισσεύειν.

> **ἢν** Note accent and breathing: this form is tricky, but unambiguous.
> **οὕτω δὴ** δὴ suggests disbelief, "if you really ...."
> **δι᾽ ὕβριν** "By way of insulting them."
> **μέλλειν** "Was likely."
>
> This story has been attached to various oblivious monarchs.

Meleager and the Fire-brand

28. νεανίσκος τις ἐν τῇ Ἑλλάδι ποτὲ ἦν, ὀνόματι Μελέαγρος, καλός τε καὶ ἀγαθὸς, ὁ δὲ πατὴρ αὐτοῦ Οἰνεὺς ἐ-βασίλευε Καλυδῶνος. περὶ τούτου οὖν λόγος τις ἔστι τῶν πάλαι ποιητῶν, ὡς, παῖς ὢν νεογενὴς, ἔ-κειτό ποτε ἐν τοῖς βασιλείοις· ἔ-τυχε δὲ χειμὼν τότε ὢν, καὶ δαλός τις ἐ-καίετο ἐπὶ τῆς ἐσχάρας. εἰσ-ελθοῦσαι δὲ εἰς τὴν οἰκίαν αἱ Μοῖραι εἶπον τῇ τοῦ παιδὸς μητρὶ Ἀλθαίᾳ, ὡς ὁ Μελέαγρος τότε ἀπο-θανεῖται, ὅταν ὁ δαλὸς οὗτος ὁ καιόμενος κατα-καυθῇ. ἀκούσασα δὲ ἡ Ἀλθαία τὰ ὑπὸ τούτων λεγόμενα ἀν-ήρπασεν εὐθὺς ἐκ τοῦ πυρὸς τὸν δαλὸν, καὶ σβέσασα αὐτὸν ἔ-σωζεν ἐν λάρνακι.

> **τότε** Explained by following clause, ὅταν, etc.
> **καιόμενος κατακαυθῇ** Note the difference between a present and an aorist stem: καιόμενος, the process going on; κατακαύθῃ, the fact accomplished.

29. ἡβήσαντος δὲ τοῦ Μελεάγρου, ὗς τις ἄγριος τὴν χώραν δι-
έ-φθειρε. συγ-καλέσας οὖν ἐκ τῆς Ἑλλάδος τοὺς ἀρίστους πάντας,
ὁ Μελέαγρος ἐπὶ τοῦτον ἐξ-ῄει. οἱ δὲ ἀδελφοὶ τῆς Ἀλθαίας μετ-έ-
σχον τῆς θήρας ταύτης, ἦλθε δὲ καὶ παρθένος τις καλλίστη, ὀνόματι
Ἀταλάντη. ἀπο-κτείνας οὖν τὸν ὗν ὁ Μελέαγρος τῇ Ἀταλάντῃ τὸ
δέρμα ἔ-δωκεν. οἱ δὲ ἀδελφοὶ τῆς Ἀλθαίας, ἀγανακτοῦντες εἰ παρ-
όντων ἀνδρῶν γυνὴ λήψεται τὰ ἀριστεῖα, αὐτοὶ ἐκεῖνο τὸ δέρμα προσ-
ποιησάμενοι ἀφ-είλοντο. ὀργισθεὶς οὖν ὁ Μελέαγρος ἐπὶ τούτοις ἀπ-
έ-κτεινεν ἀμφοτέρους. λυπηθεῖσα δὲ ἡ Ἀλθαία ἐπὶ τοῖς τῶν ἀδελφῶν
θανάτοις ἧψε τὸν δαλόν, καὶ ὁ Μελέαγρος εὐθὺς ἀπ-έ-θανεν.

> **παρόντων ἀνδρῶν** ἀνδρῶν emphatic, "men" as opposed to the *woman* Atalanta.
> Observe how word order makes the construction clear: although a phrase in the
> genitive *might* be partitive, possessive, or any of several other things, here there
> is only one possibility.
>
> Ovid, *Metamorphoses* 8.260-546

THE WINE CASK

30. μῶρός τις, οἶνον ἔχων, κατ-ε-σφράγισεν αὐτὸν ἐν πίθῳ, ἵνα μὴ
κλεφθῇ. αἰσθόμενος δὲ ταῦτα ὁ δοῦλος, καὶ βουλόμενός τι ἀφ-αιρεῖν,
δι-έ-τρησε τὸν πίθον, καὶ χώνην ἐν-θεὶς οὕτως ἔ-πινεν. ὁ μὲν οὖν οἶνος
κατὰ μικρὸν ἐλάσσων ἐγίγνετο, ὁ δὲ δεσπότης ἡπόρει, οὐκ αἰσθόμενος
διὰ τί ταῦτα συμ-βαίνει. ἔ-τυχε δέ ποτε ξένῳ τινὶ δια-λεγόμενος περὶ
τούτων, καὶ εἶπεν ὀδυρόμενος, "ὦ φίλε, ἦ οὐ δεινά σοι τάδε εἶναι δοκεῖ;
ὁρᾷς γὰρ τὸν πίθον ἐ-σφραγισμένον, ὁ δὲ οἶνος ἀεί πως ἀναλίσκεται."
ἀντ-εῖπεν οὖν ἐκεῖνος, "δοκεῖ μοι ὁ οἶνος κάτωθεν ἀφ-αιρεῖσθαι." ὁ δὲ
μῶρος, "ἀλλ' οὐ τὸ κάτωθεν," ἔ-φη, "ἀφανίζεται· ἀλλὰ τὸ ἄνωθεν."

> **κατὰ μικρὸν** "Little by little."
> **δεινά** A frequent word in querulous scolding protestations, "a frightful shame."
> **κάτωθεν ἀφαιρεῖσθαι κάτωθεν,** "from the bottom," but τὸ κάτωθεν, simply "the
> bottom."

THE KING AND HIS FLATTERERS

31. βασιλεύς τις, παρα-λαβών παρὰ τοῦ πατρὸς οὐ μικρὰν ἀρχὴν, ἔπειτα πολλῷ δυνατώτερος ἐ-γένετο διὰ τόδε. συλ-λέξας ναῦς πολλὰς ἔ-πλευσεν ἐπὶ νησιώτας τινὰς, οἷσπερ ἔ-τυχε δια-φερόμενος, καὶ νικήσας αὐτοὺς κατ-ε-στρέψατο τὴν νῆσον. πρὸς ταῦτα οὖν εἰκότως πολλοὶ ἦσαν οἱ κολακεύοντες αὐτόν· τινὲς δὲ καὶ θεῷ αὐτὸν ἀπ-εικάζοντες ἔ-φασαν, ὡς καὶ ἡ γῆ πᾶσα καὶ ἡ θάλασσα ὑπήκοοι αὐτοῦ εἰσί. ὁ δὲ δυσχεραίνων τῇ ἐκείνων κολακείᾳ ἐ-βουλεύετο ἐλέγχειν αὐτοὺς, ὡς ψεύδη λέγουσιν. ἐ-κέλευσεν οὖν αὐτοὺς κατ-ιέναι μεθ' ἑαυτοῦ ἐς τὴν παραλίαν. ἦν δὲ τότε παλίρροια τῆς θαλάσσης, καὶ κατα-σκευάσας θρόνον ἐν τῇ ψαμάθῳ ἐ-κάθητο, ἀπ-έχων οὐ πολὺ τοῦ ὕδατος.

πολλῷ Dative of measure, also called dative of degree of difference.

πολλοὶ ἦσαν, etc. Hints 2.5.1.

ὑπήκοοι Feminine plural since both nouns are feminine; the feminine forms are the same as the masculine because this is a compound adjective.

32. ἔπειτα δὲ πρὸς τὴν θάλασσαν βλέπων ὁ βασιλεὺς ἔ-λεξε τοιάδε. "ὦ θάλασσα, φασὶ μὲν οἵδε ὅτι καὶ σὺ ὑπήκοος ἐμοῦ εἶ· δεῖ δέ με αὐτοῖς πιστεύειν, δοκοῦσι γὰρ οὐ φορτικοί τινες εἶναι, ἀλλ' ἄνδρες καλοί τε καὶ ἀγαθοί. κελεύω σε οὖν ἐς τόνδε τὸν τόπον μὴ αὖθις ἐπ-αν-ιέναι, μηδὲ τὸν θρόνον τοῦ ὑμετέρου δεσπότου βρέχειν." τοσαῦτα δὲ εἰρηκὼς σιγὴν εἶχε· ἡ δὲ θάλασσα οὐχ ἧσσον ηὐξάνετο, ἀλλὰ τὸν θρόνον κύκλῳ περι-έ-ρ-ρει. κατα-βὰς οὖν πάλιν ὁ βασιλεὺς, "ὦ φίλοι," ἔ-φη, "δῆλον ὅτι ἐκεῖνά γε οὐκ ἀληθῶς ὑμεῖς εἰρήκατε. οὐδενὸς γὰρ πλὴν τοῦ θεοῦ ἡ θάλασσα ὑπήκοός ἐστι."

τινες Slightly contemptuous, "individuals."

ἄνδρες Like *vir* in Latin, often complimentary, "gentleman."

καλοί τε καὶ ἀγαθοὶ These two words together make up the Greek idea of a perfect gentleman, καλὸς denoting all *bodily* excellence, ἀγαθὸς the perfection of *mind* and *character*.

περι-έ-ρ-ρει From περι-ρ-ρέω. Note how ρ *doubles* itself after a short vowel.

This story is told of Canute, king of England from 1014-1035.

32 • *Morice's Stories in Attic Greek*

MURDER WILL OUT

33. ἦν ποτε ἐν Μεγάροις νεανίσκος τις, ὃς πένης ὢν ἐ-βουλεύθη ἐκ τῆς πατρίδος μετα-στὰς ἐν ἀλλοτρίῳ τινὶ τόπῳ τὴν τροφὴν ζητεῖν. ἀκούσας δὲ πολλάκις περὶ τῶν Κορινθίων ὡς τρυφερώτατοί εἰσι πάντων τῶν τότε Ἑλλήνων, καὶ ἅμα ὡς περὶ ἀνδριαντοποιΐαν μάλιστα σπουδάζουσιν, ἧσπερ καὶ αὐτὸς ἔμπειρος ἦν, ἐν νῷ εἶχεν ἐκεῖσε ἰέναι ἵνα πλούσιος γένηται. πορευόμενος δὲ γέροντί τινι ἐν τῇ ὁδῷ ἐπ-έ-τυχε, πλουσίῳ δὴ δοκοῦντι εἶναι, καὶ βαλλάντιον μέγα ἐν ταῖς χερσὶν ἔχοντι. ἰδὼν δὲ ὁ νεανίσκος τὸ βαλλάντιον ἐπ-ε-θύμησεν αὐτοῦ, καὶ ἐ-πειρᾶτο ἁρπάζειν. ὁ δὲ, γέρων μὲν ὢν ἀσθένης δὲ οὔ, σφόδρα πρὸς ταῦτα ἠγωνίσατο.

> **τρυφερώτατοι** Because you know that ὡς must be introducing indirect statement, it *cannot* go with this superlative.
> **ἐν νῷ ἔχειν** A very common phrase. Look it up under νοῦς.
> **ἐκεῖσε** i.e. to Corinth.

34. δείσας οὖν ὁ νεανίσκος μὴ αὐτός τι πάθοι, βακτηρίᾳ ἐκεῖνον παίσας ἀπ-έ-κτεινε. κείμενος δὲ ὁ γέρων καὶ ἤδη μέλλων ἀπο-θανεῖσθαι ἔ-λεξε τοιάδε. "σὺ μὲν ἄρα, ὦ κάκιστε, τὸν χρυσὸν κτήσει. ἀλλ᾽ οὐ χαίρων τοῦτο ποιήσεις, εἴ γε ἁρπαγῶν καὶ φόνων οἱ θεοὶ μὴ ἐπι-λανθάνονται. ὁ γὰρ πανόπτης ἥλιος πάντα ἐς φῶς ἄγει."

μετὰ δὲ ταῦτα ἀφ-ικόμενος ἐκεῖνος ἐς Κόρινθον ἀνδριαντοποιῷ τινι παρα-μένων ἐ-μισθάρνει. ὡς δὲ φιλόπονος ὢν καὶ δεξιὸς, χρημάτων τι — ὅσον ἀπο-ζῆν — ῥᾳδίως ἐ-κτήσατο τέλος δὲ τοῦ δεσπότου τὴν θυγατέρα γήμας, καὶ κληρονόμος αὐτῷ κατα-στὰς, ἤλπιζεν ἐκ τούτων πλούσιος καὶ εὐδαίμων ταχέως ἔσεσθαι.

> **τί πάθοι** i.e. something unpleasant.
> **σὺ μὲν** Note that μὲν is occasionally followed by ἀλλὰ, μέντοι, etc., instead of the usual δὲ.
> **ὁ γὰρ πανόπτης** The sun, in his journeys across the earth, was supposed to witness the perpetration of crimes, and bring about their detection.
> **ὅσον ἀποζῆν** "Enough to live on."

35. καθ-ήμενος δέ ποτε ἐπὶ τῇ θύρᾳ, τὸν δὲ ἥλιον νοήσας ἑαυτοῦ κατα-λάμποντα, ἐ-μνήσθη οἷα ἐκεῖνος ὁ ἀν-αιρεθεὶς περὶ τούτου εἶπε. πρῶτον μὲν οὖν τι ἐ-φοβεῖτο· ἔπειτα δὲ γελάσας, "βούλεται μὲν," ἔ-φη, "ὁ ἥλιος ἐς φῶς ἐκεῖνα ἄγειν· οὐ μέντοι δύναται." ἡ δὲ γυνὴ ἀκούσασα ἠρώτησε τί λέγει; ὁ δὲ τέως μὲν δεδιὼς ἐ-σιώπα· ἔπειτα δὲ νομίζων ἐκείνην πιστὴν ἑαυτῷ εἶναι πάντα ἀπ-έ-δειξεν. ἡ δὲ ἅτε γυνὴ οὖσα σιγᾶν οὐκ ἐ-δύνατο, ἀλλά τισι τῶν συνηθῶν λάθρα ταῦτα ἀν-ε-κοίνωσεν, ἐκεῖναι δὲ αὖ τοῖς ἀνδράσιν, ὥστε πάσῃ τῇ πόλει ἔκπυστα γενέσθαι. εἰσαγγελθεὶς οὖν ὁ ἄνθρωπος καὶ κατα-κριθεὶς ἐ-θανατώθη.

> **ἑαυτοῦ** Governed by καταλάμποντα.
> **τούτου** The sun.
> **τι** Adverbial, "in some degree."
> **τί λέγει** "What he meant"; this is a common meaning for λέγω.
> **γυνὴ οὖσα** This stereotype is ancient.
> **τοῖς ἀνδράσιν** "Their husbands."

CURIOSITIES OF ANCIENT NATURAL HISTORY

36. λέγουσί τινες τῶν παλαιῶν, ὡς οἱ ἄγριοι ὕες τῆς ἰατρικῆς οὐκ ἀπαίδευτοί εἰσιν. ὅταν γὰρ λάθωσιν ἑαυτοὺς φυτόν τι φαγόντες, νοσήσαντες διὰ τοῦτο ἐς τὴν θάλασσαν ἀπο-τρέχουσι, καί, εὑρόντες ἐκεῖ καρκίνους πολλούς, ἐσθίουσι μάλα προθύμως. γίγνονται δὲ οὖν οἱ καρκίνοι φάρμακον τοῦ πάθους, οἱ δὲ ὕες καθ-ίστανται αὖθις ὑγιεῖς.

φασὶ δὲ καὶ τοὺς ἐλάφους πολλάκις δηχθέντας ὑπὸ φαλαγγίων νοσεῖν· γευσαμένους δὲ κισσοῦ οὐκέτι ὁμοίως λυπεῖσθαι. δεῖν δὲ ἄγριον εἶναι τὸν κισσόν.

ἔστι δὲ τόδε ἔτι γελοιότερον ἐκείνων, ὅπερ περὶ λεόντων νοσούντων λέγουσι. φασὶ γὰρ δὴ ὡς διὰ τοῦδε μόνον οἱ τοιοῦτοι ἀνίστανται — ἐὰν ἐσθίωσι πιθήκους!

> **λάθωσιν,** etc. Literally, "escape their own notice, eating," i.e. "eat without noticing it."
> **φασὶ** Be prepared for accusatives and infinitives to follow.
> **δὴ** Contemptuous, "They actually say!"

Pliny the Elder, *Natural History* 8.41, and Plutarch, *Aetia Physica* 918c

GREEDY APICIUS

37. ἐ-γένετο ἐπὶ Τιβερίου Ἀπίκιός τις, πάντων τῶν Ῥωμαίων τρυφερώτατος. ἀμελήσας γὰρ τῶν ἄλλων, τὴν ἑαυτοῦ γαστέρα μόνην ἐ-θεράπευε, καὶ μυριάδας πολλὰς δραχμῶν εἰς ταύτην ἐ-δαπάνησε. δι-έ-τριβε δὲ ὁ ἄνθρωπος ἐν Μιντούρναις τὸ πλεῖστον, ἥπερ πόλις ἐστὶ τῆς Ἰταλίας· ἐ-γένοντο γὰρ ἐκεῖ καρίδες πασῶν μέγισται, ταύτας δὲ ἐσθίων καὶ μάλιστα ἥδετο. ἀκούσας δέ τινός ποτε λέγοντος, ὡς τρέφονται ἐν τῇ Λιβύῃ καρίδες ἔτι γλυκύτεραι ἐκείνων καὶ καλλίονες, ἐ-βουλεύσατο πλεῖν ἐκεῖσε ὡς τάχιστα, οὐδὲ ἡμέραν μίαν ἀνα-μείνας. ὁ μὲν οὖν πλοῦς μακρὸς ἦν, ὥστε ἔ-παθεν ἐν αὐτῷ κακὰ πολλά. διὰ δὲ τὴν τῶν καρίδων ἐπιθυμίαν πάνυ ῥᾳδίως ἐκεῖνα φέρων, ἐ-καρτέρει τε, καὶ τῇ Λιβύῃ τέλος ἐ-πλησίασεν.

> ἐπὶ Τιβερίου "in the reign of." See the vocabulary of proper names.
> τῶν ἄλλων Neuter, "all else."
> τὴν γαστέρα "His appetites."
> τὸ πλεῖστον Adverbial, "mostly."
> ἐκείνων i.e. those at Minturnae.

38. ἐπειδὴ δὲ ἧκεν ἡ ναῦς ἐκεῖσε, ἵνα αἱ καρίδες ἐ-γίγνοντο, ἔ-μελλεν ὁ Ἀπίκιος ἐκ-βαίνειν εἰς τὴν γῆν. φήμη δὲ πολλὴ ἐ-γένετο τοῖς Λίβυσι περὶ τῆς ἀφίξεως αὐτοῦ· καὶ ἰδόντες τὴν ναῦν προσ-ορμιζομένην οἱ ἁλιεῖς καθ-εῖλκον τὰ ἀκάτια, καὶ προσ-έ-πλεον φέροντες τῷ Ἀπικίῳ τὰς καλλίστας καρίδας. ἰδὼν δὲ αὐτὰς ἐκεῖνος οὐκ ἠρέσκετο, ἀλλ' ἠρώτα τοὺς ἁλιέας, εἰ μέγισται τῶν ἐκεῖ καρίδων αὗται ὡς ἀληθῶς εἰσί. πυθόμενος δὲ ὅτι εἰσὶν, ἔ-φη τὰς ἐν ταῖς Μιντούρναις μεγέθει τε καὶ κάλλει τούτων ὑπερ-έχειν. καὶ ἔπειτα οὐδὲ ἤθελε τῇ γῇ προσ-πελάζειν, ἀλλ' ἐκέλευσε τὸν κυβερνήτην κατα-πλεῖν ὡς τάχιστα ἐς τὴν Ἰταλίαν.

> μέγισται, etc. Predicate, αὗται is subject.
> οὐδὲ "Not so much as."

> Athenaeus (1.12) tells this story.

BUSIRIS

39. περὶ τοῦ Βουσίριδος λέγουσιν οἱ μυθολόγοι, ὡς βασιλεὺς ἐ-
γένετο τῆς Αἰγύπτου, ἔ-θυε δὲ ἐπὶ τῷ Διὸς βωμῷ καθ’ ἕκαστον ἔτος
ἄνδρα ξένον. ἐννέα γὰρ ἔτη λιμός τις ἰσχυρὸς κατ-έ-σχε τὴν Αἴγυπτον,
οἱ δὲ ἐπιχώριοι ὑπ’ αὐτοῦ δεινῶς ἐ-πιέζοντο. ἐλθὼν οὖν ἐκ Κύπρου
μάντις τις, ὀνόματι Θράσιος, ἔ-φη τὸν λιμὸν παύσεσθαι, ἐὰν σφάξωσι
τῷ Διὶ ξένον ἄνδρα κατ’ ἔτος. ἀκούσας δὲ ταῦτα ὁ Βούσιρις αὐτὸν τὸν
μάντιν ἔ-σφαξε πρῶτον, ἔπειτα δὲ καὶ τοὺς ἄλλους ξένους, ὅσοιπερ
ἐκεῖσε ἦλθον. ἀφικόμενος τοίνυν καὶ ὁ Ἡρακλῆς συν-ε-λήφθη καὶ τοῖς
βωμοῖς προσ-ε-φέρετο. ἀλλὰ δια-ρ-ρήξας τὰ δεσμὰ καὶ τὸν Βουσίριδα
ἀπο-κτείνας ἀπ-έ-φυγε.

σφάξωσι 1 aor. subj.

This legend seems to have been popular at Rome in Virgil’s time
(“Quis ... illaudati nescit Busiridis aras?” *Georgics* 3.5). Ovid
tells the story very briefly in the *Ars Amatoria* 1.647-652.

NELIDES AND HIS GRANDMOTHER

40. ὁ Νηλίδης ἡβήσας ἐ-γένετο ναύαρχος πάντων ἄριστος. παρ-
έ-σχε δὲ, ὥς φασιν, ἔτι παῖς ὤν, τεκμήρια πολλὰ, ὡς ἔσται ποτὲ ἀνὴρ
ἀγαθὸς καὶ ἀνέκπληκτος. πέντε γοῦν μάλιστα ἔτη γε-γονὼς ἀπὸ τῆς
οἰκίας τῆς τήθης μακρὸν ἐ-πλανήθη. πεινῶν δὲ ἐν τῇ ὁδῷ οὐδ’ ὁτιοῦν
ἐ-ταράχθη, ἀλλὰ, συλ-λέξας ἀγρίους τινὰς καρποὺς, ἐκ τούτων δεῖπνον
ἐ-ποιεῖτο. ἐς δὲ τὴν οἰκίαν, ὅθεν ὡρμήσατο, οὐκ ἐπ-αν-ῆλθε, πρὶν νὺξ
ἐ-γένετο. ἰδοῦσα οὖν αὐτὸν ἡ τήθη, “ὦ παῖ,” ἔ-φη, “θαυμάζω ὡς οὔ σε
ἠνάγκασεν ὁ φόβος θᾶσσον ἐπ-αν-ελθεῖν.” ὁ δὲ παῖς ἀντ-εῖπεν, “ἀλλ’, ὦ
τήθη, τίς ἔστιν ὁ φόβος; οὐ γὰρ ἐμοὶ συνήθης ἐστίν.”

ποτε With *future*, “some day.”
πέντε ἔτη γεγονὼς “Five years old.” Latin uses the same construction, *quinque
annos natus.*
οὐδ’ ὁτιοῦν A common, rather colloquial phrase, “not a bit.”
τίς ἔστιν ὁ φόβος The child supposes φόβος to be a *person* of that name.
συνήθης Ambiguous; of *persons*, “an acquaintance,” of *feelings*, etc., “habitual.”

The Good-Natured King

41. βασιλεύς τις ἀγαθὸς καὶ σώφρων γυναῖκα εἶχεν, ἄλλως μὲν οὐκ ἀγεννῆ, τῇ δὲ φύσει λίαν ἀκράχολον. αὕτη οὖν, ἀπατηθεῖσά ποτε ὑπὸ πανούργου τινὸς ἐμπόρου, ὠργίσθη τε διὰ ταῦτα καὶ ἐ-βουλεύετο τὸν ἄνθρωπον πᾶσι τοῖς ἐσχάτοις ζημιῶσαι. ἀκούσας δὲ ὁ βασιλεὺς, οἷα ἡ γυνὴ ἐπι-νοεῖ, ἔ-φη ὡς αὐτῷ ταῦτα μελήσει. ἔ-δεισε γὰρ μὴ ἐκείνη χαλεπαίνουσα δρῴη τι ἀνάξιον. ἐ-κέλευσεν οὖν τοὺς δορυφόρους πρῶτον μὲν τὸν ἄνθρωπον συλ-λαβεῖν, ἔπειτα δὲ δε-δεμένον αὐτὸν ἐν τῷ θεάτρῳ προ-τιθέναι, ἵνα ὑπὸ λέοντός τινος ἀγρίου ἐκεῖ δια-σπαράσσοιτο. νόμος γὰρ ἐκ παλαιοῦ ἦν ἐν ἐκείνῃ τῇ χώρᾳ τοὺς κατα-κριθέντας οὕτως δια-χρήσασθαι.

> **πανοῦργος** Lit. "ready to do anything," and so "sticking at nothing, rascally."
> **τοῖς ἐσχάτοις** A mild phrase for capital punishment.
> **δρῴη** Contracted from δρα-οίη, optative.

42. οἱ μὲν οὖν δορυφόροι τὸν ἔμπορον ἐς τὸ θέατρον ἔ-στησαν, ὥσπερ ὁ βασιλεὺς ἐ-κέλευσεν. παρ-ῆσαν δὲ ἄρα ὅ τε βασιλεὺς, καὶ ἡ γυνὴ αὐτοῦ, καὶ ἄλλοι πολλοὶ τῶν πολιτῶν, ὡς τὸ πρᾶγμα θεασόμενοι. ὁ δὲ ἔμπορος ἵστατο ἐν τῷ μέσῳ, δε-διώς τε καὶ τρέμων. ἐπειδὴ δὲ καιρὸς ἦν, σημαίνει ὁ βασιλεὺς τοῖς ὑπηρέταις τὸν λέοντα εἰσ-πέμπειν. οἱ δὲ, προ-διδαχθέντες οἷα χρὴ ποιεῖν, καὶ τὰ κλῇθρα ἀν-οίξαντες, εἰσ-έ-πεμψαν οὐ λέοντα, ἀλλὰ λαγών. ἰδοῦσα οὖν ταῦτα ἡ βασίλεια ἐ-γέλασέ τε καὶ τῆς ὀργῆς ἐπ-ε-λάθετο. ὁ δὲ βασιλεὺς ἔπειτα ἀπ-έ-λυσε τὸν ἔμπορον, νομίζων αὐτὸν ὑπὸ τοῦ δείματος ἱκανῶς κε-κολάσθαι.

> **ἔστησαν** 1 aorist, and therefore *transitive*. See Vocabulary.
> **εἰσ-πέμπειν** "Let in," (Lat. *im-mittere*). The θέατρον would consist of a semicircle of raised seats, and below an "arena," with cages for the beasts at one end. When the κλῇθρα (barrier) was removed, the beasts would be let loose on the criminals in the arena.

The Young Giants

43. λέγεται ὁ Ποσειδῶν γεννῆσαι παῖδας δύο· ἡ δὲ φύσις αὐτῶν θαυμασία ἦν, ηὐξάνοντο γὰρ καθ᾽ ἕκαστον ἔτος ἐς μὲν πλάτος πῆχυν, ἐς δὲ ὕψος ὄργυιαν. ἐπειδὴ δὲ ἐ-γένοντο ἐννέα ἐτῶν, δι-ε-νοοῦντο μάχεσθαι τοῖς θεοῖς. ἐπι-θέντες οὖν Ὀλύμπῳ τῷ ὄρει ἕτερόν τι ὄρος ὀνόματι Ὄσσαν, καὶ τρίτον αὖ ἐκείνῳ ἐπι-βαλόντες τὸ Πήλιον, ἔ-μελλον διὰ τούτων τῶν ὀρῶν ἐς τὸν οὐρανὸν ἀνα-βήσεσθαι. ἰδόντες δὲ οἷα ἐκεῖνοι ποιοῦσιν, οἱ θεοὶ εἰκότως ἐ-ταράσσοντο. τέλος δὲ ἡ Ἄρτεμις ἀν-εῖλεν ἀμφοτέρους δι᾽ ἀπάτης. ἀλλάξασα γὰρ τὸ ἑαυτῆς εἶδος εἰς ἔλαφον, ἀπροσδοκήτως διὰ μέσου αὐτῶν ἐ-πήδησεν. οἱ δὲ, στοχαζόμενοι τοῦ θηρίου, ἀλλήλους κατ-ε-τόξευσαν.

> **γεννῆσαι** The aorist is usually a past tense only in the indicative, and marks punctual aspect in the other moods. But an aorist infinitive in indirect statement means past time: the direct statement would have had a past tense of the indicative. So in this case the begetting comes before the saying.
>
> **ἐννέα ἐτῶν** i.e. of age.
>
> **διὰ μέσου** Look up the idiom under μέσος.
>
> **τοῦ θηρίου** Verbs of shooting, etc., take genitive of the mark aimed at.
>
> Apollodorus 1.7.4, *Odyssey* 11.306-320

The Goose and the Horse

44. χήν ποτε καὶ ἵππος λειμῶνά τινα κοινῇ ἐ-νέμοντο. ὁ δὲ χὴν τῷ ἵππῳ, ἢ ὡς καταφρονοῦντι ἑαυτοῦ, ἢ δι᾽ ἄλλην τινὰ αἰτίαν ὀργισθεὶς, τοιάδε ἐ-καυχᾶτο. "πῶς δὴ εὔχει σὺ, ὦ δαιμόνιε, κρείσσων ἐμοῦ εἶναι; οὔτε γὰρ ἐν οὐρανῷ πέτεσθαι δύνασαι, οὔτε νεῖν, ὥσπερ ἐγὼ, ἐν τοῖς ποταμοῖς. ἀλλὰ περι-πατῶν ἀεὶ κατὰ γῆν, ταύτην οὐδέποτε λείπεις, δοκεῖς δὲ δεθέντας πως ἐς αὐτὴν τοὺς πόδας ἔχειν. ἐγὼ δέ γε πρῶτον μὲν πτηνός εἰμι, ὥστε ἔξ-εστί μοι δι᾽ ἀέρος πλανᾶσθαι. ἄλις δὲ τούτου σχὼν, ἐς τὸ ὕδωρ κατα-βαίνω, ἐν ᾧ νέων καὶ κολυμβῶν τὸ σῶμα ἡδέως μάλα ἀνα-ψύχω."

> **δεθέντας πως** πως is often used to extenuate and claim excuse for a strained expression, "as it were." So in Latin *quodammodo*.

45. ὁ μὲν οὖν χὴν τοσαῦτα ἔ-λεξεν· ὁ δὲ ἵππος εὐθὺς ἀντ-εῖπε φρυασσόμενος. "ἀλλ᾽, ὦ οὗτος, τίνι δὴ τρόπῳ πέτεσθαι δύνασαι; ἐπεὶ δηλονότι τοῦτο ποιῶν οὐκ εὐσχήμων εἶ, οὐδὲ εὔστροφος, ὥσπερ οἱ ἀετοὶ καὶ αἱ χελιδόνες. ἔπειτα δὲ διὰ τοῦ ὕδατος οὐ ταχέως πορεύει, ἀλλ᾽ ὑπο-λείπει πολύ, κατὰ τοῦτό γε, τῶν ἰχθύων· ὥστε οὐδὲ ἐκεῖ εἶ εὐδόκιμος. πορευόμενος δὲ ἐπὶ τῆς γῆς, οὐ μόνον ἀσχήμων φαίνει, ἀλλὰ καὶ γέλοιος. ἔγωγε οὖν θέλω μᾶλλον ἵππος εἶναι ἐπὶ τῆς γῆς ἀεὶ διαιτώμενος, ἤ, ὥσπερ σύ, πέτεσθαι καὶ νεῖν δυνάμενος, γέλωτα πανταχοῦ παρ-έχειν τοῖς θεωμένοις."

ἔπειτα δὲ "And then again."
τοῖς θεωμένοις Hints 2.5.4.

THE APPLE-TREE

46. ὁ Πόνος ἦν ποτε, ὥς φασι, γεωργός τις, πένης μὲν, ἀγαθὸς δὲ καὶ εὐγνώμων. ὁ δὲ θεὸς Ἑρμῆς ἔ-τυχε τότε πορείαν δι᾽ Ἑλλάδος ποιούμενος, πεινῶν δὲ ἐν τῇ ὁδῷ ἦλθε πρὸς τὴν τοῦ Πόνου καλύβην, καὶ ᾔτει τι σίτου. ὁ δὲ τὸν ξένον ἐ-δέξατο φιλανθρώπως, καὶ σιτία ἔ-δωκεν, οἷα δὴ παρ᾽ ἑαυτῷ εἶχεν. ἡσθεὶς οὖν ὁ Ἑρμῆς ὑπ-έ-σχετο δώσειν τῷ ἀνθρώπῳ, ὅ τι ἂν ἐκεῖνος βούληται. ὁ δὲ γεωργός, "ὦ κύριε," ἔ-φη, "ὁρᾷς ἐκεῖνο τὸ δένδρον, τὸ τὰ μῆλα φέρον. βούλομαι οὖν ἀνάγκην εἶναι πᾶσιν, ὅσοι ἂν εἰς αὐτὸ ἀνα-βαίνωσι, μένειν ἐκεῖ, ἕως ἂν κελεύω ἐγὼ αὐτοὺς κατα-βαίνειν."

Πόνος See Vocabulary of Proper Names.
καλύβην οἰκίαν μικράν, σκηνήν.
τι σίτου 22 (note on βορᾶς τι).

47. ὁ δὲ Πόνος μετὰ ταῦτα πρεσβύτης ἐ-γένετο, καὶ ἔ-δει αὐτὸν ἤδη τελευτᾶν. ἤκει οὖν ὁ Θάνατος ἐς τὴν ἐκείνου καλύβην, καὶ κελεύει τὸν γέροντα μεθ᾽ ἑαυτοῦ εὐθὺς ἀπιέναι. ὁ δὲ ἔ-φη ἕτοιμος εἶναι, ἀλλὰ βούλεσθαι ἐν τῷ μεταξὺ ἓν μόνον μῆλον ἀπ᾽ ἐκείνου τοῦ δένδρου ἐσθίειν, ἔπειτα δὲ ἕψεσθαι. ἐπὶ τούτοις οὖν ὁ Θάνατος ὡμολόγει· ἀφ-ικόμενος δὲ πρὸς τὸ δένδρον ὁ γέρων ἔ-φη, "ὦ φίλε Θάνατε, ὁρᾷς ὅτι τὸ μὲν δένδρον ὑψηλόν ἐστιν, ἐγὼ δὲ γέρων εἰμὶ καὶ ἀσθενής. πρὸς ταῦτα οὖν δέομαί σου εἰς αὐτὸ ἀνα-βαίνειν, καὶ τὸ μῆλον κομίζειν· ἔπειτα δὲ ἄπ-ειμι, ὡς κελεύεις."

ἐν τῷ μεταξύ "in the mean time, meanwhile"; this idiom can also be spatial, "in the middle."

ἐπὶ τούτοις "On these terms."

πρὸς ταῦτα "Under these circumstances."

48. τοσαῦτα οὖν ὁ μὲν γέρων ᾔτησε. γελάσας δὲ ὁ Θάνατος, καὶ ἐς τὸ δένδρον ἀνα-βὰς, μῆλά τινα κατ-έ-βαλεν· ὁ δὲ γέρων λαβὼν αὐτὰ ἤρχετο ἐσθίειν. ὁ δὲ Θάνατος ἔ-μελλε τότε κατα-βαίνειν ἐκ τοῦ δένδρου· οὐ μέντοι ἐ-δύνατο, ἀλλ᾽ ἐν-είχετο ἐν αὐτῷ πως, καὶ, πολλὰ λυγιζόμενος, ὅμως προσ-ε-κολλᾶτο πρὸς τοὺς κλάδους, ὥστε γελοιότατον τὸ θέαμα εἶναι. ὁ δὲ Πόνος, "ὦ Θάνατε," ἔ-φη, "δεῖ σε ἐκεῖ μένειν, ἕως ἄν σε ἐγὼ ἀπ-αλλάσσω. εἰ δὲ βούλει κατα-βαίνειν, κελεύω σε ἀθάνατον ἐμὲ ποιεῖν." τέλος οὖν ἀπο-καμὼν ἐκεῖνος συν-ε-χώρησε ταῦτα, καὶ ἀπ-ῆλθεν. ὁ δὲ Πόνος διὰ ταῦτα ἀθάνατος ἐν ἀνθρώποις ἐστίν.

ἤρχετο From ἄρχομαι. The imperfect of ἔρχομαι, which has the same form, is not used in classical Attic.

ὁ δὲ Πόνος διὰ ταῦτα, etc. To understand this sentence you must remember what the word Πόνος *means*.

THE TAME SNAKE

49. πόλις ἐστὶ τῆς Ἀχαίας αἱ Πάτραι. παῖς δέ τις τῶν ἐκεῖ δράκοντα μικρὸν ἐ-πρίατο, καὶ ἔ-τρεφε παρ᾽ ἑαυτῷ, ἐπιμέλειαν πολλὴν αὐτοῦ ποιούμενος. ἐπειδὴ δὲ ηὐξήθη ὁ δράκων, ὁ παῖς πρὸς αὐτὸν ἐ-λάλει ὡς πρὸς ἀκούοντα, καὶ ἔ-παιζε μετ᾽ αὐτοῦ, καὶ συν-ε-κάθευδεν. ὁ μὲν οὖν δράκων μέγας ἐ-γένετο, οἱ δὲ πολῖται διὰ φόβον ἐξ-έ-βαλον αὐτὸν εἰς τὴν ἐρημίαν. ὕστερον δὲ ὁ παῖς, νεανίσκος γενόμενος, ἔ-τυχέ ποτε ἀπὸ θέας τινὸς ἐπ-αν-ιών. δια-πορευόμενος δὲ διὰ τῆς ἐρημίας λῃσταῖς τισι περι-έ-πεσεν. οἱ μὲν οὖν ἔ-μελλον ἤδη αὐτὸν ἁρπάζειν· ὁ δὲ δράκων, ἀπροσδοκήτως παρα-γενόμενος, τοὺς μὲν ἀπ-έ-κτεινε, τὸν δὲ παῖδα δι-έ-σωσεν.

πόλις ἐστὶ Πάτραι is the subject (plural), but the verb is *attracted* to agree in number with the predicate πόλις.

τῶν ἐκεῖ i.e. the inhabitants.

ἐλάλει ... ἔπαιζε, etc. Imperfects, "used to ..."

τοὺς μὲν i.e. the robbers.

concileici一.

THE CARRIER PIGEON

50. ἦν ποτε ἐν τῇ Αἰγίνῃ νεανίσκος τις ὀνόματι Ταυροσθένης. δοκεῖ δὲ τὸ ὄνομα τοῦτο συνᾴδειν τῇ τοῦ ἀνθρώπου φύσει, ἦν γὰρ τῇ τοῦ σώματος ῥώμῃ ἐκπρεπής, καὶ ἐ-νίκησεν ἐν τῇ πατρίδι ἀγῶνας πολλούς. τέλος δέ, ἀγωνισάμενος ἐν τῇ Ὀλυμπίᾳ, καὶ ἐκεῖ ἐ-στεφανώθη. τὴν δὲ νίκην ταύτην δι-ήγγειλε τῷ ἑαυτοῦ πατρὶ ἐν Αἰγίνᾳ αὐθημερόν, τοιόνδε τι, ὥς φασι, μηχανησάμενος. ἐ-κόμισε μεθ᾽ ἑαυτοῦ ἐς τὴν Ὀλυμπίαν περιστερὰν, χωρισθεῖσαν ἀπὸ τῶν νεοσσῶν. νικήσας δὲ οὖν ἐν τῷ ἀγῶνι ἀφ-ῆκε τὴν περιστερὰν, προσ-άψας αὐτῇ θώμιγγα πορφυροῦν καὶ ἐπιστολάς. ἡ δέ, ἐπειγομένη πρὸς τοὺς νεοσσούς, ἀφ-ίκετο αὐθημερὸν ἐξ Ὀλυμπίας εἰς Αἴγιναν.

Ταυροσθένης Derivation, ταῦρος and σθένος, i.e. strong as a bull. This explains the next sentence.

ἀγῶνας πολλούς Cognate accus. after ἐνίκησεν.

Aelian, *Varia Historia* 9.2. Pausanias (6.9) has a more sensational version in which the messenger is a ghost in the shape of Taurosthenes himself.

THE TWO KINGS

51. βασιλεύς τις τῶν Αἰγυπτίων, στρατεύσας ἐπὶ τοὺς Πέρσας, ἐ-νικήθη τε ὑπὸ τούτων, καὶ ἐ-γένετο αἰχμάλωτος. ὁ δὲ τῶν Περσῶν βασιλεὺς φιλοφρόνως αὐτὸν ἐ-δέξατο, καὶ ἐ-κάλεσεν ἐπὶ δεῖπνον. ἡ μὲν οὖν παρασκευὴ τοῦ δείπνου λαμπρὰ ἦν· ὁ δὲ Αἰγύπτιος ἰδὼν αὐτὴν οὐκ ἠρέσκετο, ἀλλ᾽ ἔ-φη τὸν Πέρσην εὐτελῶς ἄγαν διαιτᾶσθαι. "εἰ δὲ θέλεις," ἔ-φη, "εἰδέναι, ὦ βασιλεῦ, πῶς χρὴ σιτεῖσθαι, κέλευσον τοὺς ἐμοὺς μαγείρους παρα-σκευάζειν σοι Αἰγύπτιον δεῖπνον." ταῦτα οὖν ἐ-ποίησεν ὁ Πέρσης, γευσάμενος δὲ τοῦ δείπνου ἥσθη τε καὶ ἔ-φη, "κακὸς ἄρα δοκεῖς σὺ εἶναι, ὦ Αἰγύπτιε, ἐπεὶ τοιαῦτα δεῖπνα κατα-λιπὼν ἐπ-ε-θύμησας κατα-φαγεῖν τὰ ἡμέτερα."

τὰ ἡμέτερα Understand not δεῖπνα, but simply "possessions." There is a little play of words on the literal and metaphorical meanings of κατα-φαγεῖν.

THE LAND-SLIP

52. ἐ-γένετο ἐν Κελαινῷ, ἥπερ πόλις ἐστὶ τῆς Φρυγίας, χάσμα τι
τῆς γῆς· εἵλκυσε δὲ εἰς ἑαυτὸ οἰκίας πολλὰς, καὶ τοὺς ἐν αὐταῖς ἐν-
οικοῦντας ἀνθρώπους. πρὸς ταῦτα οὖν ὁ βασιλεὺς Μίδας ἐ-χρήσατο
θεῷ τινὶ περὶ τοῦ πράγματος. ὁ δὲ θεὸς ἀν-εῖλεν αὐτῷ, ὅτι δεῖ ἐμ-
βάλλειν εἰς τὸ χάσμα τὸ τιμιώτατον τῶν παρ' ἑαυτῷ κτημάτων, ἐὰν
δὲ ποιῇ ταῦτα, τὸ χάσμα εὐθὺς ἀνα-πληρωθήσεται. ἐπ-αν-ελθὼν οὖν
ὁ Μίδας εἰς τὴν ἑαυτοῦ οἰκίαν, ἐ-κέλευσε τοὺς οἰκέτας κομίζειν ἐκ
τῶν θησαυρῶν χρυσὸν πολὺν καὶ ἄργυρον· ταῦτα γὰρ ἐ-νόμισεν εἶναι
πάντων, ὧν εἶχε, τιμιώτατα. κατ-έ-βαλε τοίνυν ταῦτα εἰς τὸ χάσμα, τὸ
δὲ οὐκ ἀν-ε-πληρώθη.

ἥπερ πόλις ἥπερ, the subject, is *attracted* to agree with the predicate πόλις. It could
equally well have been masculine to agree with its antecedent Κελαινῷ.

ἐχρήσατο ... ἀνεῖλεν Notice these technical words for the *consultation* of an oracle
and its *response*.

ὧν εἶχε See 11 (last note).

τὸ δὲ *Pronoun*, not *article*.

53. αἰσθόμενος δὲ ταῦτα ὁ τοῦ βασιλέως υἱὸς Ἄγχουρος ἔ-λεξε
τοιάδε. "ὦ πάτερ, οὐ θαυμάζω ἐγὼ, εἰ, τὰ τοιαῦτα κτήματα κατα-
βάλλων, τὸ χάσμα οὐκ ἀνα-πληροῖς. δῆλον γὰρ ὅτι παῖς εὔνους καὶ
πιστὸς ἄξιός ἐστι πλέονος, ἢ χρυσός, καὶ ἄργυρος, καὶ τὰ τοιαῦτα
πάντα. νῦν δὲ, ἵνα ἀληθῶς κατα-βάλῃς εἰς τὸ χάσμα τὸ τιμιώτατον
τῶν σῶν κτημάτων, ἰδοὺ, ἐγὼ εἰς αὐτὸ κατα-πηδήσομαι." τοσαῦτα
οὖν εἰπὼν ὁ νεανίσκος, καὶ τὸν πατέρα ἀσπασάμενος, ἀν-έ-βη εἰς τὸν
ἵππον, καὶ κατ-ε-πήδησε. τότε δὲ διπλοῦν τι τέρας ἐ-γένετο· τό τε γὰρ
χάσμα ἀν-ε-πληρώθη, καὶ βωμός τις λίθινος, ὅσπερ ἔ-τυχε πλησίον
ἱδρυμένος, ἐ-γένετο χρυσοῦς.

οὐ θαυμάζω εἰ "I wonder that," in Greek, is usually θαυμάζω εἰ, sometimes θαυμάζω
ὡς.

CRIMINALS IN ETHIOPIA

54. νόμος ἦν ποτε τοῖς Αἰθίοψι τῶν ἀδικούντων μηδένα δημοσίᾳ ἀπο-κτείνειν, μηδὲ εἰ κατα-δικασθείς τις φανείη τῆς τοιαύτης τιμωρίας ἄξιος ὤν. ἀλλ᾽ ἔ-πεμπεν ὁ βασιλεὺς ὑπηρέτην πρὸς τὸν τοιοῦτον, σημεῖόν τι θανάτου ἔχοντα ἐν ταῖς χερσίν. ἔ-δει δὲ οὖν τὸν παρανομήσαντα, ἰδόντα τοῦτο τὸ σημεῖον, ἀπ-ιέναι εὐθὺς εἰς τὴν ἑαυτοῦ οἰκίαν, καὶ ἐκ τοῦ ζῆν ἑαυτὸν μεθ-ιστάναι· φεύγειν δὲ οὐκ ἐξ-ῆν ἐκ τῆς ἰδίας χώρας εἰς τὴν ὅμορον, οὐδὲ — καθάπερ παρὰ τοῖς Ἕλλησι — τῇ μεταστάσει τῆς πατρίδος τὴν αἰτίαν κατα-λύειν. φασὶ δέ τινά ποτε τῶν Αἰθιόπων κατα-δικασθέντα ἐπι-νοῆσαι οὕτως δια-φεύγειν, αἰσθομένην δὲ τὴν μητέρα αὐτοχειρίᾳ τὸν υἱὸν ἀπο-κτεῖναι.

> **σημεῖόν τι θανάτου** It is said that the Ottoman kings in Turkey used to send a slave, carrying a bow-string, to any officer, viceroy, or rival they wanted to be rid of. The latter would be strangled privately in order to avoid the disgrace of being publicly executed.
>
> **ἑαυτὸν μεθιστάναι** To be allowed to escape execution by suicide was considered a favor at Rome under the Emperors.
>
> **τὴν ὅμορον** Understand χώραν.

A RACE FOR A WIFE

55. βουλομένη ἡ Ἀταλάντη παρθένος μένειν, μνηστευθεῖσα δὲ ὑπὸ πολλῶν, ἐ-μηχανήσατο τοιάδε. στάδιόν τι δι-ε-μέτρησεν, ἔ-πηξε δὲ μέσον αὐτοῦ σκόλοπα τρίπηχυν· ἔπειτα δὲ ἔ-δει ἕκαστον τῶν μνηστευόντων θεῖν τὸν δρόμον τοῦτον, ἡ δὲ ἐ-δίωκεν. ὅσους δὲ κατα-λάβοι τρέχοντας, θάνατος τούτοις ἡ ζημία ἦν· εἰ δέ τις μὴ ἁλοίη, τούτῳ ἐκείνην γαμεῖσθαι ἔ-δει. τοὺς μὲν οὖν ἄλλους τῶν μνηστευόντων ῥᾳδίως κατ-έ-λαβε, ταχυτῆτι γὰρ πάντων θνητῶν ὑπερ-εῖχε· καὶ ἁλόντες αὐτίκα ἐ-θανατώθησαν. νεανίσκος δέ τις, ὀνόματι Μειλανίων, ἦλθεν ἐπὶ τὸν δρόμον χρυσᾶ τινα μῆλα ἐν ταῖς χερσὶν ἔχων, καὶ διωκόμενος ταῦτα ἀπ-έ-ρ-ριπτεν, ἡ δέ, ἐπι-σχοῦσα ἵνα ἀν-αιροῖτο αὐτά, οὕτως ἐ-νικήθη.

> **ἐκείνην** i.e. Atalanta.
>
> **γαμεῖσθαι** = "become the bride of, be married (off) to," like Latin *"nubere,"* and γαμεῖν = "become the husband of, take in marriage," Latin *"ducere."* It is a distinction English does not usually make.
>
> Ovid, *Metamporphoses* 10.560 ff.; also Apollodorus 3.9.2.

DRIMACUS THE OUTLAW

56. οἱ Χῖοί ποτε κακὰ πολλὰ ἔ-πασχον διὰ τόδε. νόμος ἦν αὐτοῖς χρῆσθαι δούλοις βαρβάροις· τούτων δὲ πολλοὶ ἀπο-διδράσκοντες συν-ηθροίζοντο ἐν τοῖς ὄρεσι, καὶ κατα-βαίνοντες ἐκεῖθεν ἥρπαζον τὰ τῶν δεσποτῶν. ἡ γὰρ νῆσος τραχεῖά ἐστι καὶ ὑλώδης, ὥστε διὰ ταῦτα ἐκεῖνοι ῥαδίως ἐ-κρύπτευον. φασὶ δέ τινες τῶν παλαιῶν λογογράφων, ὡς οἰκέτης τις, ὀνόματι Δρίμακος, ἀπο-δρὰς ποτε ἐς τὰ ὄρη, τὰ πλεῖστα ἔ-βλαπτε τοὺς ἐπιχωρίους. ἀνδρεῖός τε γὰρ ἦν ὁ ἄνθρωπος, καὶ εὐτυχίᾳ πολλῇ ἐ-χρῆτο ἐν ταῖς ἐπιδρομαῖς· διόπερ καὶ οἱ ἄλλοι δραπέται συν-ίσταντο εἰς τοῦτον πανταχόθεν, καὶ ἐ-πειθάρχουν αὐτῷ ὥσπερ βασιλεῖ.

τὰ τῶν δεσποτῶν Understand something like κτήματα.

57. ἐπὶ τοῦτον οὖν τὸν Δρίμακον οἱ Χῖοι πολλάκις ἐπ-ε-στράτευον, ἀλλ᾽ οὐδὲν ἀνύτειν δυνάμενοι ἔτι μᾶλλον ὑπ᾽ αὐτοῦ ἐ-φθείροντο. ὁρῶν δὲ αὐτοὺς μάτην ἀπ-ολλυμένους ὁ Δρίμακος ἐ-βουλεύετο ὁμολογίαν τινὰ ποιεῖσθαι πρὸς αὐτούς, καὶ ἄδειαν λαβὼν ἔ-λεξε πρὸς τοὺς στρατηγοὺς τάδε. "ὦ ἄνδρες Χῖοι καὶ κύριοι, τὰ πράγματα τάδε, ἅπερ ὑμῖν ἡμεῖς παρ-έχομεν, βίᾳ μὲν οὐδέποτε παύσετε. ἔστι γὰρ χρησμὸς ὑπὸ θεοῦ τινος δοθείς, ὡς δεῖ ὑμᾶς ταῦτα πάντα ὑφ᾽ ἡμῶν πάσχειν. νῦν δὲ ἐὰν ἐμοὶ πείθησθε, ἀπαλλαγὴν τούτων ὑμῖν δώσω. ἐᾶτε γὰρ μόνον ἡμᾶς ἡσυχίαν ἄγειν, ἐγὼ δὲ ὑμῖν ἀντὶ τούτων τὰ πλεῖστα τῶν παρ-όντων κακῶν ἰάσομαι."

Χῖοι καὶ κύριοι Not two sets of people coupled by καὶ, but in apposition. Compare such phrases as "Men and brethren!" where the "men" *are* the "brethren." The rhetorical figure is called hendiadys, from ἓν διὰ δυοῖν, "one (idea) by two (words)."

58. ἀκούσαντες δὲ ταῦτα οἱ Χῖοι ἐ-σπείσαντο πρὸς τὸν Δρίμακον. ὁ δὲ ἐκ τούτων ἠνάγκαζε τοὺς δραπέτας πάντας εὔκοσμον βίον ἄγειν, τοὺς δὲ ἀτακτοῦντας ἐ-κόλαζε, καὶ οὐδενὶ ἐπ-έ-τρεπε συλᾶν τοὺς ἀγρούς, οὐδὲ ἄλλο οὐδὲν ἀδικεῖν, ὅσα μὴ αὐτὸς κελεύοι. εἰ δέ τις τῶν Χίων ἐπι-βουλεύοι αὐτῷ, ἢ ἐνέδρας κατα-σκευάζοι, τοῦτον μὲν ἐ-τιμωρεῖτο, τοὺς δὲ ἄλλους κακὸν οὐδὲν ἐ-ποίει. ὁπότε δὲ δοῦλός τις εἰς ἑαυτὸν ἀπο-διδράσκοι, τούτου τὴν αἰτίαν ἔ-κρινε. καὶ τοὺς δοκοῦντας ἀνήκεστόν τι πε-πονθέναι ἔ-σωζε μεθ᾽ ἑαυτοῦ, τοὺς δὲ δίκαιον μηδὲν λέγοντας ἀπ-έ-πεμπε πάλιν τοῖς δεσπόταις. πολλῷ οὖν ἔλασσον οἱ οἰκέται ἀπ-ε-δίδρασκον, φοβούμενοι τὴν ἐκείνου κρίσιν.

ἄλλο οὐδὲν ἀδικεῖν ἄλλο οὐδὲν is cognate accus., "to do any other injury."
ὅσα μὴ "Except in cases where."
ἐκείνου i.e. of Drimacus.

59. ἀλλὰ τέλος ἐ-κήρυξαν οἱ Χῖοι δώσειν χρήματα πολλά, εἴ τις ζωγρήσαι τὸν Δρίμακον, ἢ τὴν κεφαλὴν αὐτοῦ κομίσαι. πρὸς ταῦτα οὖν ἐκεῖνος καλέσας τινὰ τῶν ἑαυτοῦ ἑταίρων λέγει τοιάδε. "ὦ φίλε! ἐγὼ μὲν ἱκανὸν χρόνον βε-βίωκα, σὺ δὲ νέος εἶ καὶ ἀκμαῖος. ὥστε περὶ μὲν ἐμαυτοῦ οὔ μοι μέλει, βούλομαι δέ σε ὡς οἷόν τε μάλιστα εὐεργετεῖν. ἐπεὶ οὖν φασιν οἱ Χῖοι δώσειν χρήματα πολλὰ τῷ ἐμὲ ἀπο-κτείναντι, δεῖ σε ἀφ-ελόντα μου τὴν κεφαλὴν κομίσαι ἐς τὴν πόλιν, καὶ λαβόντα τὰ χρήματα πλούσιον γενέσθαι καὶ εὐδαίμονα." ἀντι-λέγοντος δὲ τοῦ νεανίσκου, ὅμως πείθει αὐτὸν ποιῆσαι τοῦτο.

ὡς οἷόν τε μάλιστα Look up the idiom under οἷος.

60. ἀπ-έ-κτεινεν οὖν τὸν Δρίμακον ὁ νεανίσκος, καὶ τὴν κεφαλὴν αὐτοῦ ἀφ-ελὼν ἐ-κόμισεν ἐς τὴν πόλιν. ἔπειτα δὲ ἔ-λαβε παρὰ τῶν ἀρχόντων τὰ χρήματα, ἅπερ ἐπ-ηγγείλαντο, καὶ θάψας τὸ σῶμα τοῦ τεθνηκότος ἀπ-ῄει ἐς τὴν Ἀσίαν. ἠδίκουν οὖν πάλιν τοὺς Χίους οἱ δραπέται καὶ ἥρπαζον· τε-τελευτηκότος γὰρ τοῦ Δριμάκου, οὐκέτι ὑπ᾽ οὐδενὸς ἐ-κωλύοντο μὴ ταῦτα ποιεῖν. οἱ δὲ Χῖοι, παθόντες ὑπ᾽ αὐτῶν κακὰ πολλά, ἐ-μνήσθησαν τῆς ἐκείνου ἐπιεικείας, καὶ πεσόντες ἐς μετάνοιαν ἐ-τίμων τὸν Δρίμακον ὡς ἥρωα, καὶ σηκόν τινα αὐτῷ καθ-ιέρωσαν. ἔ-θυον δὲ αὐτῷ οἵ τε Χῖοι καὶ οἱ δραπέται, ἐλθόντες ἐκεῖσε, οὗ τὸ ἡρῷον αὐτοῦ ἦν.

ὑπ’ αὐτῶν A genitive of the agent with ὑπὸ follows not only passive verbs, but intransitive ones also if they have a passive force. So the sense is "suffering from what they did," or "at their hands."

ὡς ἥρωα i.e. not exactly as a God, but as a great man of ancient times, at whose tomb succeeding generations performed sacrifices, etc. Shrines in honor of such heroes or demi-gods were to be found in every Greek town, and even village. Α ἡρῷον is such a shrine.

οὗ Adverb.

Athenaeus 6.88-90.

ORPHEUS AND EURYDICE

61. ὁ κιθαρῳδὸς Ὀρφεὺς Εὐρυδίκην ἔ-γημεν. ἡ δὲ δηχθεῖσα ὑπὸ ὄφεώς τινος ἀπ-έ-θανε καὶ κατ-ῆλθεν ἐς Ἅιδου. λυπούμενος δὲ ἐκεῖνος διὰ ταῦτα, κατ-έ-βη καὶ αὐτὸς ἐκεῖσε, τὴν κιθάραν ἔχων, ἐ-βούλετο γὰρ πείθειν τὸν Πλούτωνα ὥστε αὐτὴν ἀνα-πέμψαι. ἀφ-ικόμενος οὖν παρὰ τοῦτον, ἐ-κιθάρισεν ὡς ἐ-δύνατο κάλλιστα· ἀκούσας δὲ ὁ Πλούτων ἥσθη τε, καὶ ὑπ-έ-σχετο τὴν γυναῖκα ἀπο-δώσειν, ἐὰν ἐπ-αν-ερχόμενος ὁ Ὀρφεὺς μὴ μετα-στρέφηται, πρὶν ἂν ἐς τὴν ἑαυτοῦ οἰκίαν παρα-γένηται. ἀπ-ῆλθεν οὖν πάλιν ὁ κιθαρῳδὸς, ἡ δὲ Εὐρυδίκη εἵπετο ὄπισθεν πορευομένη. τέλος δὲ ἐπιθυμῶν σφόδρα ὁ Ὀρφεὺς τὴν γυναῖκα θεάσασθαι μετ-ε-στράφη. ἡ δὲ ἠναγκάσθη διὰ ταῦτα ἐς Ἅιδου αὖθις κατ-ελθεῖν.

κιθαρῳδὸς Contraction from κιθαρ-αοιδὸς (where ἀοιδὸς = "a bard").
αὐτὴν i.e. Eurydice.
εἵπετο From ἕπομαι. Note the unusual method of augmentation which this verb employs. (So also ἔχω, εἶχον.)

Ovid, *Metamorphoses* 10.1-85, Virgil, *Georgics* 4.453-553, and Apollodorus 1.3.2 are among the many versions of this story.

The Death of Calanus

62. φιλόσοφός τις ἐν τῇ Ἰνδικῇ, ὀνόματι Κάλανος, δι-ε-χρήσατο ἑαυτὸν ὧδε, λέγων ὅτι βούλεται ἀπο-λύεσθαι ἐκ τῶν τοῦ σώματος δεσμῶν. πυρὰν ἔ-νησεν ἐν τῷ καλλίστῳ προαστείῳ τῆς πόλεως, καὶ ἦν τὰ ξύλα αὖά τε καὶ εὖ μάλα ἐπίλεκτα πρὸς εὐωδίαν, κέδρου τε καὶ μυρσίνης καὶ τῶν τοιούτων δένδρων πάντων. ἀν-ελθὼν δὲ ἔπειτα ἔ-στη ἐπὶ μέσης τῆς πυρᾶς, ἐ-στεφανωμένος καλάμῳ. καὶ βλέπων πρὸς τὸν Ἥλιον προσ-ε-κύνησεν αὐτὸν, τοῦτο δὲ ἦν τὸ σύνθημα τοῖς τὴν πυρὰν περι-στᾶσι, καὶ ἦψαν αὐτὴν ὅτι τάχιστα. ὁ δὲ Κάλανος, περι-ληφθεὶς κύκλῳ ὑπὸ τῆς φλογὸς, οὐδὲ τότε ἐν-έ-δωκεν· ἀλλ᾽ ἔ-μεινεν ἐ-στηκὼς ὀρθὸς, ἕως δι-ε-λύθη.

πρὸς εὐωδίαν "For their ...."
ἐστεφανωμένος The ancients wore crowns or chaplets of flowers, leaves, or even grasses, on all festive or solemn occasions from a banquet to a funeral. Here it is worn by Calanus to give his suicide the character of a *sacrifice,* and the fragrant woods of which the pyre consisted were chosen with the same object.

Compare Plutarch, *Life of Alexander* 69.

Apollo and Marsyas

63. ἡ Ἀθηνᾶ τέως μὲν τὴν αὐλητικὴν ἐ-μελέτα· ἔπειτα δὲ τοὺς αὐλοὺς ἀπ-έ-ρ-ριψεν, αἰσθομένη αὐτοὺς στρεβλοῦντας τὸ στόμα, καὶ ἄμορφον τὴν ὄψιν ποιοῦντας. τούτους δὲ τοὺς αὐλοὺς εὑρὼν Μαρσύας τις ἐς τοσοῦτον ἐ-σεμνύνετο, ὥστε ἦλθεν ἐς ἔριν τῷ Ἀπόλλωνι περὶ μουσικῆς. καὶ ἠγωνίσαντο συν-θέμενοι, ἐφ᾽ ᾧ ὁ νικήσας δια-χρήσεται τὸν ἡσσηθέντα. κρίσεως οὖν γιγνομένης, ὁ μεν Ἀπόλλων λαβὼν τὴν κιθάραν ᾖδεν, ἐ-κέλευσε δὲ τὸν Μαρσύαν ταὐτὸ ποιεῖν. ἐπειδὴ δὲ οὐκ ἐ-δύνατο, τοῖς δὲ αὐλοῖς δι᾽ ἀμουσίαν οὐκ εὖ ἐ-χρῆτο, ὁ Ἀπόλλων εὑρέθη κρείσσων. ἀνα-κρεμάσας οὖν τὸν Μαρσύαν ἐκ πίτυός τινος, καὶ τὸ δέρμα περι-ελὼν, οὕτως ἐκεῖνον ἀπ-έ-κτεινεν.

τὴν αὐλητικὴν Understand τέχνην.
ἐς τοσοῦτον. "To such an extent." **ἐφ᾽ ᾧ,** "on condition that."
ταὐτὸ = τὸ αὐτό.

Apollodorus 1.4.2, Ovid *Metamorphoses* 6.308-400.

EPICHARMUS

64. φασί τινες ὡς Ἐπίχαρμος, πάνυ πρεσβύτης ἤδη ὢν, μετὰ ἡλικιωτῶν τινων ἐν λέσχῃ ποτὲ ἐ-κάθ-ητο. διάλογος δέ τις ἐ-γένετο ἐν αὐτοῖς περὶ τοῦ γήρως. ὁ μὲν οὖν τῶν γερόντων ἔ-φη, "ἐμοὶ μὲν ἅλις ἐστὶ πέντε ἔτη μετὰ τόδε βιῶναι." ἄλλος δὲ εἶπεν, "ἐμοὶ δὲ τρία." τρίτος δὲ, "ἀλλ' ἐμοί γε τέσσαρα." ὑπο-λαβὼν οὖν ὁ Ἐπίχαρμος ἔ-λεξε τοιάδε. "ὦ φίλοι, τί στασιάζομεν ὧδε καὶ δια-φερόμεθα ὑπὲρ ὀλίγων τινῶν ἡμερῶν; ἡμῖν γὰρ πᾶσιν, ὅσοι κατὰ τύχην ἐπὶ γῆς συν-εληλύθαμεν, οὐ πόρρω ἄπ εστιν ἡ τελευτή. λυσιτελεῖ οὖν ἡμῖν πᾶσιν ἀπ-αλλάσσεσθαι ὡς τάχιστα, ἵνα τὰ κακὰ τοῖ γήρως δια-φεύγωμεν."

> **κατὰ τύχην** "By chance."
> **ἡ τελευτή** A common euphemism.

THE BEAR'S TAIL

65. λέγουσί τινες τῶν παλαιῶν μυθολόγων, ὡς ἄρκτος ποτὲ ἐν χειμῶνος ὥρᾳ ἠπόρει, τροφῆς σπανίζουσα. τότε δὲ ἐπὶ ἀλώπεκί τινι κατὰ τύχην ἐπι-γενομένη, ἐ-βούλετο ταύτην ἁρπάσασα κατα-φαγεῖν. ἡ δὲ ἀλώπηξ φοβηθεῖσα ἐ-κέλευσε, τοῦτο μὲν μὴ ποιεῖν, ἀκοῦσαι δὲ μᾶλλον, ἃ αὐτὴ διδάξει. "ἢν γὰρ," ἔ-φη, "ὥσπερ ἐν νῷ νῦν ἔχεις, ἐμὲ κατα-φάγῃς, εὑρήσεις τὸ βρῶμα τοῦτο οὐ πάνυ ἡδὺ ὄν. ἢν δὲ τάδε ποιῇς, ἃ ἐν τῷ παρ-όντι ἔχω εἰπεῖν, ἀπο-λαύσει αὐτίκα ἡδίστου δείπνου." ἡ μὲν οὖν ἄρκτος ἐπὶ τούτοις ὡμολόγει. ἡ δὲ ἀλώπηξ ἔ-φη, δεῖν ἐκείνην κατα-βαίνειν πρὸς τὸν ποταμὸν, καὶ, δια-ρ-ρήξασάν τι τοῦ κρυστάλλου, τὴν οὐρὰν καθ-ιέναι.

> **αὐτὴ** "She herself" (the *speaker*, that is the fox).
> **ἢν** See note on 27.
> **ἐπὶ τούτοις** See 47 (second note).

66. "οἱ γὰρ ἰχθῦς," ἔ-φη, "ἐλθόντες ἕξονται τῆς οὐρᾶς· σὺ δὲ, ὅταν βούλῃ, δυνήσει αὐτοὺς ἀν-έλκειν. ἢν δέ τι καὶ δάκνωσιν, οὐ δεῖ σε ταραχθῆναι, ἐπειδὰν δὲ πολλοὺς ἰχθῦς ἔχῃς, τότε δὴ ἀν-έλκειν πάντας." ἡσθεῖσα οὖν ἐπὶ τῷ βουλεύματι ἡ ἄρκτος ἀπ-έ-λυσέ τε τὴν ἀλώπεκα, καὶ τὰ ἄλλα ἐ-ποίησεν, ὅσα ἐκείνη ἐ-κέλευσεν. καὶ οἱ μὲν ἰχθῦς τῇ οὐρᾷ οὐ προσ-ῆλθον· ὁ δὲ κρύσταλλος περι-πηγνύμενος ἐ-πίεζεν. ἡ δὲ ἄρκτος οὐκ ἐ-ταράχθη, οἰομένη τοὺς ἰχθῦς ταῦτα ποιεῖν. τέλος δὲ, βουλομένη τὴν οὐρὰν ἀπο-σπᾶν, οὐκ ἐ-δύνατο· ἀλλ᾽ ἀπ-έ-ρ-ρηξεν αὐτήν. καὶ διὰ ταῦτα αἱ ἄρκτοι βραχείας νῦν τὰς οὐρὰς ἔχουσι.

> **ἕξονται** Notice the force of ἔχω in the Middle. ἔχω (with *acc.*) "hold," ἔχομαι (with *gen.*), "cling to."
>
> **βούλῃ** Remember that βούλομαι is deponent; this must therefore be a middle form.
>
> **τι** Adverbial, "somewhat."

KINDNESS REWARDED

67. βασιλεύς τις, στρατείαν ποτὲ ποιούμενος, ὄνον εἶδε χρυσὸν πολὺν πρὸς τὸ στρατήγιον φέροντα. ἔ-τυχον γάρ τινες τῶν ὑφ᾽ ἑαυτοῦ φρούριόν τι τῶν πολεμίων δι-αρπάσαντες, εὑρόντες δὲ ἐν αὐτῷ χρήματα ἐγ-κατα-λειφθέντα, ταῦτα ἔ-πεμπον παρὰ τὸν βασιλέα. βαρέος δὲ τοῦ φορτίου ὄντος, ὁ μὲν ὄνος ἀπ-έ-καμεν· ὁ δὲ ὀνηλάτης ἐλεήσας ἐκεῖνον μὲν ἔ-λυσε, τὸν δὲ χρυσὸν αὐτὸς ἄρας ἔ-φερεν. ἡσθεὶς δὲ τούτοις ὁ βασιλεὺς προσ-ῆλθε τῷ ἀνθρώπῳ. ἰδὼν δὲ αὐτὸν βαρυνόμενον, "θάρσει," ἔ-φη, "ὦ φίλε! καί τι ἀνα-παῦσαι· ἔπειτα δὲ, ἀνα-λαβὼν τὸν χρυσὸν, αὐτὸς κατ-έχε. ὁ γὰρ τὸν κακοπαθοῦντα εὐεργετήσας ἄξιός ἐστι καὶ αὐτός, ὅταν κακοπαθῇ, εὐεργετεῖσθαι."

> **αὐτὸς κάτεχε** "Keep it yourself," i.e. "for your own."

DEMOSTHENES AND THE ACTOR

68. Δημοσθένης, νεανίσκος ἔτι ὢν, ἐ-βούλετο ῥήτωρ γενέσθαι. πολλάκις οὖν ἐπ-ε-χείρησε παρ-ιέναι ἐς τὴν ἐκκλησίαν, καὶ δημηγορεῖν. ἀλλ' οὐδὲ τὰ καίρια λέγων ἔ-πειθε ῥᾳδίως τοὺς ἀκούοντας. ἦν γὰρ ἀσθενής τε ἡ φωνὴ, καὶ ἡ γλῶσσα ἀσαφής. βαρέως δὲ ταῦτα φέρων, ἀπ-ῄει ποτὲ οἴκαδε ἐκ τῆς ἐκκλησίας, συγ-κε-καλυμμένος καὶ ἀγανακτῶν. Σάτυρος δὲ ὁ ὑποκριτὴς, ἐπιτήδειος ὢν, αὐτῷ ἐπ-ηκολούθησε, καὶ ἐ-κέλευσε θαρρεῖν. ὁ μὲν ουν Δημοσθένης ὠδύρετο πρὸς τοῦτον. "ἐγὼ γὰρ," ἔ-φη, "κατα-γελῶμαι ἀεὶ καὶ περι-ορῶμαι, καίπερ φιλοπονώτατος ὢν πάντων ῥητόρων. ὅταν δὲ αὖ παρ-ίῃ φορτικός τις ἄνθρωπος καὶ ἀμαθὴς, ἀκούεταί τε ὁ τοιοῦτος, καὶ τὸ βῆμα κατ-έχει."

τὰ καίρια λέγων "When he spoke to the purpose," i.e. "gave good advice."
ἡ γλῶσσα "pronunciation" (φωνὴ, referring rather to the *volume* of his voice).
συγ-κε-καλυμμένος Implying that he was ashamed to be recognized.
ἀκούεται "Gets a hearing."

69. ὁ δὲ Σάτυρος πρὸς ταῦτα, "ἀληθῆ," ἔ-φη, "λέγεις. ἀλλ' ἐγὼ ταῦτα ταχέως ἰάσομαι, ἢν θέλῃς μοι εἰπεῖν ῥῆσίν τινα Εὐριπίδου ἢ Σοφοκλέους." ἐ-ποίησεν ἄρα ταῦτα ὁ Δημοσθένης. ὁ δὲ Σάτυρος δι-εξ-ῆλθεν ἔπειτα τὰς αὐτὰς ῥήσεις, χρώμενος πρέποντι τόνῳ καὶ ὑποκρίσει, ὥστε ἐ-φαίνοντο ὅλως ἕτεραι. ἀκούσας δὲ ὁ Δημοσθένης ἐ-θαύμασε. καλὰ γὰρ ἦν καὶ πρὶν τὰ ἔπη· ὁ δὲ τόνος νῦν τὸ κάλλος αὐτῶν ἐ-ποίει πολλάκις τοσοῦτον. ἐκ τούτου οὖν τὴν ὑπόκρισιν συνεχῶς ἐ-μελέτησε. καὶ, μισθωσάμενος ὑπόγειόν τινα οἰκίσκον, δι-ε-πόνησεν ἐκεῖ τήν τε φωνὴν καὶ τοῦ παντὸς σώματος τὰς κινήσεις. ταῦτα δὲ ποιήσας, πάντων ῥητόρων ἐ-γένετο πιθανώτατος.

καὶ πρὶν i.e. before they had the advantage of Satyrus' skilful elocution to show them off.

Plutarch, *Life of Demosthenes* 7

How Plato Became a Philosopher

70. Πλάτων ὁ φιλόσοφος, νεανίσκος ἔτι ὤν, τῇ ποιήσει μάλιστα προσ-έκειτο. πρῶτον μὲν οὖν ἡρωϊκὰ ἔπη ἔ-γραψεν. ἐξ-ετάσας δὲ αὐτὰ πρὸς τὰ τοῦ Ὁμήρου ποιήματα, καὶ ἐκεῖνα εὑρὼν πολὺ καλλίω πάντα, ὅσα αὐτὸς ἔ-γραψεν, κατ-έ-καυσε. μετὰ δὲ ταῦτα ἐ-βουλεύετο τραγῳδοποιὸς γένεσθαι, καὶ δὴ καὶ τετραλογίαν ἔ-γραψε. ταύτην οὖν ἔ-μελλε διδάσκειν ἐν τοῖς Διονυσίοις· ἀλλὰ δοὺς ἤδη τοῖς ὑποκριταῖς τὰ ποιήματα, ἤκουσε κατὰ τύχην τοῦ Σωκράτους δια-λεγομένου. τούτου τοίνυν τοῖς ῥήμασι σφόδρα ἡσθεὶς, οὐκέτι ἐπ-ε-θύμει τραγῳδοποιὸς γένεσθαι, ἐκείνου δὲ μᾶλλον ἀκροατής. ὥστε οὐ μόνον τότε ἀπ-έ-σχετο τῶν Διονυσίων, ἀλλὰ, τὴν ποίησιν ὅλως ἀπο-ρ-ρίψας, τῇ φιλοσοφίᾳ συνεχῶς προσ-έ-κειτο.

> **πρὸς τὰ τοῦ,** etc. "By comparison with."
>
> **τετραλογίαν** See Vocabulary. They generally consisted of three tragedies (called a trilogy) and an after-piece in a lighter style (called a satyr play). No complete tetralogy has been preserved, and only one satyr play, the *Cyclops* of Euripides. We do, however, have one complete trilogy, the *Oresteia* of Aeschylus, consisting of *Agamemnon, Libation Bearers (Choephoroe),* and *Eumenides.*
>
> **τοῖς Διονυσίοις** This was the regular occasion for the production of new plays at Athens.
>
> **διαλεγομένου** Socrates differed from most philosophers in not giving regular lectures, but expounding his views in ordinary conversation.
>
> Diogenes Laertius, *Life of Plato* 5-6, gives a version of this story.

The Death of Pan

71. λόγος τίς ἐστιν, ὡς ναῦς ποτε εἰς Ἰταλίαν ἔ-πλει, ἄγουσα ἐμπορικά τε χρήματα καὶ πολλοὺς ἐπιβάτας. ἑσπέρας οὖν ἐ-γένετο ἡ ναῦς πλησίον τῶν Ἐχινάδων νήσων· τῶν δὲ ἐμ-πλεόντων οἱ πλεῖστοι ἐγρηγόρεσαν, πολλοὶ δὲ ἔ-πινον ἔτι, δε-δειπνηκότες. ἐξαίφνης τοίνυν ἀπὸ τῶν νήσων φωνὴ ἠκούσθη βοῶντός τινος, "Θαμοῦ! Θαμοῦ!" ἔ-τυχε δὲ τὴν ναῦν τότε κυβερνῶν Θαμοῦς τις, Αἰγύπτιος· τοῖς δὲ πολλοῖς τῶν πλεόντων οὐδὲ ἀπ᾽ ὀνόματος γνώριμος ἦν. δὶς μὲν οὖν κληθεὶς ὁ ἄνθρωπος ἐ-σιώπησε, τὸ δὲ τρίτον τῷ καλοῦντι ὑπ-ήκουσε. καὶ ἐπι-τείνας ἐκεῖνος τὴν φωνὴν ἔ-φη, "ὅταν ἀφ-ίκῃ ἐς τὸ Πηλῶδες, ἀπ-άγγειλον, ὅτι Πὰν ὁ μέγας τέ-θνηκε."

λόγος τις ἐστὶν This event is said to have occurred in the reign of Tiberius, in the first century AD. Some authors have connected it with the ceasing of the oracles at that period, others with the passing away of the whole Pagan system at the rise of Christianity. Pan was a chief divinity in the nature-worship which prevailed in the rural districts of Greece, especially in Arcadia.

ἀπ᾽ ὀνόματος "By name."

72. ἀκούσαντες δ᾽ οὖν τὴν φωνὴν πάντες ἐξ-ε-πλάγησαν. ὁ δὲ Θαμοῦς τοῖς ἄλλοις συν-ε-βουλεύσατο, εἴτε βέλτιον εἴη ποιῆσαι τὸ προσ-τεταγμένον, εἴτε μὴ πολυπραγμονεῖν ἀλλὰ σιωπᾶν. ἀκούσας δὲ ἃ ἕκαστος λέγει, δι-έ-γνω, ἐὰν μὲν πνεῦμα ᾖ, παρα-πλεῖν ἡσυχίαν ἔχοντα, ἐὰν δὲ γαλήνη περὶ τὸν τόπον γένηται, ἀγγεῖλαι ἃ προσ-ε-τάχθη. ἐπειδὴ δὲ ἐς τὸ Πηλῶδες ἡ ναῦς ἀφ-ίκετο, οὔτε πνεῦμα οὐδὲν ἦν οὔτε ἄνεμος. βλέπων οὖι ἐκ πρύμνης ἐς τὴν γῆν, εἶπεν ὁ Θαμοῦς — καθάπερ ἤκουσεν — ὅτι "ὁ μέγας Πὰν τέ-θνηκε." παυσαμένου δὲ αὐτοῦ, εὐθὺς ἀπὸ τῆς γῆς ἠκούσθη ὀλοφυρμὸς μέγας, οὐχ ἑνὸς ἀλλὰ πολλῶν, ὡς τὸ ἄγγελμα θαυμαζόντων.

καθάπερ ἤκουσεν i.e. "as he had been told."

Plutarch, *Moralia* 419b, "The End of Oracles."

The Picture

73. στρατηγός τις ἄλλως τε ἦν φιλόκαλος, καὶ περὶ ζωγραφημάτων μάλιστα ἐ-σπούδαζεν. ὁπότε οὖν πόλιν τινὰ τῶν πολεμίων πολιορκήσας ἕλοι, εἰσ-ῄει οὐ μόνον εἰς οἰκίας ἰδιωτῶν, ἀλλὰ καὶ εἰς ἄδυτα καὶ ναοὺς, ζητῶν τὰς καλλίστας τῶν ἐν-ουσῶν γραφῶν. ὅσας δὲ εὕροι, εὐθὺς εἰς τὴν ἑαυτοῦ οἰκίαν ἀπ-έ-πεμψεν. ἑστιῶν δέ ποτε παρ᾽ ἑαυτῷ ξένον τινὰ, ἔ-δειξεν αὐτῷ τὴν οἰκίαν πᾶσαν, ἦν γὰρ ἀξιοθέατος. εἰσ-ελθὼν οὖν ὁ ξένος εἰς ἀνώγεών τι, εἶδε γραφὰς πολλὰς κρεμαμένας. καλαὶ μὲν οὖν ἦσαν καὶ αἱ ἄλλαι· μία δέ τις γραφὴ ἦν διαφερόντως λαμπρὰ, ὥστε οὐ ῥᾴδιόν ἐστιν αὐτὴν ἱκανῶς ἐπ-αινεῖν.

φιλόκαλος We would say "a man of taste," "a connoisseur."

παρ᾽ ἑαυτῷ i.e. "at his house" (compare Latin, *apud eum*).

74. ὁ μὲν οὖν ξένος ἡσθεὶς εἶπεν, "ὦ μακάριε σὺ τῆς τύχης, ὃς τὰ τοιαῦτα τεχνήματα ἐν τῇ οἰκίᾳ ἔχεις!" ὁ δὲ στρατηγὸς γελάσας, "ναὶ," ἔ-φη, "καὶ, νὴ Δία, τήνδε γε τὴν γραφὴν ὁρῶν, καὶ μάλιστα ἥδομαι. διὰ γὰρ ταύτης ἄνδρα τινὰ γενναῖον ἐκ θανάτου ποτὲ ἔ-σωσα." ὁ μὲν οὖν ξένος ἐ-θαύμαζεν· ὁ δὲ στρατηγὸς, "ἀληθῆ," ἔ-φη, "λέγω. πυθόμενος γὰρ ταύτην τὴν γραφὴν ἐν ναῷ τινι ἐν-εῖναι, εὑρεῖν οὐκ ἐ-δυνάμην. πρὸς ταῦτα οὖν ἠπείλησα ἀνα-σταυρώσειν τὸν τοῦ ναοῦ φύλακα, ἢν μὴ τὴν γραφὴν ἀπο-δεικνύῃ. φοβηθεὶς οὖν ἐκεῖνος ἐ-ποίησε τὸ κελευόμενον, καὶ τὴν γραφὴν ἀπο-δοὺς, διὰ ταύτης ἐκ θανάτου ἐσώθη."

> **ἄνδρα γενναῖον** Here somewhat ironical, "a worthy gentleman."
> **πρὸς ταῦτα** See 47 (last note).

DIGNITY AND IMPUDENCE

75. βασιλεύς τις στρατιώτην θησαυρῷ φύλακα ἐπ-έ-στησε, κελεύων αὐτὸν ἐκεῖθεν μὴ ἀπ-ιέναι. ἐπὶ τούτοις οὖν ἐκεῖνος πρὸς τοὺς παρ-ιόντας ἐ-σεμνύνετο, ὡς καλῶς τε ὡπλισμένος καὶ πορφυρᾶν χλαῖναν φορῶν· ἅμα δὲ ἐ-λογίσατο τὸν βασιλέα στῆσαι ἐκεῖ αὐτὸν τιμῆς ἕνεκα, ὡς πιστὸν καὶ χρήσιμον δοκοῦντα εἶναι. παρ-ιὼν δὲ παῖς τις ἔ-σκωψεν αὐτὸν, ὁ δὲ ὀργισθεὶς εἶπε πάνυ σεμνῶς, "ὦ οὗτος, οὐκ ἄπ-ει ὡς τάχιστα; οὐ γὰρ δεῖ σε ἐνθάδε μένοντα ληρεῖν." ὁ δὲ παῖς ἀντ-εῖπεν οὐχ ἧσσον σεμνῶς, "ἀλλ᾽, ὦ οὗτος, σύ γε οὐκ ἄπ-ει· οὐ γὰρ ἔξ-εστί σοι, οὐδ᾽ εἰ βούλει, δεῖ δέ σε ἐκεῖ μένειν, ἐφ᾽ ὅσον ἄν σε ὁ βασιλεὺς κελεύῃ."

> **στῆσαι** See 43 (first note).
> **ὦ οὗτος** For this phrase see Vocabulary.
> **οὐκ ἄπει** (ἄπ-ειμι, *ibo*), "will you not ..."; this construction is equivalent to a command.
>   (So, οὐ ποιήσεις, "will you not do it?" = ποίησον, "do it!")
> **ἐφ᾽ ὅσον ἄν** "As long as"; for the force of ἐπί, see 4.

THE ISLES OF THE BLESSED

76. περὶ τῶν Ἀτλαντικῶν νήσων φησὶν ὁ Πλούταρχος, ὅτι δύο
εἰσὶν, ἀπ-έχουσι δὲ τῆς Λιβύης μυρίους μάλιστα σταδίους. χρῶνται δὲ
ὄμβροις μὲν μετρίοις, ἀνέμοις δὲ μαλακοῖς ἀεὶ καὶ δροσεροῖς· ὥστε,
καρποὺς πολλοὺς φέρουσαι καὶ αὐτοφυεῖς, τρέφουσι τὸν ἐν-οικοῦντα
δῆμον ἄνευ πόνων σχολάζοντα. ἀὴρ δὲ ἥδιστος τὰς νήσους κατ-έχει.
οἱ μὲν γὰρ βορέαι καὶ ἀπηλιῶται, ἀπο-πνέοντες ἀπὸ τῆς Εὐρώπης
πόρρωθεν ἀπ-ούσης, προ-λείπουσι πρὶν ἐκεῖσε δι-ικνεῖσθαι. οἱ δὲ
νότοι καὶ ζέφυροι, πελάγιοι ὄντες, τὰς νήσους ἀεὶ περι-ρ-ρέουσι, καὶ
τοὺς ἐπιχωρίους ἡσυχῇ τρέφουσιν. πιστεύουσιν οὖν οἱ Λίβυες πάντες,
αὐτόθι εἶναι τὸ Ἠλύσιον καὶ τὰς τῶν μακάρων νήσους, ἅσπερ καὶ ὁ
Ὅμηρος ὑμνεῖ.

ἀπηλιῶται Deriv. ἀπὸ and ἥλιος. Note the unusual disappearance of the aspirate.
The word seems to have been borrowed from the *Ionic* dialect, in which the
consonant in a prefix does not become aspirated before a vowel with a rough
breathing (compare Hints 1.7B); so ἀντ-ήλιος (for ἀνθ-ήλιος), "facing the
sun."

Plutarch, *Life of Sertorius* 8.2, gives this description.

THE GRATEFUL PERSIAN

77. Ἰάφαρός τις πάντων Περσῶν δυνατώτατος μετὰ τὸν βασιλέα ἐ-
γένετο. ἦν δὲ καὶ πρᾶος ὁ ἀνὴρ, καὶ ἐλευθέριος, ὥστε ἔπαινον πρὸς
πάντων ἔ-σχε, μάλιστα δὲ πρὸς τῶν πενήτων· φθονοῦντες δὲ αὐτῷ
κόλακές τινες ψευδῆ ἔ-πλασαν· ἃ ἀκούσας ὁ βασιλεὺς, καὶ ὀργισθεὶς,
τὸν Ἰάφαρον ἀδίκως ἀπ-έ-κτεινεν. ἐ-κέλευσε δὲ πρὸς τούτοις, μηδένα
τοῦ τεθνηκότος μηδὲ τὸ ὄνομα φωνεῖν· εἰ δὲ μὴ, θάνατον τὴν ζημίαν
εἶναι.

ἀλλὰ πένης τις ἄνθρωπος, συχνὰ ὑπὸ τοῦ Ἰαφάρου εὐεργετηθεὶς,
ἠγανάκτησε ταῦτα ἀκούσας. ἐ-δόκει γὰρ ἀχαρίστου εἶναι, τῶν φίλων
ἀμνημονεῖν. πολλάκις οὖν τὸν Ἰάφαρον ὡς ἄριστον ἄνδρα ἐγκωμιάζων,
συλ-ληφθεὶς τέλος, ἀπ-ήχθη ὡς τὸν βασιλέα.

εἰ δὲ μὴ μὴ in this phrase *negatives the whole preceding clause.* Thus, after an
affirmative clause, it means "but if not"; after a *negative*, it's more like "but if so."
If you want a general way to remember it, "or else" will cover either case.
ὡς τὸν βασιλέα ὡς is *preposition.*

78. ἀφ-ικόμενος δὲ ἐς κρίσιν ὁ ἄνθρωπος, οὐδὲν ἧσσον ἢ πρὶν δι-ε-τέλει τὸν Ἰάφαρον ἐπ-αινῶν. ὥστε, θαυμάσας αὐτοῦ τὴν ἀφοβίαν, ὁ βασιλεὺς ἐ-βούλετο αὐτὸν ἀπο-λῦσαι. ἀλλ᾽ ἐ-κέλευσεν ἅμα τὸ λοιπὸν μὴ παρανομεῖν, σιγᾶν δὲ περὶ τοῦ Ἰαφάρου. ὁ δὲ ἄνθρωπος, "ὦ βασιλεῦ," ἔ-φη, "ἕτοιμος ἐγὼ εἰμι κολασθῆναί τε διὰ ταῦτα, καὶ, εἰ δοκεῖ σοι, καὶ ἀπο-θανεῖν. τόδε γε μέντοι οὐδέποτέ σοι πείσομαι, ἢν κελεύῃς με τοῦ εὐεργέτου ἀμνημονεῖν." τότε δὲ ὁ βασιλεὺς τῷ ἀνδρὶ σφόδρα ἀγασθεὶς, οὐ μόνον ἀπ-έ-λυσεν αὐτὸν, ἀλλὰ καὶ πολυτελῆ τινα σφραγῖδα αὐτῷ ἐπ-έ-δωκε. λαβὼν δὲ ἐκεῖνος τὸ δῶρον, "Ἰάφαρε," ἔ-φη, "καὶ τόδε σοι ὀφείλω!"

> **καὶ, εἰ δοκεῖ σοι, καὶ** The first καί answers the preceding τε, the second emphasizes ἀποθανεῖν.

DORIA THE PATRIOT

79. ἐπεὶ ὁ Δωρίας νομοθέτης ἐ-γένετο, ὑπ᾽ ἐχθρῶν τινων πολλάκις ἐπ-ε-βουλεύθη. δείσαντες οὖν οἱ πολῖται, μὴ ἀρίστου ἄρχοντος στερίσκωνται, ἐν νῷ εἶχον πύργον ἐν μέσῃ τῇ πόλει οἰκοδομεῖν, ἵνα ἀσφαλεστέραν ἐκεῖνος τὴν οἴκησιν ἔχοι. πυθόμενος δὲ ὁ Δωρίας ταῦτα οὐκ ἐπ-ήνει· ἀλλὰ, κατ-ελθὼν εἰς τὸ βουλευτήριον, ἔ-λεξε τοιάδε. "ὦ ἄνδρες, τί ποτε ποιεῖτε; δοκεῖτε γάρ μοι, ἐκεῖνα συμ-βουλεύοντες, περὶ τῆς ἐμῆς ἀσφαλείας φροντίζειν μᾶλλον, ἢ περὶ τῆς ὑμετέρας ἐλευθερίας. εὖ γὰρ ἴστε, ὅτι, ἢν ἐκεῖνον τὸν πύργον οἰκοδομῆτε, κατα-σχών ποτε αὐτόν τις τὴν πόλιν ῥᾳδίως δουλώσει. κελεύω οὖν ὑμᾶς μηδαμῶς ταῦτα ποιεῖν· μηδὲ, σώζοντας ἐμὲ, τὸ κοινὸν φθείρειν."

> **ἀσφαλεστέραν** Part of the *predicate*, to be taken with ἔχοι, as its position shows. If it were merely an *epithet* of οἴκησιν, it would come between that word and the article. Hints 2.5.2.
> **ἴστε** *Imperative* here, but, as far as form goes, it might be *indicative*.

THE MAGIC RING

80. περὶ τοῦ Γύγου λέγεται, ὡς ποιμὴν ἦν, θητεύων παρὰ τῷ τῆς Λυδίας βασιλεῖ. ἔ-τυχε δέ ποτε κατὰ τὸν τόπον, ἐν ᾧ ἔ-νεμεν, ὄμβρος τε πολὺς γενόμενος καὶ σεισμός· ὥστε ἐ-ρ-ράγη τι τῆς γῆς, καὶ χάσμα ἐ-γένετο. ἰδὼν δὲ ἐκεῖνος καὶ θαυμάσας κατ-έ-βη εἰς τὸ χάσμα, καὶ εἶδεν ἐκεῖ ἄλλα τε πολλὰ θαυμαστὰ καὶ ἵππον χαλκοῦν κοῖλον. θυρίδας δέ τινας ὁ ἵππος ἔ-σχε, καθ᾽ ἃς εἶδεν ὁ Γύγης ἐγ-κύψας νεκρὸν ἐν-όντα, μείζω ἢ κατ᾽ ἄνθρωπον. οὗτος οὖν ὁ νεκρὸς ἄλλο μὲν οὐδὲν ἔ-σχε, περὶ δὲ τῇ χειρὶ χρυσοῦν τινα δακτύλιον, ὃν περι-ελόμενος ὁ Γύγης πάλιν ἐξ-έ-βη.

> **ἢ κατ᾽ ἄνθρωπον** Literally, "than according to *(the measure of)* a man," i.e. "than human."

81. μετὰ δὲ ταῦτα σύλλογος ἐ-γένετο τῶν ποιμένων, ἵνα ἐξ-αγγέλλοιεν τῷ βασιλεῖ τὰ περὶ τὰ ποίμνια. ἀφ-ίκετο οὖν καὶ ἐκεῖνος ὁ Γύγης, ἔχων τὸν δακτύλιον. καθ-ήμενος δὲ μετὰ τῶν ἄλλων, ἔ-τυχε τὴν σφενδόνην τοῦ δακτυλίου περι-αγ-αγὼν εἰς τὸ ἔσω τῆς χειρός. ταῦτα δὲ ποιήσας ἐ-γένετο εὐθὺς ἀφανής, καὶ οἱ ἄλλοι δι-ε-λέγοντο περὶ αὐτοῦ ὥσπερ ἀπ-όντος. θαυμάσας οὖν, καὶ στρέψας πάλιν ἔξω τὴν σφενδόνην, φανερὸς αὖθις ἐ-γένετο. ἔπειτα δὲ τὸ αὐτὸ πολλάκις ἐ-ποίησε, καὶ αὐτῷ ἀεὶ οὕτω συν-έ-βη. μετὰ δὲ ταῦτα ἐπι-βουλεύσας τῷ βασιλεῖ, καὶ διὰ τὸν δακτύλιον ἄδηλος γενόμενος, ἀπ-έ-κτεινέ τε αὐτὸν, καὶ τὴν βασιλείαν κατ-έ-σχε.

> **τὰ περὶ τὰ,** etc. Literally, "the things about the," etc., i.e. "news of the," etc.
> **ἐκεῖνος ὁ Γύγης** (Apposition). "He, *(that is)* Gyges."

> Plato *Republic* 2.359d-360b. Herodotus 1.8-13
> has a rather different story about Gyges.

The Dolphins

82. Κοίρανος ὁ Μιλήσιος ἁλιέας τινὰς εἶδέ ποτε, δελφῖνα τῷ δικτύῳ λαβόντας, καὶ μέλλοντας αὐτὸν κατα-κόψειν. προσ-ελθὼν οὖν τούτοις ἀργύριον ἐ-δίδου, καὶ πριάμενος τὸν δελφῖνα ἀφ-ῆκεν αὐτὸν πάλιν εἰς τὴν θάλασσαν. μετὰ δὲ ταῦτα πλοῦν ποιούμενος ὁ Κοίρανος ναυαγίᾳ ἐ-χρήσατο. καὶ οἱ μὲν ἄλλοι πάντες ἀπ-ε-πνίγησαν· τὸν δὲ Κοίρανον δελφὶς ἀπροσδοκήτως παρα-γενόμενος ἔ-σωσε. γηράσας δὲ ὕστερον ὁ ἄνθρωπος ἐν τῇ ἑαυτοῦ πατρίδι ἐ-τελεύτησεν. ἡ δὲ ἐκφορὰ αὐτοῦ ἐν αὐτῷ τῷ αἰγιαλῷ κατὰ τύχην ἐ-γένετο. ἐ-φάνη οὖν ἐν ἐκείνῃ τῇ ἡμέρᾳ πλῆθος πολὺ δελφίνων ἐν τῷ λιμένι, συν-ακολουθούντων τοῖς τὸν νεκρὸν ἐκ-φέρουσιν, ὡσεὶ συν-εκ-φερόντων αὐτὸν, καὶ συγ-κλαιόντων.

> **ἐ-δίδου** Forms of δίδωμι from the present system (like this imperfect) can mean "offer" (that is, *try* to give).
> **αὐτῷ τῷ αἰγιαλῷ** *Not* τῷ αὐτῷ αἰγιαλῷ, which would have a different meaning; see Hints 1.4.
>
> Athenaeus 13.85

The Bell-Tower

83. ἦν ποτε ἐν πόλει τινὶ κώδων ἐν πύργῳ ἀνα-κρεμασθείς. νόμος δὲ ἐ-γένετο ἐκ παλαιοῦ τοῖς πολίταις τοὺς ἄδικόν τι παθόντας προσ-ιέναι ἐκεῖσε, καὶ τὸ σπάρτον ἐπι-σπᾶν, ὥστε τὸν κώδωνα κινούμενον ψοφεῖν. ἔπειτα δὲ ἔ-δει τοὺς ἄρχοντας συν-έρχεσθαι εὐθὺς εἰς τὸ δικαστήριον, καὶ τὸ πρᾶγμα ἀκούσαντας δικάζειν.

ἄνθρωπος δέ τις τῶν πολιτῶν ἵππον ἔχων, τοῦτον οὐκ ἤθελε γηράσαντα τρέφειν, ἀλλὰ λύσας αὐτὸν ἀπὸ τῆς φάτνης ἀπ-ήλασεν. πλανώμενος οὖν ὁ ἵππος περὶ πᾶσαν τὴν πόλιν τέλος εἰς τὸν πύργον ἐφ-ίκετο. προσ-ελθὼν δὲ ἐνταῦθα πρὸς τὴν θύραν, καὶ τὸ σπάρτον ἰδὼν, ἤρξατο αὐτὸ τρώγειν διὰ λιμὸν, ὁ δὲ κώδων εὐθὺς ἐ-ψόφησεν.

> **ἐκεῖσε** i.e. to the tower.

84. συν-αθροισθέντες τοίνυν εἰς τὸ δικαστήριον οἱ ἄρχοντες ἐ-κέλευον τὸν ἀδικηθέντα παρ-ιέναι κατὰ τὸν νόμον καὶ κατηγορεῖν. παρ-ιόντος δὲ οὐδενὸς, ἔ-πεμψαν τὸν γραμματέα σκεψόμενον, τίς τὸ σπάρτον ἐπ-έ-σπασεν. ἀφ-ικόμενος οὖν οὗτος, καὶ ἄνθρωπον μὲν οὐδένα εὑρὼν, τὸν δὲ ἵππον μόνον ἑστηκότα πρὸ τῆς θύρας, ἐ-θαύμασέ τε καὶ τοῖς ἄρχουσι πάντα ἀπ-ήγγειλεν. ἀκούσαντες δὲ ἐκεῖνοι ἐ-νόμισαν τὸν ἵππον ἄδικα πάσχειν, ὅς γε, χρήσιμός ποτε γενόμενος τῷ δεσπότῃ, τροφῆς νῦν ἐν τῷ γήρᾳ ἐ-στέρηται. καλέσαντες οὖν τὸν ἄνθρωπον ἐ-κέλευσαν αὐτὸν τὸ λοιπὸν τρέφειν τὸν εὐεργέτην κατὰ τὸ προσ-ῆκον. καὶ ἠπείλησαν ζημιώσειν αὐτὸν χρήμασιν, ἢν τὸ ἐπι-τασσόμενον μὴ ἐπι-τελῇ.

> **κατὰ τὸν νόμον** i.e. the νόμος described in the last section.
> **σκεψόμενον** Future participle used as substitute for a purpose clause, "in order to," "to," etc.
> **ὅς γε** = ἐπεὶ, "seeing that he."
> **ἐ-στέρηται** Perf. pass.
> **τὸν εὐεργέτην** i.e. the horse.
>
> The story is traditional, from the Italian town of Atri.
> Longfellow has a version in his *Tales of a Wayside Inn*.

The Barbarian's Petition

85. Ἀντίγονος, πρὸς τοὺς Ναβαταίους πόλεμον ποιούμενος, ἔ-πεμψε τὸν υἱὸν Δημήτριον σὺν πολλοῖς στρατιώταις, προσ-τάξας κολάσαι τοὺς βαρβάρους καθ᾽ ὅντινα ἂν τρόπον δύνηται. οἱ δὲ αἰσθόμενοι ταῦτα κατ-έ-φυγον ἐς πέτραν τινὰ ὑψηλὴν, καὶ κατα-στήσαντες φυλακὴν ἱκανὴν ἀν-ε-παύοντο. παρα-γενόμενος οὖν ὁ Δημήτριος ἐ-ποιεῖτο πρὸς τὴν πέτραν προσβολὰς πολλάς. οὐ μέντοι τοῦ χωρίου ἐ-κράτησεν· οἱ γὰρ ἔνδον ἀνδρείως ἠμύνοντο, καὶ διὰ τὴν φύσιν τῶν τόπων ῥᾳδίως περι-ε-γένοντο. πρὸς ταῦτα οὖν ἀγωνισάμενος ὁ Δημήτριος μέχρι δείλης, ἀν-ε-καλέσατο τῇ σάλπιγγι τοὺς στρατιώτας. τῇ δὲ ὑστεραίᾳ τῇ πέτρᾳ αὖθις προσ-βάλλει, καὶ ἀνα-βοήσας τότε τις τῶν βαρβάρων ἔ-πεισεν αὐτὸν ἀπ-ιέναι λέγων τοιάδε.

> **οἱ δὲ αἰσθόμενοι** οἱ is *pronoun*, not *article*.

86. "βασιλεῦ Δημήτριε, τί βουλόμενος ἡμῖν ἐπ-έρχει; οἰκοῦμεν γὰρ δὴ ἐν ἐρημίᾳ, ἐχούσῃ οὔτε ὕδωρ, οὔτε σῖτον, οὔτε οἶνον, οὔτε ἁπλῶς ἄλλο τι οὐδὲν ἀγαθόν. νῦν δὲ φοβούμενοι δουλείαν κατα-πε-φεύγαμεν ἐς χώραν σπανίζουσαν πάντων τῶν ἐν τοῖς ἄλλοις χρησίμων, καὶ ἔρημον καὶ θηριώδη βίον ζῆν εἱλόμεθα, οὐδὲν ὑμᾶς βλάπτοντες. ἀξιοῦμεν οὖν καὶ σὲ καὶ τὸν πατέρα μὴ ἀδικεῖν ἡμᾶς, ἀλλά, λαβόντας δωρεὰς ἱκανάς, ἀπ-άγειν τὴν στρατιάν, καὶ φίλους ἐς τὸ λοιπὸν τοὺς Ναβαταίους ἔχειν. εἰ δὲ βίᾳ ἡμᾶς κρατήσεις, τὸ ἦθος οὐ μετα-βαλοῦμεν, ἕξεις δὲ ἡμᾶς δούλους τινὰς δυσκόλους· οὐ γὰρ ἂν ζῆν ὑπομείναιμεν ἐν ἀλλοτρίοις νόμοις."

> **τί βουλόμενος** See 12 (first note).
> **ἁπλῶς** = "in short," from the base meaning "simply."
> **δούλους τινὰς δυσκόλους** In apposition with ἡμᾶς. The sense and structure are both very similar to ποιήσεις ἡμᾶς δούλους τινὰς δυσκόλους.
>
> Diodorus Siculus 19.97

The Perverse Pigs

87. Βοιωτός τις συβώτῃ ἐπ-έ-τυχε, χοίρους ἐλαύνοντι κατὰ τὴν ὁδόν. τοῦτον οὖν χαίρειν κελεύσας ἠρώτησεν, ὅποι ἴοι. ὁ δὲ ἀντ-εῖπεν, "ἐς Θήβας." ὁ μὲν οὖν Βοιωτός, "ἀλλ᾽ ὦ ἀγαθέ," ἔ-φη, "ἥδε γε ἡ ὁδὸς ἐς Πλάταιαν φέρει, ἀλλὰ — μὰ Δία — οὐκ ἐς Θήβας." ὁ δὲ συβώτης, "πρὸς θεῶν," ἔ-φη, "σίγα! πορεύομαι γὰρ ὡς ἀληθῶς ἐς Πλάταιαν, ἀλλὰ προσ-ποιοῦμαι δεῖν με ἰέναι ἐς Θήβας. οἱ γὰρ χοῖροι οὕτω αὐθάδεις εἰσίν, ὥστε ἐὰν αἴσθωνται ἐμὲ ἐκεῖνα βουλόμενον, ἀπο-δραμοῦνται εὐθὺς τὴν ἐναντίαν ὁδόν. νῦν δὲ οἴονται ἐμὲ μὲν βούλεσθαι ἰέναι ἐς Θήβας, αὐτοὶ δὲ λανθάνειν ἐς Πλάταιαν πορευόμενοι."

> **ἴοι** From εἶμι, *ibo.*
> **τὴν ἐναντίαν ὁδόν** Cognate accusative.
> **λανθάνειν** Understand ἐμέ.

Husband and Wife

88. ἄνθρωπός τις Λακεδαιμόνιος, γυναῖκα ἔχων, χαλεπῶς αὐτὴν μετ-ε-χείριζε, πληγάς τε πολλὰς ἐμ-βάλλων καίπερ οὐδὲν ἀδικούσῃ, καὶ ἄλλα εἰς αὐτὴν ὑβρίζων. αἰσθόμενοι ἄρα τινὲς τῶν πλησίον, οἷα ἡ γυνὴ πάσχει, ἠγανάκτουν· καὶ τοῖς ἐφόροις τὸ πρᾶγμα ἐ-μήνυσαν.

συν-ελθόντες δὲ ἐκεῖνοι ἐ-βουλεύοντο κατα-παῦσαι τὸν ἄνθρωπον τῆς ὕβρεως. πρὸς ταῦτα οὖν ἐπ-έ-βαλον ἐπ' αὐτῷ ζημίαν πολλοῦ ἀργυρίου, καὶ ἐ-κέλευσαν αὐτὸν τὸ λοιπὸν μὴ πατάξαι τὴν γυναῖκα, ἀλλ' ἐπιμελεῖσθαι τε ὑπὲρ αὐτῆς, καὶ κοινωνεῖν αὐτῇ ἡδονῆς καὶ λύπης, καθάπερ καὶ οἱ νόμοι κελεύουσι. ταῦτα οὖν ποιήσειν ὑπο-σχόμενος ὁ ἄνθρωπος, καὶ τὴν ζημίαν ἀπο-τίσας, πάλιν εἰς τὴν ἑαυτοῦ οἰκίαν ἀπῆλθε.

ἄλλα Cognate accusative after ὑβρίζων.
ὑπο-σχόμενος From ὑπ-ισχνέομαι.

89. μετὰ δὲ ταῦτα ὁ ἄνθρωπος πατάξαι μὲν τὴν γυναῖκα οὐκέτι ἐ-τόλμα. λαβὼν δὲ ἀπὸ τῆς τραπέζης μαχαίρας καὶ κύλικας, ταύτας ἐπ' ἐκείνην συνεχῶς ἔ-βαλε. ἔτι δὲ ἐ-σπάραξεν αὐτῆς τὴν κόμην καὶ τὴν ἐσθῆτα, ὥστε φοβηθεῖσα διὰ ταῦτα πάλιν ὡς τοὺς ἐφόρους ἀπ-έ-δραμεν.

ἐλθὼν οὖν αὖθις ἐς κρίσιν ὁ ἄνθρωπος, "ὦ ἔφοροι," ἔ-φη, "θαυμάζω, εἰ τάδε ὑμῖν οὐκ ἀρέσκει· ἐπεί, ὅσα ἄρτι ὑμεῖς ἐ-κελεύσατε, ἤδη ποιῶ. οὐκέτι γὰρ τὴν γυναῖκα ῥαπίζω, ἀλλὰ μαχαίρας καὶ κύλικας ἐπ' αὐτὴν βάλλω. ἔτι δὲ καὶ ἐπι-μελοῦμαι ὑπὲρ αὐτῆς. ἰδὼν γὰρ αὐτῆς τὴν κόμην καὶ τὴν ἐσθῆτα οὐκ εὖ κοσμηθείσας, ταύτας δι-έ-σπασα."

θαυμάζω εἰ See 53.

90. "ἀλλ' οὐ μόνον ταῦτα ποιῶν πειθαρχῶ ὑμῖν, ἀλλὰ καὶ ἡδονῆς αὐτῇ καὶ λύπης κοινωνῶ. ὅταν γάρ, βάλλων τὰς μαχαίρας, τυγχάνω αὐτῆς, ἡ μὲν λυπεῖται, ἐγὼ δὲ ἥδομαι. ὅταν δὲ αὖ ἀπο-τυγχάνω, ἥδεται μὲν ἐκείνη, ἐγὼ δὲ λυποῦμαι. ὥστε, ταῦτα ποιοῦντες, θαυμασίως ὡς ἡδονῆς τε καὶ λύπης κοινωνοί ἐσμεν. ἀξιῶ οὖν ἐπὶ τούτοις ὑφ' ὑμῶν μὴ κολάζεσθαι, ἐπ-αινεῖσθαι δὲ μᾶλλον, ὡς δίκαιος ἀνὴρ ὢν, καὶ τοὺς νόμους δια-φυλάσσων." ἀκούσαντες δὲ ταῦτα οἱ ἔφοροι οὐκ ἐ-πείσθησαν· ἀλλὰ καθ-εῖρξαν τὸν ἄνθρωπον ἐν τῷ δεσμωτηρίῳ, ἵνα, κακὰ καὶ αὐτὸς πάσχων, τὸ λοιπὸν τὴν γυναῖκα μὴ ἀδικοῖ. οὕτως οὖν ἐκεῖνος ἐ-κολάσθη.

The man's speech continues from 89.
θαυμασίως ὡς Literally, "wonderfully how," i.e. "to a wonderful extent."

SOLON AND THALES

91. Σόλων ποτε καὶ Θαλῆς δι-ε-λέγοντο περὶ εὐδαιμονίας. ἔ-φη οὖν ὁ Θαλῆς βέλτιον εἶναι μὴ γαμεῖν, μηδὲ παῖδας τίκτειν. βουλόμενος δὲ καὶ Σόλωνα τοῦτο πείθειν, τοιάδε ἐ-μηχανήσατο. ἄνθρωπόν τινα παρ-ε-σκεύασε, φάσκοντα "ξένον ἑαυτὸν ὄντα ἐξ Ἀθηνῶν ἀρτίως ἥκειν." πυνθανομένου δὲ τοῦ Σόλωνος περὶ τῶν ἐκεῖ, ὁ ἄνθρωπος (δε-διδαγμένος ἃ χρὴ λέγειν), "οὐδὲν," ἔ-φη, "καινὸν, πλὴν ὅτι ἐκφορὰ ἦν νεανίσκου τινός. ἦν δὲ, ὡς ἔφασαν, υἱὸς ἐνδόξου τινὸς πολίτου· ὁ δὲ πατὴρ αὐτοῦ οὐ παρ-ῆν, ἀλλὰ πάλαι ἀπ-ε-δήμει." "ὦ δυστυχὴς ἐκεῖνος!" ἔφη ὁ Σόλων, "τίνα δὲ ὠνόμαζον αὐτόν;" ὁ δὲ ἄνθρωπος, "ἤκουσα," ἔ-φη, "τὸ ὄνομα, ἀλλ' οὐ μνημονεύω."

> **Σόλωνα τοῦτο πείθειν** Verbs of persuading, convincing, teaching, and so on usually take two accusatives.

92. τοσαῦτα δὲ ἐκείνου εἰρηκότος, φόβος τις αἰφνιδίως τὸν Σόλωνα ἔ-σχε, μὴ ὁ παῖς ἑαυτοῦ εἴη. βραχύ τι οὖν σιωπήσας, ἐπ-ηρώτα τὸν ἄνθρωπον, εἰ ὁ πατὴρ ὠνομάζετο Σόλων. καὶ ἐκεῖνος ἀντ-εῖπεν εὐθύς. "νὴ τὸν Δία, ὦ ξένε, δοκεῖς μοι μάντις τις εἶναι ὡς ἀληθῶς! αὐτὸ γὰρ τόδε, ὅπερ εἴρηκας, τὸ ὄνομα ἦν· ἐγὼ δέ γε αὐτοῦ ἐπ-ε-λαθόμην." ὁ μὲν οὖν Σόλων πρὸς ταῦτα ἐ-δάκρυσέ τε, καὶ τὴν κεφαλὴν ἑαυτοῦ ἔ-παισε. γελάσας δὲ αὐτίκα ὁ Θαλῆς, "θάρρει," ἔ-φη, "ὦ φίλτατε· οὐ γὰρ ἀληθεῖς εἰσιν οἱ λόγοι οὗτοι. ἀλλὰ νῦν, οἶμαι, καὶ σὺ ὁμολογήσεις λυσιτελεῖν μὴ παιδοποιεῖσθαι. δῆλοι γάρ εἰσιν οἱ ἄπαιδες παλλῶν κακῶν ἄπειροι ὄντες."

> **αὐτὸ γὰρ τόδε** αὐτὸ emphasizes τόδε. Hints 1.4.
> **δῆλοι ... εἰσιν ... ὄντες** = δῆλόν ἐστιν ὅτι ... εἰσὶν.

Plutarch, *Life of Solon* 6

DIVISION OF LABOR

93. δοκοῦσιν οἱ Μιλήσιοι ἀσύνετοι μὲν οὐκ εἶναι, ὡς δὲ ταχεῖς φύσει ὑπάρχοντες λέγειν πολλάκις ἀπερισκέπτως, καὶ γέλωτα διὰ τοῦτο τοῖς ἀκούουσι παρ-έχειν. ἐ-πορεύοντο δέ ποτε εἰς Ἔφεσον Μιλήσιοι δύο. ἔ-δει γὰρ αὐτοὺς θυσίαν ποιεῖν τῇ Ἀρτέμιδι, ἧς ναὸς ἐκεῖ ἦν. ὑπὸ δὲ τοῦ μήκους τῆς ὁδοῦ ὅσον οὐκ ἀπ-ειρηκότες, συν-ε-βουλεύοντο τί χρὴ ποιεῖν. ὁ μὲν οὖν ἕτερος τῶν Μιλησίων ἔ-φη δεῖν προχωρεῖν, ἕως ἐπι-τύχοιέν τινι παρ-ιόντι, παρ' ὅτου πεύσονται, εἰ ὁ ναὸς πόρρω ἄπ-εστιν. "ἕνα μὲν γὰρ παρασάγγην," ἔ-φη, "ἢ καὶ δύο, οὐκ ἀχθέσομαι ἔτι πορευόμενος. εἰ δὲ πορρωτέρω δεῖ προ-βαίνειν, ζητήσαντες ἐν τῷ μεταξὺ πανδοκεῖον ἀνα-παυσώμεθα!"

ἧς ναὸς ἐκεῖ ἦν The famous temple mentioned in the New Testament: "Great is Diana of the Ephesians." (Acts 19:28)

ὅσον οὐκ = "almost," like Lat. *tantum non.*

94. τοσαῦτα οὖν ἐκεῖνος ἔ-λεξεν, ὡμολόγησε δὲ ἄρα ὁ ἕτερος, καὶ ἔ-δοξε ταῦτα ποιεῖν. προ-βάντες δὲ ἐπὶ μικρὸν τῆς ὁδοῦ, εἶδον ἄνθρωπόν τινα αὐτοῖς προσ-ιόντα. γενόμενοι οὖν πλησίον οἱ Μιλήσιοι τοῦτον ἠρώτησαν, πόσον ἐντεῦθεν ὁ ναὸς ἄπ-εστι; ὁ δὲ πρῶτον μέν τι ἐ-σιώπα, ὡς τὸ μῆκος ἀριθμούμενος· τέλος δὲ ἔ-φη δοκεῖν ἑαυτῷ τὸν ναὸν τέσσαρας μάλιστα παρασάγγας ἀπ-έχειν. ταῦτα δὲ παρὰ τοῦ ἀνθρώπου ἀκούσας, ὁ μὲν τῶν Μιλησίων ἠθύμει, ὁ δὲ ἕτερος, "θάρρει," ἔ-φη, "ὦ φίλτατε! ἐπεὶ τὴν ὁδὸν ὅσον οὐ τε-τελέκαμεν. τῶν γὰρ παρασαγγῶν σὺ μὲν δύο ἄνυσον, ἐγὼ δὲ τοὺς ἐπιλοίπους δύο! καὶ ῥαδίως οὕτως ἐς τὸν ναὸν ἀφ-ιξόμεθα."

τῆς ὁδοῦ Partitive genit., "on the road."

μάλιστα Observe *with a numeral!* This is an idiomatic use which you can find in the vocabulary under this word.

ὅσον οὐ See last section.

NERVOUSNESS

95. Ἀλκιβιάδης, νεανίσκος ὢν, σφόδρα ἐ-δε-δοίκει παρ-ιέναι εἰς τὸν δῆμον καὶ ἀγορεύειν. ὁ δὲ Σωκράτης ἐπ-ε-θάρσυνεν αὐτὸν, λέγων τοιάδε. "ὦ φίλε, τί ἀθυμεῖς; οὐ γὰρ δὴ δέ-δοικας ἐκεῖνον τὸν σκυτοτόμον," εἰπὼν τὸ ὄνομα τοῦ ἀνθρώπου, "ἀλλὰ κατα-φρονεῖς αὐτοῦ, εἰκότως, δῆλον γὰρ ὅτι σοι τὸ γένος πολὺ λαμπρότερόν ἐστιν ἢ ἐκείνῳ. ἔτι δὲ ἐκεῖνον τὸν κήρυκα οὐ δέ-δοικας, οὐδὲ ἐκεῖνον αὖ τὸν κεραμέα." ὁ δὲ Ἀλκιβιάδης πρὸς ταῦτα ἔ-φη, ὅτι ἐκείνους μὲν οὐ δέ-δοικεν, ἀλλὰ τὸν δῆμον. ὑπο-λαβὼν δὲ ὁ Σωκράτης, "οὐκοῦν," ἔ-φη, "ὁ δῆμος ἐκ τούτων ἤθροισται καὶ εἰ κατα-φρονεῖς τῶν καθ' ἕκαστον, κατα-φρονητέον καὶ τῶν συμπάντων."

τῶν καθ' ἕκαστον Literally, "the one-by-one," i.e. "the individuals (separately)."

THE GOD IN DISGUISE

96. περὶ μὲν οὖν τῶν θεῶν οἱ παλαιοὶ ῥαψῳδοὶ πολλοὺς καὶ ἡδεῖς λόγους δι-ηγοῦντο. ἔ-φασκον γὰρ, ὡς ἐκεῖνοι ἐπὶ γῆς φαίνονται πολλάκις, οὐ μέντοι θεῶν ἔχοντες εἴδη, ἀλλ' ἐς τὰς τῶν ἀνθρώπων μορφὰς ἑαυτοὺς μετ-αλλάξαντες.

τούτων δὲ τῶν μύθων εἷς τίς ἐστι περὶ τοῦ Ἑρμοῦ, ὡς, πορείαν ποτὲ ποιούμενος ἐν τῇ βαρβάρῳ, διὰ τὸ μῆκος τῆς ὁδοῦ ἔ-καμεν. ἐ-βούλετο οὖν ἀνα-παύεσθαι παρὰ πλουσίῳ τινὶ ἀνθρώπῳ, οὗπερ ἡ οἰκία ἔ-τυχε τῆς ὁδοῦ ἐγγὺς οὖσα. ὁ δὲ, ὡς γλίσχρος ὢν καὶ ἀγνώμων, τὸν ξένον ἀπ-ε-ώθει· οὐ γὰρ ἔ-γνω αὐτὸν θεὸν ὄντα. ἀγανακτήσας οὖν ὁ Ἑρμῆς ἀπ-ῄει.

ἔγνω ... ὄντα Lit. "perceived him being," i.e. "perceived that he was."

97. προ-βὰς δὲ ἐντεῦθεν ὀλίγον, ὁ θεὸς εἶδε καλύβην πένητός τινος οὐ πόρρω ἀπ-οῦσαν. ταύτῃ οὖν προσ-ελθών, τὴν θύραν ἔ-κοψε, καὶ ἠρώτησε τὸν δεσπότην, εἰ ἔξ-εστιν ἐκεῖ ἀνα-παύεσθαι; "προσ-ελθὼν γὰρ," ἔ-φη, "πρὸς ἐκείνην τὴν οἰκίαν, τὴν καλὴν καὶ μεγάλην, καὶ δεηθεὶς ταῦτα παρὰ τῶν ἐκεῖ, ξενίσεως οὐκ ἔ-τυχον. ὥστε ἐκεῖθεν ἀπ-ε-ωσμένος ἐνθάδε ἀφ-ικνοῦμαι. οἶδα γὰρ πένητας πολλοὺς ἐλευθεριωτέρους ὄντας τῶν πάνυ πλουσίων. ἐλπίζω δὲ καί σε ταχέως τοιοῦτον φανήσεσθαι." ἀκούσας δὲ τοσαῦτα ὁ πένης φιλοφρόνως τὸν

ξένον ἐ-δέξατο, δεῖπνόν τε αὐτῷ καὶ κλίνην (οἷα ἐδύνατο) παρ-έχων. καὶ εἰσ-ελθὼν ἐκεῖνος εἰς τὴν καλύβην, τὴν νύκτα ἐκεῖ δι-ῆγε.

ἔκοψε κόπτειν θύραν is to "knock (from the outside) for admission." ψοφεῖν θύραν is to "knock (from the inside) to warn passers-by that the door was to be opened." This latter was a necessary precaution, since Greek house-doors opened *outwards.*

98.　ἐπειδὴ δὲ ἡμέρα ἐ-γένετο, ἔ-μελλεν ὁ Ἑρμῆς ἀπ-ιέναι. καλέσας δὲ τὸν δεσπότην, ἔ-φη αὐτὸς θεὸς εἶναι. καὶ βουλόμενος ἐκείνῳ ἀμοιβήν τινα τίνειν, "δῶρα," ἔ-φη, "τρία σοι δώσω, ἃ ἂν αὐτὸς κελεύῃς. εἰπὲ δέ μοι, τίνων μάλιστα ἐπι-θυμεῖς;" ὁ δὲ πένης ἀντ-εῖπε πρὸς ταῦτα, "ὦ μέγιστε θεῶν! τὰ μὲν δύο τῶν δώρων, ὧν κτήσασθαι βούλομαι, αὐτίκα σοι εἰπεῖν ἔχω· περὶ δὲ τοῦ τρίτου ἀπορῶ. τὸ μὲν οὖν πρῶτον, βούλομαι, ὅταν τελευτῶ, ἐλθὼν εἰς τὸ Ἠλύσιον, μακάριος εἶναι. τὸ δὲ δεύτερον, εὖ πάσχειν καὶ ἐν τῷ παρ-όντι βίῳ. τὸ δὲ τρίτον, οὐκ οἶδα τί χρὴ ἐπ-αιτεῖν."

ὧν Attracted to case of its antecedent. See 11 (last note).
τελευτῶ Subjunctive, since it follows ὅταν.

99.　ἀκούσας δὲ ὁ θεός, "βούλει οὖν," ἔ-φη, "δῶ σοι νέαν τινὰ οἰκίαν καὶ καλήν, ἀντὶ τῆσδε τῆς καλύβης;" καὶ ἐκεῖνος ἔ-φη βούλεσθαι. ὁ δὲ θεὸς "ἔσται ἄρα ταῦτα" ἔ-φη· καὶ ἅμα ἔ-δειξεν αὐτῷ οἰκίαν λαμπροτάτην, ἐκεῖ ἑστῶσαν, ἵνα πρὸ τοῦ ἦν ἡ καλύβη. ὁ μὲν οὖν Ἑρμῆς, τοσαῦτα εἰρηκώς, ἀπ-ῄει. ὁ δὲ πένης, εἰσ-ελθὼν εἰς τὴν οἰκίαν, τὸν λοιπὸν βίον μακαρίως δι-ῆγε.

πυθόμενος δὲ ἐκεῖνα, ὁ πλούσιος ἠθύμησεν. ἐ-κέλευσεν οὖν τὴν ἑαυτοῦ γυναῖκα θεῖν, καὶ (ἢν δύνηται) τὸν ξένον πείσασαν ἀπ-άγειν· ἔ-φη γὰρ βούλεσθαι καὶ αὐτὸς ἐκεῖνον ἑστιᾶν. ὁ δὲ Ἑρμῆς, ἀκούσας ἃ ἡ γυνὴ λέγει, πρῶτον μὲν οὐκ ἐ-πείθετο, τέλος δὲ ἔ-φη εἰσ-ιέναι. δειπνήσας ἄρα μετὰ τῶν πλουσίων, τρία δῶρα καὶ τούτοις ὑπ-έ-σχετο.

βούλει ... δῶ "Would you like ... I should give," i.e. "shall I give." You might expect a subordinating conjunction, but this is an idiom.
πρὸ τοῦ Here τοῦ is a *pronoun*, not the *article*, "before that."

100.   τότε δὲ στᾶσα ἡ γυνὴ καὶ βοῶσα ᾔτησε παρὰ τοῦ θεοῦ ἀλλᾶντα. "ὁ γὰρ ἐμὸς ἀνὴρ," ἔ-φη, "τὰ τοιαῦτα στέργει." ταύτῃ οὖν ἀλλᾶντα δοὺς ὁ θεός, "ἓν μέν," ἔ-φη, "τῶν δώρων ἔχεις!" τότε δὲ ὀργισθεὶς ὁ ἄνθρωπος, "ὦ γύναι," ἔ-φη, "βούλομαι τὸν ἀλλᾶντα τῇ σῇ ῥινὶ ἐμ-φύεσθαι." ὁ δὲ θεὸς εὐθύς, "ἔστω ταῦτα!" ἔ-φη, "καὶ τῶν δώρων τὸ δεύτερον ἔχεις τόδε!" ἀλλ᾽ οὐδὲ ταῦτα ἐκείνῳ ἤρεσκεν· ἐ-φοβεῖτο γάρ, μὴ καταγέλαστος ᾖ, τοιαύτην τὴν γυναῖκα ἔχων. ἠναγκάσθη οὖν τὸ τρίτον δεῖσθαι τοῦ θεοῦ, ὥστε ἀφανίσαι αὖθις τὸν ἀλλᾶντα. τοῦτο δὲ ποιήσας ὁ Ἑρμῆς καὶ αὐτὸς ἠφάνιστο.

> **ἔστω** From εἰμὶ, *sum.*
> **τοιαύτην** Predicate, "His wife such," not "such a wife."

Cock-Fighting at Athens

101.   νικήσασι τοὺς Πέρσας τοῖς Ἀθηναίοις νόμος ἐ-γένετο ὅδε. μιᾷ ἡμέρᾳ τοῦ ἐνιαυτοῦ ἀλεκτρυόνες ἐν τῷ θεάτρῳ δημοσίᾳ ἠγωνίζοντο. τὴν δὲ αἰτίαν τούτων νῦν δι-ηγήσομαι. ὅτε γὰρ ὁ Θεμιστοκλῆς τοὺς πολίτας ἐξ-ῆγεν ἐπὶ τοὺς βαρβάρους, εἶδε κατὰ τύχην ἀλεκτρυόνας τινὰς μαχομένους. ἐπι-στήσας οὖν τὴν στρατιάν, ἔ-λεξε τοιάδε. "τούτους μὲν οὖν ὁρᾶτε, ὦ ἄνδρες Ἀθηναῖοι, ἰσχυρῶς πρὸς ἀλλήλους ἀγωνιζομένους. κακοπαθοῦσι δὲ οὔτε, ὥσπερ ὑμεῖς, ὑπὲρ πατρίδος, οὔτε ὑπὲρ πατρῴων θεῶν· οὐδὲ μὴν ὑπὲρ δόξης, οὐδὲ ὑπὲρ παίδων, ἀλλὰ τόδε μόνον βουλόμενοι — τοῦ ἑτέρου μὴ ἡσσᾶσθαι!" ταῦτα δὲ εἰπὼν θαυμασίως ὡς ἐπ-έ-ρ-ρωσε τοὺς Ἀθηναίους. μνημεῖον οὖν ἐκείνων ὁ νόμος κατ-έ-στη.

> **τοὺς βαρβάρους** i.e. the Persians.
> **οὐδὲ μὴν** "No! nor," etc.
> **θαυμασίως ὡς** See 90.

Aelian, 2.28

A FAIR RETORT

102. ὁ Διογένης ἤλγει ποτε τὸν ὦμον, ἢ τραυματισθεὶς, ἢ δι᾿ ἄλλην τινὰ αἰτίαν. ἐπεὶ δὲ ἐ-δόκει σφόδρα λυπεῖσθαι, ἄνθρωπός τις ἔ-σκωπτεν αὐτὸν, ἐχθρὸς ὤν. καὶ ἄλλα πολλὰ λοιδορησάμενος τῷ φιλοσόφῳ, τέλος εἶπε καὶ τόδε. "τί οὖν οὐκ ἀπο-θνήσκεις, ὦ Διόγενες, καὶ σεαυτὸν ἀπ-αλλάσσεις τῆς λύπης;" ἀντ-εῖπε δὲ οὖν ἐκεῖνος, "ὦ ἄνθρωπε, εἴ τις οἶδεν ἃ δεῖ πράσσειν ἐν τῷ βίῳ, καὶ ἃ δεῖ λέγειν, τούτῳ ζῆν προσ-ήκει. σοὶ μὲν οὖν καλῶς ἔχει ὅτι τάχιστα ἀπο-θανεῖν, δῆλος γὰρ εἶ οὐκ εἰδὼς τὰ τοιαῦτα, ἐπεὶ ἀπρεπέστατά γε νῦν καὶ λέγεις καὶ πράσσεις. ἐμοὶ δὲ, ὡς ἐκεῖνα εἰδότι, πρέπει ζῆν."

τέλος Adverbial.
δῆλος ... εἶ οὐκ εἰδὼς See 92 (last note).
ἐκεῖνα i.e. ἃ δεῖ πράσσειν, etc.

EGYPTIAN JUDGES

103. φασὶν οἱ Αἰγύπτιοι, ὡς οἱ παρ᾿ ἑαυτοῖς νόμοι βέλτιστοι πάντων εἰσὶν, ἐπεὶ ἐξ-ηῦρεν αὐτοὺς θνητῶν οὐδεὶς, ἀλλ᾿ ὁ θεὸς Ἑρμῆς. δικασταὶ δὲ παρὰ τοῖς Αἰγυπτίοις οἱ ἱερεῖς πάλαι ποτὲ ἦσαν. ἦν δὲ τούτων ἄρχων ὁ πρεσβύτατος, καὶ ἅπαντας ἐ-δίκαζε. ἐ-σπούδαζον δὲ μάλιστα περὶ τούτου, ὅπως πάντων ἀνθρώπων ἔσται δικαιότατος. ἔ-δει δὲ αὐτὸν ἔχειν ἀεὶ περὶ τὸν αὐχένα ἄγαλμά τι πε-ποιημένον ἐκ σαπφείρου λίθου, καὶ ἐ-καλεῖτο τὸ ἄγαλμα, "ἀλήθεια." ἦν δὲ σημεῖον αὐτῷ τοῦτο, ὅτι πρέπει τῷ δικαστῇ περι-φέρειν ἀεὶ μεθ᾿ ἑαυτοῦ τὴν ἀλήθειαν, μὴ μόνον ἐν τῷ αὐχένι εἰκασμένην, ἀλλ᾿ ἐν αὐτῇ τῇ ψυχῇ ὄντως ὑπ-άρχουσαν.

περὶ τούτου "This man" (i.e. ὁ πρεσβύτατος τῶν ἱερέων). ὅπως, etc., explains the particular point about which they were anxious.

THE HARE

104. Διότιμος ὁ Μεγαρεὺς, προτιμήσας πρὸ πάντων τὸν κατ' ἀγροὺς βίον, γήδιόν τι ἐ-πρίατο, δι-ε-τέλει δὲ τρέφων ἐπ' αὐτοῦ ἵππους καὶ κύνας, καὶ θηρεύων ἐν τοῖς ὄρεσι, καὶ ὀρνιθεύων, καὶ τὰ τοιαῦτα πάντα πράσσων. ἦν δὲ αὐτῷ ἐν τῇ πόλει συγγενής τις ἄνθρωπος καὶ φίλος, ὀνόματι Καλλικλῆς. τούτῳ οὖν τῷ Καλλικλεῖ ἐ-βούλετο ὁ Διότιμός τι χαρίζεσθαι. καὶ λαβών ποτε πάγῃ λαγών τινα διαφερόντως καλὸν, ἐ-κέλευσέ τινα τῶν οἰκετῶν τοῦτον εἰς τὴν πόλιν κομίζειν ἐν κίστῃ, ἵνα δῶρον ἐκείνῳ εἴη. δίψῃ δὲ συν-εχόμενος ἐν τῇ ὁδῷ ὁ οἰκέτης, καὶ ἐπὶ πανδοκείῳ τινὶ ἐπι-τυχὼν, κατ-έ-θετο τὴν κίστην, καὶ ἀν-ε-παύετο.

ἐκείνῳ i.e. Callicles.
κατ-έ-θετο The middle implies that he *gains something for himself* by what he did, i.e. here, — relief from a burden.

105. ἔ-τυχον δὲ πίνοντες τότε ἐν τῷ πανδοκείῳ ἀστεῖοί τινες ἄνθρωποι. καὶ αἰσθόμενοι τὸν οἰκέτην ἄγροικόν τινα ὄντα καὶ εὐήθη, δι-ε-νοοῦντο παίζειν τι πρὸς αὐτόν. προσ-ελθόντες οὖν τινὲς τούτων πρὸς τὸν ἄνθρωπον, ἔ-πινόν τε μετ' αὐτοῦ, καὶ ἐς λόγους αὐτῷ ἀφ-ίκοντο. ἄλλοι δέ τινες ἐν τῷ μεταξὺ, τὴν κίστην λάθρᾳ ἀν-οίξαντες, τὸν μὲν λαγὼν ἐξ-αιροῦσιν, αἴλουρον δέ τινα ἐν-θέντες εἰς αὐτὴν, τὰ σήμαντρα αὖθις προσ-άπτουσιν. ὁ δὲ οἰκέτης οὐκ αἰσθόμενος οἷα ἐκεῖνοι ποιοῦσιν, ἔ-πινε τε ἡσυχῇ, καὶ τοῖς ξένοις δι-ε-λέγετο. ἐπειδὴ δὲ ἔ-δοξεν ἑαυτῷ ἅλις τούτων ἔχειν, ἀν-έ-λαβεν αὖθις τὴν κίστην, καὶ, ἀπ-ελθὼν ἐκεῖθεν, ἀφ-ίκετο εἰς τὴν πόλιν.

ἀφίκοντο "Entered into," etc.
ἔδοξεν Not *impersonal;* the subject "he" is understood, and so the *reflexive* pronoun ἑαυτῷ follows, otherwise it would have been αὐτῷ.

106. προσ-ελθὼν οὖν ὁ οἰκέτης πρὸς τὴν τοῦ Καλλικλέους οἰκίαν ἔ-λεξε τοιάδε. "ὦ κύριε, ἥκω σοι δῶρον φέρων παρὰ τοῦ ἐμοῦ δεσπότου Διοτίμου· τὸ δὲ δῶρόν ἐστι λαγώς." τοσαῦτα δὲ εἰρηκὼς ἀν-έ-ῳξε τὴν κίστην, ἡ δὲ αἴλουρος ἐξ αὐτῆς ἐξ-ε-πήδησεν. ἰδὼν δὲ τὴν αἴλουρον ὁ μὲν οἰκέτης ἐς ἀπορίαν πολλὴν ἔ-πεσε, γελάσας δὲ ὁ Καλλικλῆς, "ὦ ἄνθρωπε," ἔ-φη, "δοκεῖς μοι ἢ μωρός τις εἶναι, ἢ πανοῦργος. οὔτε γὰρ ἐκεῖνο τὸ ζῷον λαγώς ἐστιν, οὔτε ἔ-πεμψέ σε ὁ Διότιμος φέροντά

μοι τὸ τοιοῦτον δῶρον, οὐ γὰρ ὧδε μαίνεται." ἐ-κέλευσεν οὖν τὸν
ἄνθρωπον, ἀνα-λαβόντα τὴν αἴλουρον, ἀπ-ιέναι εὐθὺς ἐκ τῆς οἰκίας.

σοι Enclitics and particles often gravitate to the second position in the sentence, even
if they more logically belong with a word somewhere else. Here this must be
indirect object of φέρων; to say "I have come to you" Greek would use ἥκω πρός
σε rather than a dative.

107. δι-ε-νοεῖτο οὖν ὁ οἰκέτης οἴκαδε πάλιν ἀπ-ιέναι. ἀνα-
παυσάμενος δὲ αὖθις ἐν τῷ πανδοκείῳ, ἐκείνοις τοῖς ἀστείοις αὖθις
ἐπ-έ-τυχε, καὶ τὸ πρᾶγμα δι-ηγήσατο. οἱ δὲ ἀκούσαντες ἔ-φασκον,
ὡς "φιλεῖ τὰ τοιαῦτα γίγνεσθαι ἐν τῇ πόλει· ὁ γὰρ ἐκεῖ ἀὴρ δύναμίν
τινα ἔχει τοιάνδε, ὥστε λαγὼς ἀεὶ εἰς αἰλούρους μετα-πλάσσειν." δια-
λεγόμενοι δὲ περὶ τούτων, λάθρᾳ αὖθις τὴν κίστην ἀπο-φέρουσι, καὶ,
ἐξ-ελόντες τὴν αἴλουρον, τὸν λαγὼν πάλιν ἐν-τιθέασιν. ὁ δὲ οἰκέτης
οὐδὲ τούτων οὐδὲν ἐ-νόησεν. ἀπ-ῆλθεν οὖν ἐκ τοῦ πανδοκείου,
λαγὼν μὲν ἐν τῇ κίστῃ φέρων, οἰόμενος δὲ αὐτὸν αἴλουρον εἶναι. καὶ
ἀσπασάμενος τοὺς ξένους οἴκαδε ἀπ-ήει.

οὐδὲ τούτων "Not even of these things," i.e. "no more than of the rest."

108. ἀφ-ικόμενος δὲ ἐκεῖσε, "ὦ δέσποτα," ἔ-φη, "θαυμάσια ἐγὼ πέ-
πονθα ἐν τῇ πόλει. ὁ γὰρ λαγὼς ὅδε, ὅνπερ ἔ-πεμψας, οὐκέτι λαγώς
ἐστιν, ἀλλ᾽ αἴλουρος." καὶ τὴν κίστην ἀν-οίξας, "ὦ Ζεῦ," ἔ-φη, "τί ὁρῶ;
μετα-πέ-πλασται γὰρ αὖθις, ὡς ἔοικεν, εἰς λαγών." θαυμάσας οὖν ὁ
δεσπότης, "ὦ οὗτος," ἔ-φη, "οὐ παύσει φλυαρῶν; δοκεῖς δέ μοι πάντων
ἀνθρώπων εἶναι ἀφρονέστατος. νῦν οὖν ἄπ-ιθι πάλιν ὡς τάχιστα εἰς
τὴν πόλιν, καὶ τὸν λαγὼν τόνδε πρόσ-φερε τῷ Καλλικλεῖ, ὥσπερ σε καὶ
τότε ἐ-κέλευσα." ὁ δὲ, "ὦ δέσποτα," ἔ-φη, "μηδαμῶς ταῦτα κελεύσῃς.
δέ-δοικα γὰρ μὴ γένωμαι καὶ αὐτὸς αἴλουρος, ἐὰν ἐκεῖσε πάλιν ἐπ-αν-
ίω."

ἐκεῖσε i.e. οἴκαδε.
πέπονθα This word is used of any sort of experiences, good, bad, or indifferent,
not always "suffering." Think rather "I experienced" or even "(whatever it is)
happened to me."
οὐ παύσει See 75 (last note but one).
καὶ τότε "At first." Literally, "even then (when I gave the order)."

THE RIVAL POETS

109. τε-θνηκότες ποτε ποιηταὶ δύο ἐν Ἅιδου ἐ-στασίαζον· ἔ-φη γὰρ ἑκάτερος, ὡς κράτιστος πάντων ποιητῶν αὐτός ἐστι. τούτου οὖν τοῦ πράγματος τὴν κρίσιν κοινῇ ἐπ-έ-τρεπον τῷ Διονύσῳ, ἐπεὶ ἐ-δόκει ἐκεῖνος τῆς μουσικῆς ἔμπειρος εἶναι. ὁ μὲν οὖν ἕτερος τῶν ποιητῶν ἔ-φη, δεῖν ἑκάτερον προ-φέρειν τὰ ἑαυτοῦ ποιήματα, ἵνα ἀνα-γνοὺς αὐτὰ ὁ Διόνυσος ἔχοι εἰπεῖν, ὁπότερος κρείσσων εἴη. ὁ δὲ ἕτερος ἀντ-εῖπεν, "ὦ μιαρὲ σύ! οὐκ ἐξ ἴσου ἀγωνιούμεθα, ἢν ἐκεῖνά γε ποιῶμεν. τὰ γὰρ σὰ ποιήματά σοι συν-τέ-θνηκεν, ὥστε ἕξεις αὐτὰ προ-φέρειν. τὰ δὲ ἐμὰ οὐκ ἐνθάδε ἐστὶν, ἀλλ᾽ ἄνω ἐπὶ τῆς γῆς· ἔστι γὰρ ἀθάνατα."

> **τῷ Διονύσῳ, ἐπεὶ,** etc. Dionysus was the special patron of Tragedy, and so is supposed to be a good critic. Compare 70 (last note but one).
> **ἐνθάδε** i.e. ἐν Ἅιδου.
>
> This is the plot of Aristophanes' *Frogs*.

HOW CRASSUS MADE HIS MONEY

110. περὶ τοῦ Κράσσου λέγουσί τινες, ὅτι ἄλλως ὢν ἀνὴρ ἀγαθὸς τῇ φιλοκερδείᾳ μόνῃ λίαν προσ-έ-κειτο. τὸν δὲ πλοῦτον συν-ήγαγε μάλιστα ἐξ ἀλλοτρίων συμφορῶν, καὶ (ὡς εἰπεῖν) ἐκ πολέμου καὶ πυρός. ὅτε γὰρ ὁ Σύλλας, ἑλὼν τὴν πόλιν, ἐ-πώλει τὰς οὐσίας τῶν ἀν-αιρεθέντων ὑπ᾽ αὐτοῦ, οἱ μὲν πολλοὶ τῶν πολιτῶν αἰδούμενοι τούτων ἀπ-έ-σχοντο, ὁ δὲ Κράσσος μικρόν τι δοὺς πολλὰ ἐ-πρίατο. ἔπειτα δὲ, δούλους πολλοὺς ἔχων ἐμπείρους τῆς τεκτονικῆς, ὁπότε ἴδοι ἐν τῇ πόλει οἰκίας κατα-καυθείσας, χρηματισάμενος τοῖς δεσπόταις, ἐ-πρίατο ταύτας μικροῦ, καὶ ἀν-ῳκοδόμει. καὶ διὰ ταῦτα οὖν τὸ πλεῖστον μέρος τῆς Ῥώμης ὑπ᾽ αὐτῷ τέλος ἐ-γένετο.

> **αἰδούμενοι** i.e. pity for the sufferers made them ashamed to profit by their misfortunes.
> **μικροῦ** Genitive of price.
> **τέλος** Adverbial.
>
> Plutarch, *Life of Crassus* 1.

THE CARICATURE

111. ῥήτωρ τις, ὑπέραισχρος ὤν, ὑπὸ τῶν ἀκουόντων πολλάκις κατ-ε-γελᾶτο. ταῦτα οὖν ἐκεῖνος βαρέως φέρων ἐ-βούλετο τιμωρίαν τινὰ λαβεῖν. δημηγορῶν δέ ποτε κατὰ τύχην ἐν τῇ ἀγορᾷ, εἶδεν ἐκεῖ ἄνθρωπον σκώπτοντα εἰς αὐτὸν καὶ τὰ σχήματα μιμούμενον, ὥστε ἰδόντες ταῦτα οἱ περι-εστῶτες πάνυ σφόδρα ἐ-γέλων. ὁ μὲν οὖν ῥήτωρ ὀργισθείς, εἰσ-ήγγειλε τὸν ἄνθρωπον πρὸς τοὺς ἄρχοντας. δείσας δὲ ἐκεῖνος, μὴ τὴν δίκην ὄφλῃ, συν-ε-βουλεύετο μετὰ τῶν φίλων, τί χρὴ ποιεῖν. καὶ ἄλλο μὲν οὐδὲν ἐ-μηχανήσατο, πριάμενος δὲ πίνακα, ἔ-γραψεν ἐν αὐτῷ ἐκεῖνον τὸν αἰσχρόν· χρώμενος πάσῃ τέχνῃ, ὅπως ὡς οἷόν τε μάλιστα γελοία ἡ γραφὴ εἴη.

ἄλλο μὲν οὐδὲν i.e. except what follows.
ὡς οἷόν τε μάλιστα look up under οἷος.

112. μετὰ δὲ ταῦτα εἰς κρίσιν ἦλθεν, ὑπὸ μάλης τὸν πίνακα ἔχων. ὁ μὲν οὖν διώκων δι-ηγήσατο τὴν κατηγορίαν, λέγων ὡς ἀπρεπῆ πέ-πονθε, καὶ ταῦτα ἐκεῖνον οὐδὲν ἀδικήσας. ἀκούσαντες δὲ οἱ ἄρχοντες ἠρώτησαν, τί πρὸς ταῦτα ὁ φεύγων ἀντι-λέγει; καὶ ἐκεῖνος μὲν ἐπὶ τούτοις βραχύ τι ἐ-σιώπησεν, ἔπειτα δὲ δείξας τοῖς δικασταῖς τὴν γραφήν, "ὦ ἄνδρες Ἀθηναῖοι," ἔ-φη, "πῶς οὐ χρὴ σκώπτειν τὸν τοιόνδε ἄνθρωπον; ἀληθῶς γὰρ οὐκ εὐσχήμων ἐστίν." ἰδόντες δὲ τὸν πίνακα οἱ δικασταὶ ἐς γέλωτα τοσοῦτον ἔ-πεσον, ὥστε ὁ μὲν κατήγορος αἰσχυνθεὶς ἀπ-ῆλθεν αὐτίκα ἐκ τοῦ δικαστηρίου, ἐκεῖνος δὲ διὰ ταῦτα ἀπ-ε-λύθη.

μάλης The word is only used in this particular phrase. In other cases the form employed is μασχάλη.
καὶ ταῦτα Kind of adverbial acc., "and that when," etc.
πῶς οὐ χρὴ πῶς οὐ is used instead of a simple οὐ, in asking questions, which the speaker thinks, *can* but have one answer. "How can it possibly not," etc.
ἐκεῖνος i.e. the defendant.

THE INFATUATED PHYSICIAN

113. Μενεκράτης ὁ ἰατρὸς ἐς τοσοῦτον ἦλθεν ὑπερηφανίας, ὥστε τέλος ᾤετο θεὸς εἶναι, ὠνόμαζε δὲ ἑαυτὸν "Δία." πυθόμενος δὲ ταῦτα Φίλιππος ὁ τῶν Μακεδόνων βασιλεὺς ἐ-βουλεύετο ἐπι-σκώπτειν τι τὸν ἄνθρωπον, ἵνα τῆς μανίας αὐτὸν κατα-παύσαι. μέλλων οὖν ἑστιᾶν τινας τῶν συνηθῶν, ἐ-κάλεσε καὶ τὸν Μενεκράτη ἐπὶ δεῖπνον. τούτῳ οὖν, ὡς θεῷ δὴ ὄντι, κλίνην τινὰ ἰδίᾳ παρ-ε-σκεύασε. κατα-κλιθέντι δὲ αὐτῷ παρ-έ-θηκε θυμιατήριον, καὶ ἔ-καυσε θυμιάματα παντοῖα. ἄλλο δὲ βρῶμα οὐδὲν προσ-έ-φερε, λέγων, ὡς σῖτον αἱρεῖσθαι οἱ θεοὶ οὐκ εἰώθασι. οἱ δὲ ἄλλοι ἐν τῷ μεταξὺ ἡδέως μάλα εἱστιῶντο· μεγαλοπρεπὲς γὰρ ἦν τὸ δεῖπνον.

τοσοῦτον "Such a pitch."
κλίνην The ancients *lay* at table, instead of *sitting.*

114. τέως μὲν οὖν πρὸς ταῦτα ὁ Μενεκράτης ἐ-καρτέρει, ἐ-χάρη γὰρ τῆς τοιαύτης τιμῆς λαχὼν παρὰ τοῦ βασιλέως. ἔπειτα δὲ, ὁρῶν τοὺς ἄλλους ἐστιωμένους, ἐπ-ε-θύμησε καὶ αὐτὸς τῶν σιτίων καὶ τοῦ οἴνου, ὧν ἐκεῖνοι μετ-έ-σχον. ἰσχυρὸς τοίνυν αὐτῷ ὁ λιμὸς κατὰ μικρὸν ἐ-γένετο· τὰ δὲ θυμιάματα οὐκέτι ἤρκει, ἀλλ᾽ ἠλέγχθη τέλος οὐ μόνον ἄνθρωπος ὤν, ἀλλὰ καὶ εὐήθης. βουλόμενος γὰρ τῶν σιτίων μετ-έχειν, τοῦ δὲ βασιλέως φάσκοντος ἔτι ὡς οὐ πρέπει τὰ τοιαῦτα τοῖς θεοῖς παρα-τιθέναι, ὠργίσθη τε ἐπὶ τούτοις, καὶ ἀνα-στὰς ἀπ-ῆλθε, λέγων ὑβρίσθαι τε καὶ δεινὰ πε-πονθέναι, ὥστε οἱ παρ-όντες πάντες ἥσθησαν.

κατὰ μικρὸν 30 (first note).
ἤρκει imperfect, contracted from ἐ-άρκε-ε.
βουλόμενος, φάσκοντος Note the sequence of events; the cases show who is doing what.

Athenaeus 7.33.

The Law-Courts

115. Σπαρτιάτης ἐς Ἀθήνας ἀφ-ικόμενος εἰσ-ῆλθεν εἰς τὰ δικαστήρια, ἵνα ἀκούοι τῶν ῥητόρων λεγόντων. ἔ-φευγε δὲ τότε τις γραφὴν ὕβρεως, καὶ οἱ δικασταὶ ἤδη ἠθροίσθησαν. πρῶτον μὲν οὖν ὁ διώκων τὴν κατηγορίαν δι-ηγήσατο, εὖ καὶ συνετῶς τοῦτο ποιῶν, ὥστε πείθειν σφόδρα τοὺς δικαστάς. ἔπειτα δὲ ἀνα-στὰς ῥήτωρ ἄλλος οὐχ ἧσσον σοφῶς ὑπὲρ τοῦ φεύγοντος εἶπεν, οἱ δὲ δικασταὶ πρὸς ταῦτα φανεροὶ ἦσαν τὴν γνώμην μετα-βάλλοντες. τότε δὲ τρίτος τις λόγους ἐ-ποίησεν ὑπὲρ τοῦ διώκοντος, δυνάμενος καὶ οὗτος παρὰ τοῖς δικασταῖς. ἀπορήσας οὖν ὁ Σπαρτιάτης ἀπ-ῄει, λέγων ὁμοίως πάντας ἀδικεῖν, τούς τε ἀντιδίκους καὶ τοὺς δικαστάς.

Σπαρτιάτης The Spartans were celebrated for their objection to long-winded and artificial speeches, the Athenians for just the contrary.

ἀδικεῖν … ἀντιδίκους … δικαστάς Note the reiteration of the stem of δίκη, which gives its point to the Spartan's remark.

The Two Puppies

116. βουλόμενος ὁ Λυκοῦργος προ-τρέπειν τοὺς Σπαρτιάτας πρὸς ἀρετῆς ἐπιτηδεύματα ἐ-νουθέτησεν αὐτοὺς ὧδε. δύο σκύλακας λαβὼν ἀπὸ τῆς αὐτῆς μητρός, ἔ-τρεφε χωρὶς ἀλλήλων ἤθεσιν ἀνομοίοις. τὸν μὲν γὰρ κατ' οἶκον ἔ-σωζεν, ὄψα τε διδοὺς καὶ ἄλλην τρυφήν· τὸν δὲ ἠνάγκαζε θηρᾶν λαγὼς ἐν τοῖς ὄρεσι. καὶ ἐ-γένετο ἑκάτερος ἐν χρόνῳ ὅμοιος τῇ τροφῇ. τούτους οὖν τοὺς σκύλακας ἔχων παρ-ῆλθεν ὁ Λυκοῦργος ἐς τὸ κοινόν· δείξας δὲ αὐτοὺς, "οἵδε γε," ἔ-φη, "οἱ σκύλακες τῆς αὐτῆς μητρός εἰσιν. ἐπειδὴ δὲ ἐναντίως ἀλλήλοις τε-θραμμένοι εἰσὶ, διὰ ταῦτα ἀνόμοιοι ἐκ-βεβήκασιν. ὁ μὲν γὰρ αὐτῶν ἀγαθός ἐστιν· ὁ δὲ πρὸς πάντα ἀχρεῖος."

ὄψα This word literally only means "cooked food," but it generally suggested to the Greeks *fancy* food. (So ὀψο-φάγος = an "epicure").

ἐν χρόνῳ "As time went on."

117. τοσαῦτα μὲν οὖν ὁ Λυκοῦργος εἶπε. μετὰ δὲ ταῦτα, στήσας παρ᾽ αὐτοῖς λαγών τινα καὶ ἅμα ὄψα, μεθ-ῆκε τοὺς σκύλακας ἀμφοτέρους ἐπὶ τὰ ἐ-σκευασμένα. εὐθὺς οἶν ὁ μὲν κατ᾽ οἶκον τραφεὶς ὥρμησεν ἐπὶ τὰ ὄψα· ὁ δὲ ἕτερος, ἀμελήσας τούτων, κατ-έ-λαβε τὸν λαγών, καὶ ἐ-σπάραξεν αὐτόν. δείξας δὲ καὶ ταῦτα ὁ Λυκοῦργος ἔ-λεξε τοιάδε. "ὁρᾶτε μὲν, ὦ ἄνδρες Σπαρτιᾶται, τοὺς σκύλακας, οἷα ἑκάτερος ποιεῖ. δεῖ δὲ ὑμᾶς νομίζειν, ὅτι οὐ μόνον ἐν κυσὶν, ἀλλὰ καὶ ἐν ἀνθρώποις, τὸ τοιόνδε φιλεῖ γίγνεσθαι. οἱ μὲν γὰρ εἰς φιλοπονίαν πε-παιδευμένοι ἐκ-βαίνουσιν ἀνδρεῖοι. οἱ δὲ τρυφερῶς ζῶντες μαλακοί τε γίγνονται καὶ ἄχρηστοι."

τὰ ἐσκευασμένα i.e. the λαγὼς and the ὄψα.

This anecdote can be found in the *Education of Children* attributed to Plutarch, 3a.

THE SPARTAN IN ASIA

118. Λύσανδρος ὁ Λακεδαιμόνιος, ἕως ἐν τῇ ἑαυτοῦ πατρίδι ἦν, τοὺς τοῦ Λυκούργου νόμους πολλῇ σπουδῇ δι-ε-φύλασσε. μετρίαν τε γὰρ τὴν δίαιταν εἶχε, καὶ ἐ-γυμνάζετο ἐν τῇ παλαίστρᾳ, τρυφῆς δὲ καὶ ἀκολασίας πάσης ὅλως ἀπ-είχετο· ὥστε ἔ-δοξε πᾶσιν ἀγαθὸς ἀνὴρ εἶναι καὶ ἐπιμελὴς περὶ τοὺς νόμους. ἐπειδὴ μέντοι ἀφ-ίκετο εἰς τὴν Ἀσίαν στρατηγῶν, οὐχ ὅμοια ἐ-ποίει· ἀλλ᾽ ἀπ-έ-στη τοῦ πατρίου τρόπου, καὶ πρὸς ἡδονὰς παντοίας ἀπο-κλίνων ἐ-γένετο αὐτῶν τῶν Ἰώνων τρυφερώτερος. ἰδοῦσα οὖν αὐτὸν πρὶν μὲν σπουδαῖον ἄνδρα γενόμενον, νῦν δὲ οὐκέτι, εἶπε γυνή τις, ὅτι λέων ἀφ-ικόμενος ἐκ τῆς Ἑλλάδος γέ-γονεν ἐν τῇ Ἀσίᾳ ἀλώπηξ.

μετρίαν Predicate.

οὐχ ὅμοια ἐποίει Spartans *abroad* were often conspicuous for luxury and disorderly living. Their laws at home were so strict that any temporary escape from them provoked a reaction.

λέων Predicate, corresponding to ἀλώπηξ in the next clause.

The Single Combat

119. ὁ βασιλεὺς Ἀλέξανδρος ἐ-ποιεῖτό ποτε μεγάλας ἑστιάσεις τῶν φίλων, ἐν δὲ τῷ πότῳ συν-έ-βη ἄξιόν τι μνήμης γενέσθαι. ἦν γὰρ ἐν τοῖς ἑταίροις Μακεδών τις, ὀνόματι Κόραγος, ῥώμῃ τε σώματος δια-φέρων καὶ πολλάκις ἐν πολλαῖς μάχαις πε-φασμένος ἄριστος. παρ-οξυνθεὶς οὖν οὗτος ὑπὸ τῆς μέθης πρου-καλέσατο μονομαχῆσαι Διώξιππον τὸν Ἀθηναῖον, ἀθλητὴν ἄνδρα, καὶ ἐν τοῖς λαμπροτάτοις ἀγῶσιν ἐ-στεφανωμένον. ἐπειδὴ δὲ ὁ Διώξιππος οὐκ ἀν-έ-νευσεν, ἔ-ταξεν ὁ βασιλεὺς ἡμέραν τῆς μάχης. συν-ῆλθον ουν πολλαὶ μυριάδες ἀνθρώπων ἐπὶ τὴν θέαν, καὶ οἱ μὲν Μακεδόνες καὶ ὁ βασιλεὺς ὑπ-ῆρχον τῷ Κοράγῳ εἰκότως κατὰ τὸ ὁμόφυλον, οἱ δὲ Ἕλληνες αὖ τῷ Διωξίππῳ.

Ἀλέξανδρος The famous king of Macedon, and conqueror of Persia and the East.
ὑπ-ῆρχον τῷ, etc. Literally "were for," i.e. "sided with."

120. προ-ῆλθεν οὖν ἐς τὸν ἀγῶνα ὁ μὲν Μακεδὼν πολυτελέσιν ὅπλοις κε-κοσμημένος, ὁ δὲ Ἀθηναῖος γυμνὸς ὑπ-αληλιμμένος, ἔχων πῖλον σύμμετρον. ἐ-θαύμαζον δὲ οἱ θεώμενοι πάντες ὁρῶντες ἀμφοτέρων τὴν ῥώμην, ὡσπερεὶ θεομαχία τις μέλλοι γίγνεσθαι. καὶ ὁ μὲν Κόραγος λόγχην εἶχε καὶ σάρισαν Μακεδονικὴν καὶ ξίφος, ὁ δὲ Διώξιππος ῥόπαλον μόνον· ὥστε τοῦ μὲν τῷ Ἄρει ὁμοιοτάτη ἡ ὅπλισις ἦν, τοῦ δὲ τῷ Ἡρακλεῖ. ἐπειδὴ δὲ πλησίον ἐ-γένοντο ἀλλήλων, ἀκοντίζει ὁ Μακεδὼν τὴν λόγχην ἐκ συμμέτρου διαστήματος, ὁ δὲ ἕτερος παρ-εκ-κλίνας τι τὴν πληγὴν φθάνει. ἔπειτα δὲ ὁ μὲν τὴν σάρισαν ἐπ-έ-φερεν, ὁ δὲ πατάξας αὐτὴν τῷ ῥοπάλῳ ἔ-θραυσεν.

θεομαχία This will be explained in the next sentence.
Ἄρει ... Ἡρακλεῖ Ares, as the God of War, was represented in statues, pictures, etc., as a fully-armed warrior. Heracles was represented bearing a club, and wearing only a lion-skin — no coat of mail.

121. δὶς δὲ ἐλασσωθεὶς ὁ Μακεδὼν ἔ-μελλεν ἤδη σπάσεσθαι τὸ ξίφος· προ-πηδήσας δὲ ἐκεῖνος κατ-έ-λαβε τῇ μὲν εὐωνύμῳ τὴν ἕλκουσαν τὸ ξίφος χεῖρα, τῇ δὲ δεξιᾷ τὸν ἀντίπαλον κινήσας ἐκ τῆς βάσεως ὑπ-ε-σκέλισεν. ὁ μὲν οὖν ἔ-κειτο πεσών, ὁ δὲ ἐπι-βὰς ἐπὶ τὸν τράχηλον τῷ ποδὶ, καὶ τὸ ῥόπαλον ἀνα-τεινάμενος, ἀν-έ-βλεψε πρὸς τοὺς θεωμένους. ἀν-ε-βόησε τοίνυν πρὸς ταῦτα τὸ πλῆθος, διά τε τὸ παράδοξον τοῦ πράγματος, καὶ τὴν τοῦ ἀνδρὸς ὑπερ-βάλλουσαν ἀρετήν. ἔπειτα δὲ κελεύει αὐτὸν ὁ βασιλεὺς τὸν Μακεδόνα ἀφ-εῖναι, καὶ δια-λύσας τὸν ἀγῶνα ἀπ-αλλάσσεται ἀγανακτῶν. ὁ δὲ Διώξιππος ἀφ-εὶς τὸν πεπτωκότα ἀπ-ῄει οἴκαδε ἐ-στεφανωμένος.

ἐκεῖνος i.e. Dioxippus.

ἀνέβλεψε So, in the Roman gladiatorial shows, the victors always appealed to the spectators, and either killed or spared the vanquished, as they were directed.

τὸ παράδοξον Used here *substantivally,* "the unexpected nature."

122. οὐ μέντοι ἡ τύχη εἴασε τὸν Διώξιππον ἐπὶ πολὺν χρόνον τῇ νίκῃ λαμπρύνεσθαι. ὅ τε γὰρ βασιλεὺς πρὸς αὐτὸν ἀλλοτρίως δι-έ-κειτο, καὶ τῶν Μακεδόνων τινές, φθονοῦντες αὐτοῦ τῇ ἀρετῇ, ἐ-βουλεύοντο ἐς ἀδοξίαν τὸν ἄνδρα ἄγειν. ἔ-πεισαν οὖν διάκονόν τινα δειπνοῦντι αὐτῷ ὑπο-βαλεῖν ὑπὸ τοῦ προσκεφαλαίου ποτήριον χρυσοῦν· ἔπειτα δὲ προσ-ποιηθέντες εὑρηκέναι αὐτὸ, καὶ ἐξ-ελόντες, ἔ-δειξαν τῷ βασιλεῖ, ὡς κρυφθὲν δὴ ὑπὸ τοῦ Διωξίππου ἐπὶ κλοπῇ. ὁ δὲ ἐξ-ελθὼν αὐτίκα ἐκ τοῦ πότου, καὶ γράψας ἐπιστολὴν πρὸς τὸν Ἀλέξανδρον περὶ τῶν καθ᾽ ἑαυτοῦ με-μηχανημένων, κελεύει τινὰς τῶν φίλων δοῦναι τῷ βασιλεῖ ταύτην, ἑαυτὸν δὲ ἐκ τοῦ ζῆν μετ-έ-στησεν.

δι-έ-κειτο This word is often used with adverbs to express a certain state of feeling towards another. (φιλικῶς δια-κεῖσθαι πρὸς, "to be favorably disposed towards," etc.)

εὑρηκέναι Implying that they knew nothing about it till they found it, and therefore had not (as was the fact) had it put there themselves.

μεμηχανημένων Passive rather than middle, and neuter.

Quintus Curtius Rufus, *History of Alexander* 9.7.16

A Rude Reply

123. ὁ Ἄβαρις, δυνατὸς γενόμενος ἐν τῇ πόλει, ἐπὶ τούτῳ λίαν ἐ-
σεμνύνετο. ὁπότε γὰρ ἄκλητός τις αὐτῷ προσ-έλθοι, οὐ φιλικῶς τοὺς
τοιούτους ἐ-δέχετο· ἀλλά, βραχύ τι καὶ ἀηδὲς ῥῆμα ἀπο-ρ-ρίψας, ἀπ-ε-
στρέφετο τοῦ ξένου ἀμελήσας.

ταῦτα δὲ ἀγνοῶν ἰατρός τις ἐ-βούλετο ἐκείνῳ δια-λέγεσθαι, ὡς
σοφόν τι παρ᾽ αὐτοῦ ἀκούσεσθαι μέλλων, ἐλθὼν οὖν ἐς τὴν ἐκείνου
οἰκίαν, πυθόμενος δὲ ὅτι ἐν τῷ κήπῳ ἐστίν, εὗρε τὸν Ἄβαριν καθ-
ήμενον ὑπὸ δένδρῳ. βουλόμενος δὲ ἀρέσκειν αὐτῷ, ἤρξατο τὸν τόπον
ἐπ-αινεῖν, λέγων τὰ δένδρα καλῶς ἐκεῖ αὐξάνεσθαι. ὁ δὲ Ἄβαρις, "ναί,"
ἔ-φη, "σχολὴν γὰρ ἔχει· ἐγὼ δέ γε οὔ." καὶ ἀπο-στραφεὶς εὐθὺς ἀπ-
ηλλάχθη.

ὡς ... μέλλων i.e. "expecting that he would" (ὡς introduces the *opinion* on which
he acted).
ἐγὼ δέ γε οὔ Understand σχολὴν ἔχω (i.e. "leisure to talk to you").

Crimes and Death of Bagoas

124. φασὶν οἱ παλαιοὶ λογόγραφοι ὡς ἦρχέ ποτε τῶν Περσῶν Ὦχός
τις, διὰ δὲ τὴν ὠμότητα τῶν τρόπων εἰκότως ὑπὸ πάντων ἐ-μισεῖτο.
τούτῳ οὖν ἐπι-βουλεύσας ὁ χιλίαρχος Βαγώας πείθει ἰατρόν τινα ὥστε
φαρμάκῳ αὐτὸν ἀν-αιρεῖν. τεθνηκότος δὲ τοῦ Ὦχου, τῷ νεωτάτῳ τῶν
υἱῶν αὐτοῦ ὁ Βαγώας τὴν βασιλείαν ἔ-δωκεν. ἀπ-έ-κτεινε δὲ ὕστερον
καὶ τοὺς ἀδελφοὺς τοῦ βασιλέως, ὄντας ἔτι νέους, ὅπως μονωθεὶς ὁ
νεανίσκος ὑπήκοος μᾶλλον ἑαυτῷ εἴη. ὁ μὲν οὖν Βαγώας διὰ ταῦτα
ἤλπιζε πάντων Περσῶν δυνατώτατος γενήσεσθαι. ἐ-λυπεῖτο δὲ ὁ
βασιλεὺς πρὸς τοὺς θανάτους τῶν οἰκείων, καὶ φανερὸς ἦν δια-
νοούμενος τιμωρίαν ὑπὲρ αὐτῶν λαβεῖν.

χιλίαρχος Roughly, "chief captain"; for its *literal* meaning, see Vocabulary.
ἑαυτῷ i.e. Bagoas.
φανερὸς ἦν, etc., see 92 (last note).

125. δείσας οὖν πρὸς ταῦτα ὁ Βαγώας, μὴ κακόν τι πάσχοι ὑπὸ τοῦ βασιλέως, ἀπ-έ-κτεινε καὶ τοῦτον μετὰ τῶν τέκνων, τρίτον ἤδη ἔτος βασιλεύοντα. ἐρήμου δὲ ὄντος τοῦ βασιλικοῦ οἴκου, ἐ-μηχανήσατο ὅπως Δαρεῖος τὴν ἀρχὴν ἕξει, φίλος τε ἑαυτῷ ὤν, καὶ ὑϊδοῦς Ὀστάνου, ὃς ἦν ἀδελφὸς Ἀρταξέρξου τοῦ τῶν Περσῶν ποτε βασιλεύσαντος. ὕστερον δὲ οὐ πολλῷ τῆς ὑπερβαλλούσης ἀνοσιότητος δίκην ἔ-δωκεν. χρώμενος γὰρ τῇ συνήθει μιαιφονίᾳ ἐ-πειρᾶτο καὶ τὸν Δαρεῖον φαρμάκῳ ἀν-αιρεῖν. μηνυθείσης δὲ τῆς ἐπιβουλῆς, ὁ βασιλεὺς προσ-καλεῖται πρὸς ἑαυτὸν τὸν Βαγώαν ὡς ἐπὶ δείπνῳ, καὶ δοὺς αὐτῷ τὸ ποτήριον, ἀναγκάζει πιεῖν τὸ φάρμακον.

ὑπὸ τοῦ βασιλέως See 60 (first note).
Δαρεῖος This was the king who was afterwards overthrown by Alexander the Great.

Diodorus Siculus 17.5.

TELLOS THE ARCHER

126. σατράπης γενόμενος ὁ Γεσελὴρ ἐς τοσοῦτον ὕβρεως προ-ῆλθεν, ὥστε, τιάραν ἐπὶ σκόλοπος ἀνα-κρεμάσας, ἐ-κέλευσε τοὺς παρ-ιόντας πάντας ταύτην προσ-κυνεῖν. οἱ μὲν οὖν ἄλλοι ταῦτα ἐ-ποίουν· ἦν δὲ Τέλλος τις, τοξότης τῶν τότε ἀνθρώπων μακρῷ ἄριστος, καὶ δόξαν ἔχων ἐν τῇ πατρίδι, ὡς συνετὸς ἀνὴρ ὤν, καὶ ἅμα εὔτολμος. πυθόμενος ἄρα οὗτος οἷα ὁ σατράπης κελεύει, ἠγανάκτησε. παρ-ιὼν δέ ποτε παρ' ἐκεῖνον τὸν τόπον, καὶ τὴν τιάραν ἰδὼν, οὐ μόνον αὐτὴν οὐ προσ-ε-κύνησεν, ἀλλὰ καὶ ὀϊστὸν ἐπὶ αὐτῇ ἐφ-ῆκεν ἀπὸ τοῦ τόξου. πρὸς ταῦτα οὖν ὀργισθεὶς ὁ Γεσελὴρ ἐ-κέλευσε τοὺς δορυφόρους συλ-λαβεῖν ἐκεῖνον ἐπὶ θανάτῳ.

ἐπὶ θανάτῳ i.e. "for execution."

127. ὁ μὲν οὖ Τέλλος συλ-ληφθεὶς ὑπὸ τῶν δορυφόρων οὐδ' ὁτιοῦν
ἐ-ταράχθη. ἰδὼν δὲ ἄρα αὐτοῦ τὴν ἀφοβίαν ὁ Γεσελὴρ, ἄλλο τι ἐ-
μηχανήσατο ἐπ' αὐτὸν τοιόνδε. μετα-πεμψάμενος ἐκείνου τὸν υἱὸν, (ἦν
δὲ ἔτι παῖς,) ἐπὶ τῆς κεφαλῆς τούτου μῆλον ἐπ-έ-θηκε. ταῦτα δὲ ποιήσας
ἐ-κέλευσε τὸν πατέρα τοξεύειν, σκοπῷ χρώμενον τῷ μήλῳ. εἰ δὲ μή,
ἠπείλησε θανατώσειν αὐτίκα ἀμφοτέρους, τόν τε Τέλλον καὶ τὸν παῖδα
αὐτοῦ. ὁ δὲ Τέλλος πρὸς ταῦτα εἰκότως ἐ-φοβήθη· ἐπικίνδυνον γὰρ
τὸ πρᾶγμα ἦν, ἀλλ' ὅμως ἔ-δει αὐτὸν ἐπι-χειρεῖν. λαβὼν οὖν τὸ τόξον
καὶ ὀϊστοὺς δύο, ἐ-κέλευσε τὸν παῖδα ἑστάναι ἵνα ἔ-δει, καὶ μύσαντα
ἀκινήτως ἔχειν, ἕως ἂν αὐτὸς τὸ πρᾶγμα ἐπι-τελέσῃ.

σκοπῷ Predicate, "as a ..."

128. ἐ-ποίει οὖν ὁ μὲν παῖς τὸ προσ-ταχθὲν, ὁ δὲ Τέλλος τῶν
ὀϊστῶν τὸν ἕτερον ἐκ-λέξας ἐ-στοχάζετο τοῦ μήλου. ὁ δὲ ὀϊστὸς τοῦ
σκοποῦ οὐχ ἥμαρτεν, ἀλλὰ, δια-σχίσας τὸ μῆλον, τὸν παῖδα οὐκ ἔ-
τρωσεν. οἱ δὲ περι-εστῶτες πάντες ἐπ-ε-θορύβουν, ὥστε ἠναγκάσθη ὁ
Γεσελὴρ καίπερ ἀχθόμενος ἀμφοτέρους ἀπο-λῦσαι. ἀλλ' οὐκ ἔ-λαθεν
αὐτὸν ὁ Τέλλος ὀϊστοὺς δύο λαβών. ἐπ-ηρώτα οὖν τὸν ἄνθρωπον, τί
βουλόμενος ἐκεῖνο ἐ-ποίησεν. ὁ δὲ Τέλλος πρὸς ταῦτα βραχὺ μέν τι
σιγὴν εἶχεν· ἔπειτα δὲ, "διά σε," ἔ-φη, "ἐκεῖνο ἐ-ποίουν. εὖ γὰρ ἴσθι, ὅτι
εἰ τῷ ὀϊστῷ τῷδε τὸν παῖδα ἔ-τρωσα, ἔ-κτεινα ἂν καί σε τῷ ἑτέρῳ."

οὐκ ἔλαθεν αὐτόν, etc., i.e. "Geseler did not fail to notice that," etc. (δύο is the
important word of the clause, hence its emphatic position).

"Tellos" is William Tell. Gessler was the local official in the area
which became Switzerland as a result of Tell's resistance movement.
The legend dates back to at least the 15th century AD.
Note how the names have been adapted to Greek.

DEATH OF BRENNUS

129. Βρέννος ὁ τῶν Γαλατῶν βασιλεὺς, ἐλθὼν ἐς Μακεδονίαν μετὰ πέντε καὶ δέκα μυριάδων στρατιωτῶν καὶ ἱππέων μυρίων καὶ ἑτέρου ὄχλου πολλοῦ, πόλεμον ἐκεῖ ἐ-ποιεῖτο. ὡς δὲ οὐδὲν ἤνυτεν, ὕστερον ἐς τὴν Ἑλλάδα προ-ῆλθε, καὶ ἐς τὸ μαντεῖον τὸ ἐν Δελφοῖς, δια-νοούμενος αὐτὸ συλῆσαι. ἐπ-ε-βοήθουν οὖν οἱ Ἕλληνες πανταχόθεν, καὶ μάχη ἐ-γένετο. ὁ δὲ Βρέννος, πολλὰς μυριάδας στρατιωτῶν ἀπο-βαλὼν, ἐ-πλήγη καὶ αὐτὸς τρισὶ πληγαῖς. ἀθυμῶν οὖν πρὸς ταῦτα ἐ-κέλευσε τοὺς Γαλάτας, ἑαυτὸν μὲν ἀπο-κτεῖναι, καὶ τοὺς ἄλλους, ὅσοι τραύματα ἔχοιεν, βασιλέα δὲ κατα-στήσαντας Κιχώριον οἴκαδε αὐτοὺς ἀπ-ιέναι. τοὺς μὲν οὖν ἄλλους οὗτοι δι-ε-χρήσαντο, ὁ δὲ Βρέννος ἑαυτὸν ἀπ-έ-σφαξεν.

> συλῆσαι The temple contained an immense quantity of gold and silver plate, and other valuable offerings from the many princes and cities who from time to time consulted the oracle. Often, too, in dangerous times, treasures were deposited in some temple or other for safe keeping. And the shrine at Delphi was considered especially safe, owing both to its sanctity and its position on a lofty and precipitous rock.
>
> This Brennus, who attacked Macedon in 278 BC, should not be confused with the Brennus who led the Gauls against Rome in 390. Pausanias has the story, 10.19-10.23.

DISCRETION IS THE BETTER PART OF VALOR

130. στρατηγός τις τείχισμα πολιορκῶν οὐκ ἐ-δύνατο αὐτὸ ἑλεῖν· ἦν γὰρ τό τε χωρίον φύσει ἰσχυρὸν, καὶ οἱ ἐν-όντες πολέμιοι οὐ μαλακοὶ ἀλλὰ ἀνδρεῖοί τε καὶ τῶν πολεμικῶν ἔμπειροι. πρὸς ταῦτα οὖν ἀγανακτήσας ὁ στρατηγὸς ἔ-φη δώσειν μισθὸν μέγαν, ἤν τις τῶν μεθ᾽ ἑαυτοῦ τολμᾷ νύκτωρ ἐς τὸ χωρίον ἀνα-βαίνειν, καὶ τοὺς φύλακας κτείνας τὰς πύλας δια-ρ-ρηγνύναι. ἀκούσας δὲ ταῦτα νεανίσκος τις αὐτὸς καθ᾽ ἑαυτὸν μόνον τοῦ ἔργου ἐ-πειρᾶτο. εὖ δὲ αὐτῷ πάντα ἐ-χώρει, ὥστε διὰ ταῦτα ἡ μὲν πόλις ἐ-άλω, ὁ δὲ νεανίσκος τὸν μισθὸν ἔ-λαβε, καὶ ἐπ-ηνέθη ἅμα ὑπὸ τοῦ στρατηγοῦ, ὡς κάλλιστον ἔργον ἐπι-τελέσας.

> αὐτὸς καθ᾽ ἑαυτὸν "All by himself." μόνον emphasizes this still further.
> ἐπ-ηνέθη From ἐπαινέω.

131. μετὰ δὲ ταῦτα ἐς ἄλλην τινὰ πόλιν ἐλθὼν ὁ στρατηγὸς, βουλόμενος δὲ καὶ ταύτην ἑλεῖν, ὑπ-έ-σχετο ἄλλα πολλὰ δῶρα τῷ νεανίσκῳ, ἢν θέλῃ τῷ αὐτῷ τρόπῳ ἐς τὸ χωρίον ἀνα-βαίνειν. ὁ δὲ οὐκ ἔ-φη ταῦτα ποιήσειν, ἐπικίνδυνον γὰρ τὴν πεῖραν εἶναι. θαυμάσας οὖν ὁ στρατηγὸς, "ἀλλ᾽, ὦ ἀγαθὲ," ἔ-φη, "πῶς ταῦτα λέγεις; ἐπεὶ πρίν γε, ἔργου οὐχ ἧσσον ἐπικινδύνου πειρώμενος, οὐκ ἐ-ταράχθης." γελάσας δὲ πρὸς ταῦτα ὁ νεανίσκος, "ναὶ," ἔ-φη, "ἐκεῖνό γε ἐπ-ε-τέλεσα, χρημάτων γὰρ τότε ἐ-σπάνιζον, ὁ δὲ βίος μοι ἀτερπὴς ἦν, ὥστε εἰκότως οὐκ ἐ-φιλοψύχουν. νῦν δὲ πλούσιος γενόμενος διὰ τὸν μισθὸν, ὅνπερ μοι τότε ἔ-δωκας, βούλομαι τὸ λοιπὸν κινδύνων ἀπ-έχεσθαι."

οὐκ ἔφη οὐ φημὶ is not simply to "abstain from saying," but to "deny."

THE FISHMONGER

132. ἰχθυοπώλης τις πονηρὸς ἐν ταῖς Ἀθήναις, ἰχθῦς ἔχων σαπροὺς καὶ ξηροὺς, ἐ-βούλετο αὐτοὺς καλλωπίζειν, ἵνα δοκῶσι τῷ τυχόντι εἶναι νεαλεῖς. οὐ μέντοι ἐ-τόλμησεν ὕδωρ αὐτῶν κατα-χεῖν, ὁ γὰρ νόμος ἀπ-ηγόρευε τοῦτο ποιεῖν. πρὸς ταῦτα οὖν ἐ-μηχανήσατο τάδε. μάχην τινὰ ἐ-ποιεῖτο ἐν τῷ ἀγοραίῳ ὄχλῳ, ὥστε λοιδορίαν πολλὴν ἐν αὐτοῖς γενέσθαι, τέλος δὲ καὶ πληγάς. ἔπειτα δε, προσ-ποιησάμενος τραύματά τινα δεινὰ εἰληφέναι, ἔ-κειτο ἐν μέσοις τοῖς ἰχθύσι, δοκῶν λιποψυχεῖν. ἰδὼν δὲ αὐτόν τις τῶν πλησίον ἐ-βόησεν εὐθὺς, "ὕδωρ, ὕδωρ." καὶ πρόχουν ἅμα λαβὼν κατ-έ-χει ὕδωρ πολὺ τοῦ τε ἀνθρώπου καὶ τῶν ἰχθύων, ὥστε δοκεῖν ἐκείνους νεωστὶ ἐ-αλωκέναι.

τῷ τυχόντι Literally, "him that happens," i.e. "any chance person."
αὐτῶν Governed by καταχεῖν.

The Foolish King

133. ὁ τῶν Θρᾳκῶν βασιλεὺς Κότυς ἦν (ὡς ἔοικε) πάντων ἀνθρώπων ἠλιθιώτατος, εἴ γε ἀληθές ἐστι τόδε, ὃ περὶ αὑτοῦ μνημονεύεται. βουλόμενος γὰρ ἔντιμος μᾶλλον φαίνεσθαι τοῖς ὑφ' ἑαυτῷ, ἔ-πλασέ ποτε ψεῦδός τι γελοιότατον, φάσκων ὡς μέλλει δὴ γαμεῖν τὴν θεὸν Ἀθηνᾶν. ἐπὶ τούτοις οὖν παρ-ε-σκεύασέ τε δεῖπνον μέγα, καὶ συν-ε-κάλεσε τοὺς ἀρίστους τῶν Θρᾳκῶν πάντας, καὶ τὸν ἱερέα ἐ-κέλευσεν ἑστάναι παρὰ τῷ βωμῷ ἡτοιμασμένον, καὶ τὰ ἄλλα πάντα ἐ-πορίζετο, ὅσα ἐπιτήδεια πρὸς γάμον ἐστί. συν-ῆλθον οὖν οἱ κληθέντες, καὶ ὁ βωμὸς παρ-ε-σκεύαστο, ἔ-στη δὲ καὶ ὁ Κότυς ἐν τῇ αὐλῇ ἐ-στεφανωμένος· ἡ δὲ νύμφη εἰκότως οὐ παρ-ε-γένετο.

ἡτοιμασμένον From ἑτοιμάζω.

134. τέως μὲν οὖν ἡσυχίαν ἔ-σχεν ὁ Κότυς, ὡς τὴν θεὸν ἐπι-μένων. ἐπειδὴ δὲ ἐκείνη οὐ παρ-ε-γένετο, ἔ-πεμψε δορυφόρον τινὰ σκεψόμενον, εἰ ἐν τῇ οἰκίᾳ πού ἐστιν. ἐπ-αν-ελθὼν δὲ αὖθις ἐκεῖνος, "ὦ βασιλεῦ," ἔ-φη, "οὐκ οἶδα ὅ τι χρὴ ἐν τῷ παρόντι ποιεῖν· ἐρευνῶν γὰρ τὴν οἰκίαν πᾶσαν, τὴν θεὸν οὐχ εὗρον ἐν-οῦσαν." ἀκούσας δὲ ταῦτα ὁ βασιλεὺς ὠργίσθη, καὶ ἀκόντιον λαβὼν ἀπ-έ-κτεινε τὸν ἄνθρωπον. ἔπειτα δὲ καὶ ἄλλον ἔ-πεμψεν, ὁ δὲ ὅμοια εἰπὼν ὅμοια ἔ-παθε. πεμφθεὶς δὲ τρίτος τις ἔ-φη διὰ φόβον, ὡς ἡ θεὸς ἔνδον κάθ-ηται. ὁ δὲ βασιλεὺς οὐχ ἧσσον ὀργισθεὶς ἀπ-έ-κτεινε καὶ τοῦτον.

οὐχ ἧσσον ὀργισθεὶς That she should be indoors, and not take the trouble to come, seemed even worse than that she should not be there at all.

The Philosopher and the Mouse

135. φιλόσοφός τις εἰς τοσοῦτον πενίας ἧκεν, ὥστε οὐδὲ σῖτον ἱκανὸν παρα-σκευάζεσθαι ἐ-δύνατο, ἀλλὰ περι-ϊὼν τὴν πόλιν πᾶσαν, εἰ καυλούς τινας λαχάνων εὕροι που ἀπ-ε-ρ-ριμμένους, τούτους συλ-λέξας ἤσθιεν. ἔ-δοξεν οὖν ἑαυτῷ πάντων τῶν ζώντων εἶναι ἀθλιώτατος, καὶ ἐν νῷ εἶχεν ἑαυτὸν δια-χρήσασθαι, οἰόμενος τὸν τοιοῦτον βίον οὐκέτι ἀνεκτὸν εἶναι. πορευόμενος δέ ποτε διὰ τῆς πόλεως, καὶ τοὺς καυλοὺς ἐσθίων, ἀποσπάσματά τινα αὐτῶν ἐκ τῆς χειρὸς ἀφ-ῆκεν. εὐθὺς οὖν προσ-ελθὼν μῦς τις ἀν-ήρπασε τὰ ἀπο-πεσόντα, καὶ κατ-

ἔ-φαγεν. ἰδὼν δὲ αὐτὸν ὁ φιλόσοφος ἐ-γένετο εὐθυμότερος, καὶ ἔ-φη μειδιάσας, "δοκεῖ ἐκεῖνο τὸ ζῷον ἀθλιώτερόν τε ἐμοῦ εἶναι, καὶ ἅμα φιλοσοφώτερον."

φιλοσοφώτερον Because it had learned the lesson of contentment, which the philosopher himself had not done.

An Adventure of Louis VII

136. δια-νοούμενος ὁ βασιλεὺς πόλεμον ἐν τῇ Ἀσίᾳ ποιεῖσθαι, ἦλθε πρῶτον ἐς Βυζάντιον. καὶ τὸν Ἑλλήσποντον δια-βὰς ἐ-πορεύετο διὰ τῆς Μυσίας καὶ τῆς Λυδίας μέχρι Ἐφέσου. ἐντεῦθεν δὲ ἀπο-κλίνων στρατεύει εἰς τὴν μεσόγειαν. ἀφ-ικόμενος δὲ πρὸς ὄρος τι ὑψηλὸν, ἐ-κέλευσέ τινα τῶν ταξιάρχων ἀνα-βαίνειν πρῶτον, καὶ, τὰ ἄκρα κατα-λαβόντα, μένειν ἐκεῖ ἕως ἂν αὐτὸς παρα-γένηται. ἀνα-βὰς οὖν ἐκεῖνος εἰς τὰ ἄκρα, καὶ εὑρὼν αὐτὰ ἀφύλακτα ὄντα, οὐκ ἀνα-παύεται, ἀλλ' ἐπείγεται εἰς τὰ κατωτέρω. ταῦτα δὲ ποιῶν οὐ λανθάνει τὸν τῶν βαρβάρων ἡγεμόνα, ἔ-τυχε γὰρ πλησίον ἐκείνου τοῦ τόπου ὤν. προσ-ελθὼν οὖν οὗτος ὅτι τάχιστα κατ-έ-λαβε τὸ ἄκρον.

Βυζάντιον, etc. Locate these places in a map of the Aegean Sea (or of Asia Minor).
ἐκεῖνος i.e. ὁ ταξίαρχος.

137. ὁ δὲ βασιλεὺς ἐν τῷ μεταξὺ ἡσυχῇ ἀν-έ-βαινεν, οἰόμενος τοὺς πεμφθέντας στρατιώτας τὰ ἄκρα κατ-έχειν· ἀφ-ικόμενος δὲ εἰς αὐτὰ, εὑρίσκει τοὺς βαρβάρους στρατοπεδευομένους. ἦν δὲ μάχη ἰσχυρὰ, οἱ δὲ βάρβαροι ἐ-γένοντο κρείσσονες. καὶ ὁ μὲν βασιλεὺς περι-ιὼν ἐ-θάρσυνε τοὺς ὑφ' ἑαυτοῦ, οἱ δὲ πανταχόθεν πιεσθέντες ἔ-φευγον, ὥστε μονωθεὶς ἐκεῖνος ὅσον οὐχ ἑάλω. ἀλλ' οὐδὲ τότε ἠθύμησε πρὸς τὸν παρ-όντα κίνδυνον· ἰδὼν δὲ πλησίον αὐτοῦ κρημνόν τινα ἐξ-έχοντα τοῦ ὄρους, ἀν-ε-πήδησεν εἰς αὐτὸν, καὶ τοὺς ἀεὶ ἐπ-ερχομένους πολεμίους ἤμυνεν. ὁπότε δέ τινας αἴσθοιτο ἀνα-βαίνοντας, τούτων ἢ τὰς κεφαλὰς ἢ τὰς χεῖρας δι-έ-κοψε, ξίφει παίων, ὥστε πάντες ἐξ-ε-πλάγησαν.

οἱ δὲ πανταχόθεν, etc. οἱ *pronoun,* not *article.*
ὅσον οὐχ 93 (last note).

138. οἱ μὲν οὖν βάρβαροι ἐπὶ πολὺν χρόνον δι-ε-τέλουν πειρώμενοι ἀνα-βαίνειν ἐπὶ τὸν κρημνόν. τέλος δὲ, αἰσθόμενοι ὅτι οὐδὲν ἀνύτουσιν, ἀφ-ίστανται. καὶ ἐ-θαύμαζον πάντες τῆς τοῦ ἀνδρὸς ἀφοβίας, ἀλλ᾽ οὐδεὶς ἔ-γνω ὅστις εἴη. μετὰ δὲ ταῦτα ἐπ-ελθόντες οἱ τοξόται ἐ-στοχάζοντο αὐτοῦ· ὁ δὲ οὐδὲ οὕτως τραῦμα οὐδὲν ἔ-λαβεν, ἔ-τυχε γὰρ θώρακά τε φορῶν καὶ κράνος χαλκοῦν, ὥστε οἱ ὀϊστοὶ οὐ δι-ίκοντο. ἐπειδὴ δὲ νὺξ ἐ-γένετο, ἀπ-ῆλθον καὶ οἱ τοξόται, βουλόμενοι συλᾶν τοὺς νεκρούς, πολλοὶ γὰρ ἦσαν οἱ πε-πτωκότες. ὁ δὲ βασιλεὺς τότε δὴ ἀπὸ τοῦ κρημνοῦ κατα-βαίνει, καὶ, λαθὼν τοὺς πολεμίους, εἰς τὸ ἑαυτοῦ στρατόπεδον δια-σώζεται.

Louis VII lived from 1120-1180 and was king of France from 1137 on. He was a leader in the Second Crusade of the 1140s.

The Rhinoceros

139. Διόδωρος Σικελιώτης φησὶν εἶναι ἐν τῇ Λιβύῃ ζῷον, ὃ καλεῖται ῥινόκερως, ῥώμῃ μὲν καὶ βίᾳ παραπλήσιον ὂν ἐλέφαντι, τῷ δὲ ὕψει ταπεινότερον. τοῦτο οὖν τὸ ζῷον ἔχει τὸ δέρμα ἰσχυρότατον, φέρει δὲ ἐπὶ ἄκρων τῶν μυκτήρων κέρας σιμόν, τῇ δὲ στερεότητι σιδήρῳ ὅμοιον. δια-μαχόμενον δὲ ἀεὶ πρὸς τοὺς ἐλέφαντας περὶ τῆς νομῆς, πρῶτον μὲν πρὸς πέτραν τινὰ τὸ κέρας θήγει, συμ-πεσὸν δὲ ἔπειτα τῷ ἐλέφαντι, καὶ ὑπο-δυόμενον ὑπὸ τὴν κοιλίαν, σπαράττει τὴν σάρκα τῷ κέρατι καθάπερ ξίφει. ὅταν δὲ φθάσας ὁ ἐλέφας προ-κατα-λαμβάνῃ τὸν ῥινόκερων τῇ προβοσκίδι, περι-γίγνεται ῥᾳδίως, τύπτων τοῖς ὀδοῦσι, καὶ τῇ βίᾳ πλέον ἰσχύων.

Diodorus Siculus 3.35

The Thievish Physician

140. ἰατρός τις ἐν τῇ Ῥώμῃ ἔ-σχε μὲν δόξαν ὡς ἔμπειρος ὢν τῆς τέχνης, ὑπὸ δὲ τῶν γνωρίμων οὐ πάνυ εὖ ἤκουεν, ἦν γὰρ δὴ λίαν πλεονέκτης. οὐ μέντοι ῥάδιον ἦν ἐλέγχειν αὐτὸν ἀδικοῦντα· ἔ-φυ γὰρ ἀγχίνους τε καὶ λέγειν πιθανός, ὥστε, εἰ καὶ φωραθείη δρῶν τι ἀνελεύθερον, ἐ-δύνατο ἀεὶ διάφευξίν τινα εὑρεῖν τῆς αἰτίας. ἰδὼν δέ ποτε παρα-κειμένην νοσοῦντί τινι χρυσῆν φιάλην ἐ-πειρᾶτο ταύτην κλέπτειν. αἰσθόμενος δὲ ταῦτα ὁ νοσῶν, καὶ βοήσας, "ὦ κάκιστε σύ," ἔ-φη, "τί ποιεῖς ἀφ-αιρῶν τὴν φιάλην;" ὁ δὲ οὐδ᾽ ὁτιοῦν ἐρυθριάσας ἀντ-

εἶπεν εὐθὺς, "διά σε τόδε ποιῶ, οὐ γὰρ δεῖ σε νοσοῦντα οἶνον πίνειν."

ἤκουεν ἀκούω, with an adverb, often means "to be spoken of" (well or ill as the case may be). So, in Latin, "*audio*."
δρῶν τι ἀνελεύθερόν A delicate way of hinting that he was a thief.
νοσοῦντα "When you are sick."

SERVE HIM RIGHT!

141. ἦν ποτε ἐν τῇ Σάμῳ ἄνθρωπός τις, ἀστεῖος μὲν, τῆς δὲ γλώσσης ἀκρατής. οὗτος οὖν, δια-φερόμενος νεανίσκῳ τινὶ εὐγενεῖ, βιβλίον συν-έ-γραψεν, ἐν ᾧ ἐκεῖνον κακοῖς πολλοῖς ῥήμασιν ὠνείδισεν. πυθόμενος δὲ ταῦτα ὁ νεανίσκος, καὶ τὸ πρᾶγμα βαρέως φέρων, ἐν νῷ εἶχε τιμωρίαν τινὰ λαμβάνειν. καὶ ἐπι-τυχὼν ἐπὶ τῷ ἀνθρώπῳ ἐν τῇ ἀγορᾷ, χαλεπῶς αὐτὸν μετ-ε-χείρισε βακτηρίᾳ ῥαπίζων, καὶ ἐ-κέλευσεν αὐτὸν τὸ λοιπὸν ἀπ-έχεσθαι τῆς τοιαύτης λοιδορίας. ἀπο-τρέχων οὖν ἐκεῖνος ὡς τοὺς ἄρχοντας, δίκας τούτων ᾔτει. οἱ δὲ ἔ-σκωπτον αὐτὸν, λέγοντες, "ὦ ἄνθρωπε, ποίων δικῶν χρῄζεις; ἐκεῖνα γὰρ γράψας ἄξιος ἦσθα ῥαπίζεσθαι· ὥστε τό σοι προσ-ῆκον ἤδη ἔχεις."

ᾔτει (ἐ-αίτε-ε) imperf.
ποίων From ποῖος. See 24 (second note).

EPAMINONDAS ON TRIAL

142. ἐπ-αν-ελθὼν ἐκ τῆς Λακωνικῆς ὁ Ἐπαμεινώνδας δίκην θανάτου ἔ-φευγε. κατ-ηγόρουν γὰρ αὐτοῦ τινες τῶν Θηβαίων, ὡς, ἀπο-δειχθεὶς εἰς ἕνα μόνον ἐνιαυτὸν στρατηγὸς, ἔ-μεινεν ἐν τῇ ἀρχῇ ἄλλους τρεῖς μῆνας παρὰ τὸν νόμον. παρ-ελθὼν οὖν εἰς τὸ δικαστήριον, ἔ-φη ὅτι οἱ μὲν νόμοι λόγοι εἰσὶ, τὰ δὲ ἑαυτοῦ ἔργα πλέονος ἄξιά ἐστιν ἢ πάντες λόγοι. "εἰ δὲ μὴ," ἔ-φη, "ταῦτα καὶ ὑμῖν δοκεῖ, ἕτοιμός εἰμι ἤδη ἀπο-θανεῖν. ἀξιῶ δὲ ὑμᾶς ἐν τῇ ἐμῇ στήλῃ ἐπι-γράφειν, ὡς ἀπ-έ-κτειναν οἱ Θηβαῖοι τὸν Ἐπαμεινώνδαν, ὅτι ἠνάγκασεν αὐτοὺς ἀπο-δοῦναι ἐλευθερίαν τοῖς Ἕλλησι, καὶ δῃῶσαι τὴν Λακωνικὴν διὰ πεντακοσίων ἐτῶν ἀδῄωτον οὖσαν."

κατηγόρουν Notice that this verb, though not *really* a compound verb, — for it is formed from κατήγορος, and there is no verb ἠγορέω, — yet takes its augment, etc., *after* the κατά, as if it were a true compound.
Λακωνικήν Understand γῆν.

143. ὁ μὲν οὖν Ἐπαμεινώνδας τοσαῦτα εἶπεν. ἀκούσαντες δὲ αὐτοῦ τὴν ἀπολογίαν οἱ περι-εστῶτες πάντες ἐπ-ε-θορύβουν, τῶν δὲ κατηγόρων οὐδεὶς ἔτι ἐ-τόλμα πρὸς ταῦτα οὐδὲν ἀντ-ειπεῖν. εὐθὺς οὖν οἱ δικασταὶ αὐτὸν ἀπ-έ-λυσαν, ὡς ποιήσαντα μὲν παράνομα, ἄξιον δὲ οὐκ ὄντα διὰ ταῦτα κολάζεσθαι. ἐπ-αν-ελθὼν δὲ ἐκεῖνος ἐκ τοῦ δικαστηρίου εἶδε κυνίδιόν τι, ὅπερ οἴκοι ἔ-τρεφε, πρόσ-τρεχον πρὸς αὐτὸν, καὶ σαῖνον. αἰσθόμενος οὖν ταῦτα εἶπε πρὸς τοὺς παρ-όντας, "οὗτος μὲν ὁ κύων ἀπο-δίδωσί μοι χάριν τῶν πρὶν εὐεργεσιῶν. οἱ δὲ Θηβαῖοι οὐχ ὅμοια δρῶσιν, ἀλλὰ κατηγοροῦσί μου ἐν τοῖς δικαστηρίοις. καίτοι πολλάκις καὶ ἐκεῖνοι ὑπ᾽ ἐμοῦ εὖ πε-πόνθασιν."

τῶν πρὶν εὐεργεσιῶν πρίν being inserted between the article and the noun must be considered as equivalent to an adjective, "his former ..." See Hints 2.5.3.

The *Life of Epaminondas* by Cornelius Nepos includes this story.

PROFIT AND LOSS

144. κάπηλοι δύο ἀγγεῖον οἴνου κοινῇ ἐ-πρίαντο ὀβολῶν εἴκοσι. τοῦτο οὖν ἐ-βουλεύοντο φέρειν μεθ᾽ ἑαυτῶν εἰς τὰ Ὀλύμπια, ἵνα καπηλεύωσι τὸν οἶνον τοῖς ἐκεῖ θεαταῖς. ἐπειδὴ δὲ εἴκοσι κυάθους τὸ ἀγγεῖον ἐ-χώρει, ἔ-δοξεν αὐτοῖς αἰτεῖν παρὰ τῶν ὠνουμένων καθ᾽ ἕκαστον κύαθον δύο ὀβολούς. δῆλον γὰρ ἦν, ὅτι εἰ ταῦτα ποιοῖεν, κερδαίνοιεν ἂν ἀπὸ τοῦ πράγματος ὀβολοὺς εἴκοσι.

ὅτε δὲ ἐν τῇ ὁδῷ ἦσαν, ὁ ἕτερος τῶν ἀνθρώπων ἐ-δίψησεν. ἔ-φη οὖν δώσειν τῷ φίλῳ τέσσαρας ὀβολούς, ἐφ᾽ ᾧ ἐξ-εῖναι αὐτῷ, κύαθον ἕνα αἱρεῖσθαι τοῦ οἴνου. "οὕτως γὰρ," ἔ-φη, "ἀπ-αλλαχθήσομαι μὲν ἐγὼ τῆς δίψης, κερδανεῖς δὲ σὺ τρεῖς ὀβολούς."

ἐφ᾽ ᾧ "On condition that."

τρεῖς ὀβολούς Because he would get 4 obols for what originally cost but 1.

145. ἐπὶ τούτοις οὖν ὁ ἕτερος ὡμολόγησε, καὶ δεξάμενος τοὺς
ὀβολούς, τὸν οἶνον ἐκείνῳ ἔ-δωκεν. ὕστερον δὲ οὐ πολύ, διψήσας καὶ
οὗτος ἐπ-ε-θύμησε τοῦ οἴνου. ἀπ-ε-δίδου οὖν τῷ φίλῳ τὸ ἀργύριον,
ὅπερ ἄρτι ἔ-λαβε, λέγων ὅτι βούλεται καὶ αὐτὸς τεσσάρων ὀβολῶν
κύαθον οἴνου πρίασθαι, οὕτως δὲ ἔ-φη καὶ ἐκεῖνον κερδαίνειν ἂν τρεῖς
ὀβολούς. μετὰ δὲ ταῦτα οὐχ ἧσσον διψῶντες οἱ ἄνθρωποι πολλάκις
ἀμφότεροι τὸ αὐτὸ ἐ-ποίουν· ὥστε τέλος ὁ οἶνος ἐξ-έ-λιπε. αἰσθόμενοι
οὖν ταῦτα ἐ-θαύμαζον· ἐπεὶ δῆλος ἦν ἑκάτερος τρεῖς ὀβολούς πολλάκις
κερδάνας, ἀλλ᾽ ὅμως λογιζόμενοι εὗρον οὐδέτερον ἔχοντα ὀβολοὺς
πλείους, ἢ ὅσους ἔχων ἀφ-ωρμήθη.

κερδαίνειν ἂν When indirect statement turns an indicative or optative with ἂν into
an infinitive, the ἂν is retained.

ἢ ὅσους ἔχων ἀφωρμήθη This is typical Greek style. An English speaker would
expect something more like ἢ ὅσους οὓς ἤχει ἐπεὶ ἀφωρμήθη, but that would
be inelegant in Greek.

THE TALKING BIRDS

146. Καρχηδόνιός τις ἦν ὁ Ἄννων, ἦλθε δὲ ἐπὶ τοσοῦτον
ὑπερηφανίας, ὥστε ἠξίου τέλος μηκέτι θνητὸς νομίζεσθαι ἀλλὰ
θεός. βουλόμενος δὲ τὴν φήμην ταύτην περὶ ἑαυτοῦ διὰ πάσης
τῆς Λιβύης κατα-σπείρειν, ἐ-μηχανήσατο τοιάδε. ὄρνιθας πολλοὺς
ᾠδικοὺς πριάμενος, ἔ-τρεφεν αὐτοὺς ἐν σκότῳ, καὶ ἐν τόδε μόνον ἐ-
δίδασκεν αὐτοὺς λέγειν, "θεός ἐστιν Ἄννων." ἐπειδὴ δὲ ἐκεῖνοι, μίαν
ταύτην φωνὴν ἀεὶ ἀκούοντες, ἐγκρατεῖς αὐτῆς ἐ-γένοντο, ἀφ-ῆκεν
αὐτοὺς ὁ Ἄννων, καὶ ἐ-πέτοντο ἄλλος ἄλλοσε. γευσάμενοι δὲ ἤδη τῆς
ἐλευθερίας, καὶ ἐς τὰ σύντροφα ἤθη πάλιν τραπόμενοι, ᾖδον πάντες
τὰ οἰκεῖα ᾄσματα· τοῦ δὲ Ἄννωνος, καὶ τῶν ὑπ᾽ ἐκείνου διδαχθέντων,
ὅλως ἐπ-ε-λάθοντο.

τοσοῦτον See 113 (first note).
ἠξίου (ἐ-αξίο-ε).
ἄλλος ἄλλοσε "Some one way, some another." All the ἀλλ- words can be used this
way.

THE LOST PURSE

147. ἔμπορός τις, περι-πατῶν ἐν τῇ ἀγορᾷ, ἔ-λαθεν ἑαυτὸν ἀφ-
εὶς κατὰ τύχην ἐκ τοῦ κόλπου βαλλάντιον ἀργύρου πε-πληρωμένον.
ἔπειτα δὲ, βουλόμενος πρίασθαί τι, τὸ δὲ βαλλάντιον οὐχ εὑρὼν, διὰ
ταῦτα ἐς ἀπορίαν πολλὴν κατ-έ-στη. ἐ-ποιεῖτο οὖν κήρυγμα ἐν τῇ
ἀγορᾷ, ὡς, εἴ τις τὸ βαλλάντιον εὑρὼν ἀπο-δώσει, λήψεται οὗτος παρ'
ἑαυτοῦ πεντήκοντα δραχμάς. ἀκούσας δὲ τὸ κηρυχθὲν πένης τις, καὶ
ζήτησιν ποιησάμενος τῆς ἀγορᾶς, εὑρέ τε τὸ βαλλάντιον, καὶ, ἀπο-
δοὺς αὐτό, ἠξίου τὸν μισθὸν κομίζεσθαι. ὁ δὲ ἔμπορος, — ἦν γὰρ, ὡς
ἔοικεν, ἄδικος ἄνθρωπος καὶ φιλάργυρος, — ἐ-χάρη μὲν τὸ βαλλάντιον
ἀνα-λαβὼν, τὸν δὲ μισθὸν ἀπο-τῖσαι οὐκ ἐ-βούλετο.

ἔλαθεν ἑαυτὸν Compare 36 (first note).

148. ἐπ-αινέσας οὖν τὸν πένητα, ἔ-φη δώσειν τὰς δραχμὰς, ἀλλὰ
δεῖν σκέψασθαι πρῶτον, εἰ ἔν-εστιν ἔτι ἐν τῷ βαλλαντίῳ πάντα, ὅσα
ἐν αὐτῷ τότε ἦν, ὅτε ἀπ-ε-βλήθη. σκεψάμενος δὲ, "τὰ μὲν ἄλλα," ἔ-
φη, "ἐν-όντα ἔτι εὑρίσκω. ἦν δὲ ἐν τῷ βαλλαντίῳ λίθος τις, σάπφειρος
πολυτελής· δεῖ σε οὖν ἀπο-δοῦναι καὶ ταύτην, ἔπειτα δὲ τὰς δραχμὰς
λήψει κατὰ τὸ κηρυχθέν." τοσαῦτα οὖν ὁ μὲν ἔμπορος ἔ-λεξεν· ὁ δὲ
πένης, αἰσθόμενος ὅτι ἀπατᾶται, ὠργίσθη τε καὶ ἀντ-εῖπεν εὐθύς, "ὦ
οὗτος, τί φλυαρεῖς ὧδε; σάπφειρος γὰρ οὐδεμία ἦν ἐν τῷ βαλλαντίῳ,
ἀλλὰ τὰ ἐν-όντα ἐν αὐτῷ πάντα ἤδη ἔχεις."

σάπφειρος Lapis lazuli, not the same stone we call sapphire.

149. ἀκούσας δὲ ταῦτα ὁ ἔμπορος οὐδὲν ἧσσον δι-ισχυρίζετο, ὡς οὐ
δώσει τὸν μισθὸν, ἐὰν μὴ καὶ ἐκεῖνος τὴν σάπφειρον αὖθις ἀπο-δῷ.
πρὸς ταῦτα οὖν ὀργισθεὶς ὁ πένης εἰσ-άγει τὸν ἔμπορον πρὸς τοὺς
ἄρχοντας. ἐ-γένετο τοίνυν ἀνάκρισις, καὶ ὁ μὲν πένης τὸ πρᾶγμα δι-
ηγήσατο, λέγων, ὅτι τό τε βαλλάντιον καὶ τὰ ἐν-όντα ἐν αὐτῷ πάντα
ἀπο-δέ-δωκεν. ὁ δὲ ἔμπορος ἔ-φασκεν αὖ, ὡς ἐν-ῆν ἐν τῷ βαλλαντίῳ
σάπφειρος, καὶ τὰ μὲν ἄλλα ἀπο-δέ-δοται, ἐκείνη δὲ οὔ. ἐρωτηθεὶς δὲ
ποία τε ἦν ἡ σάπφειρος, καὶ πόθεν αὐτὴν κέ-κτηται, οὐ δι-ε-τέλει τὰ
αὐτὰ συνεχῶς ἀπο-κρινόμενος, ἀλλὰ φανερὸς ἦν πᾶσι ψευδῆ λέγων.

τοὺς ἄρχοντας The Archons at Athens presided over the law courts.

150. αἰσθόμενοι δὲ ταῦτα οἱ ἄρχοντες τὸ πρᾶγμα ἔ-κριναν ὦδε. "σὺ μὲν ἄρα," ἔ-φασαν, "ὦ ἔμπορε, ἀπ-έ-βαλες (ὡς ἔοικε) βαλλάντιον, ἄλλα τε ἐν αὐτῷ ἔχον καὶ σάπφειρον. εὕρηκε δὲ οὗτος βαλλάντιον, ἔχον ἐν αὐτῷ ἄλλα μεν πολλὰ, σάπφειρον δὲ οὔ. δῆλον οὖν ὅτι ἕτερον μέν ἐστιν ἐκεῖνο ὅπερ τότε ἀπ-έ-βαλες, ἕτερον δὲ αὖ τόδε ὅπερ οὗτος εὕρηκε. δεῖ σε οὖν τόδε μὲν τούτῳ δοῦναι πάλιν, ἴσως δὲ καὶ ἐκεῖνο ἄλλος τίς ποτε εὑρήσει." καὶ ἐ-κέλευσαν τὸν πένητα τρεῖς ἡμέρας ἀνα-μεῖναι, σκεψόμενον εἴ τις ἄλλος τὸ βαλλάντιον προσ-ποιήσεται· μὴ φανέντος δὲ τοῦ τοιούτου, κατ-έχειν αὐτὸ καὶ μηδενὶ ἀφιέναι.

> **ἕτερον μὲν ... ἕτερον δὲ** "One thing ... and another." These words are the *predicates* in their respective clauses, ἐκεῖνο and τόδε being the *subjects*.
> **μὴ φανέντος δὲ** = εἰ μὴ φανείη, etc. As the participle is equivalent to a *conditional* clause, μὴ is used and not οὐ.

How Meton Shirked His Duty

151. οἱ Ἀθηναῖοι ἔ-μελλόν ποτε πλεῖν ἐπὶ τὴν Σικελίαν. ἐ-ποιοῦντο οὖν κατάλογον τῶν στρατευσομένων, ἦν δὲ ἐν τῷ καταλόγῳ Μέτων ὁ ἀστρονόμος. οὐ μέντοι πρόθυμος ἦν οὗτος ἐξ-ιέναι, ἀλλ' ἐ-βούλετο μᾶλλον φιλοσοφεῖν ἐν ταῖς Ἀθήναις, καὶ εἰρηνικὸν βίον ἄγειν. ἦλθεν οὖν πολλάκις πρὸς τοὺς ἄρχοντας, βουλόμενος ἀπ-αλλάσσεσθαι τῆς στρατείας ταύτης. οἱ δὲ οὐκ ἐ-πείσθησαν, ἀλλ' ἔ-φασαν δεῖν ἕκαστον τῶν πολιτῶν ὑπουργεῖν τῇ πόλει κατὰ τὸ δυνατὸν, ποιεῖν δὲ ἡδέως ὅσα ἂν ἐκείνη κελεύῃ. αἰσθόμενος οὖν ὁ Μέτων ὅτι οὐκ ἀφ-εθήσεται προσ-ε-ποιεῖτο μανίαν, καὶ τὴν ἑαυτοῦ οἰκίαν ἔ-πρησεν. οἱ δὲ ἄρχοντες διὰ ταῦτα ἐξ-απατηθέντες ἀφ-ῆκαν αὐτὸν.

> **κατάλογον** Hence our word "catalog."
> **τὸ δυνατὸν** Adjective used as substantive. Literally, "his possible," i.e. "his ability."
> Plutarch, *Life of Nicias* 13.

The Punishment of the Slanderer

152. βασιλεύς τις, αἰσθόμενος τοὺς πολίτας λοιδοροῦντας πολλάκις ἀλλήλους, βουλόμενος δὲ παύειν αὐτοὺς τῆς τοιαύτης αἰσχρολογίας, νόμον ἔ-θηκεν αὐτοῖς τοιόνδε. ὁπότε τις ἀλοίη διαβάλλων τὸν πλησίον, ἔ-δει τοῦτον κατ-ιέναι ἐς τὸ δικαστήριον, βαδίζοντα (ὥσπερ ζῷον τετράπουν) ἐπὶ τῶν ποδῶν καὶ τῶν χειρῶν, λέγειν δὲ ἔπειτα τοιάδε, προσ-κυνήσαντα ἐκεῖνον, ὅνπερ ἔ-τυχε λοιδορήσας, "ὦ δέσποτα! ἐπειδὴ ἔ-δοξέ μοι δάκνειν σε, καὶ κυνὶ ἐμαυτὸν ἀφ-ομοιοῦν, ἄξιός εἰμι βαδίζειν τε ὧδε ἐπὶ τεσσάρων σκελῶν, καὶ τὰ ἄλλα πάντα ποιεῖν τε καὶ πάσχειν, ἅπερ καὶ τοῖς κυσὶ προσ-ήκει·" τοσαῦτα δὲ εἰρηκότα ἔ-δει αὐτὸν ὑλακτεῖν τρὶς, κυνὸς δίκην, καὶ ἀπ-ελαύνεσθαι ἀπὸ τοῦ δικαστηρίου.

> **δίκην** Adverbial accusative, like *"instar"* in Latin. It's an idiomatic use meaning "like."

A Noble Revenge

153. Λυκοῦργος, εἰς τὴν Σπάρτην καινοὺς νόμους εἰσ-άγων, οὐκ ἤρεσκε τοῖς πολίταις, ἀλλὰ συ-στάντες ἐπ' αὐτὸν ἀθρόοι ἐ-θορύβουν. ἦν δὲ νεανίσκος τις, ὀνόματι Ἄλκανδρος, ἄλλως μὲν οὐκ ἀφυής, ὀξὺς δὲ καὶ θυμοειδής. οὗτος οὖν, ἔχων ἐν τῇ χειρὶ βακτηρίαν, ἐ-πάταξέ τε τὸν νομοθέτην, καὶ τὸν ὀφθαλμὸν ἐξ-έ-κοψεν. ὁ δὲ Λυκοῦργος τῷ μὲν πάθει οὐδαμῶς ἐν-έ-δωκε, παρ-ελθὼν δὲ εἰς τὸν δῆμον, ἔ-δειξε σιγῇ τὸ πρόσωπον τε-τραυματισμένον. αἰδὼς δὲ πολλὴ πάντας ἔ-σχε, τὸ γὰρ θέαμα ἐλεεινὸν ἦν, ὥστε αὐτοὶ τῷ Λυκούργῳ τὸν Ἄλκανδρον παρ-έ-δοσαν. ὁ δὲ ἐκείνους μὲν ἐπ-αινέσας ἀφ-ῆκε, τὸν δὲ Ἄλκανδρον εἰς τὴν ἑαυτοῦ οἰκίαν ἀπ-ήγ-αγεν.

154. ἀφ-ικόμενος δ᾽ οὖν εἰς τὴν οἰκίαν, ὁ μὲν νεανίσκος ᾤετο δεθήσεσθαι εὐθὺς ἐπὶ θανάτῳ. ὁ δὲ Λυκοῦργος οὔτε ἐ-ποίησεν αὐτὸν κακὸν οὐδέν, οὔτε εἶπεν, ἀλλ᾽ ἑτέραν τινὰ κόλασιν ἐπ-ε-νόησεν. ἀπ-αλλάξας γὰρ τοὺς συνήθεις οἰκέτας πάντας, ἐ-κέλευσε τὸν Ἄλκανδρον παρα-μένειν αὐτῷ καὶ ὑπηρετεῖν. ὁ δὲ θαυμάσας ἐ-ποίησε τὰ προσ-τασσόμενα σιωπῇ. ἐπὶ μακρὸν οὖν χρόνον δι-ε-τέλει τῷ Λυκούργῳ παρα-μένων· ὁρῶν δὲ αὐτοῦ τὴν μὲν δίαιταν αὐστηρὰν οὖσαν, τὸ δὲ ἦθος πάνυ ἥμερον καὶ πρᾶον, πρὸς ταῦτα εἰς μετάνοιαν πολλὴν ἔ-πεσε. τέλος δὲ λυθεὶς τῆς διακονίας ταύτης ἀπ-ῆλθε πάλιν οἴκαδε, καὶ τὸ λοιπὸν ἀεὶ τῷ Λυκούργῳ ἑκὼν ἐ-πειθάρχει. οὕτως οὖν ἐκεῖνος ἐ-κολάσθη, ἄλλο μὲν οὐδὲν πάσχων, ἐκ δὲ αὐθάδους καὶ ἄφρονος νεανίσκου σωφρονέστατος ἀνὴρ γενόμενος.

ἐπὶ θανάτῳ See note on 126.
ἐποίησεν Note the construction with *double* accusative.

Plutarch, *Life of Lycurgus* 11.

Dionysus and Pentheus

155. εἰώθει ὁ θεὸς Διόνυσος, δι-ελθὼν τὰς πόλεις τῶν τε Ἑλλήνων καὶ τῶν βαρβάρων, θείαν τινὰ μανίαν ταῖς γυναιξὶν ἐμ-βάλλειν, ὥστε ἔ-δει αὐτὰς κατα-λιπεῖν τὰς οἰκίας, ἐξ-ιούσας δὲ εἰς τὰ ὄρη χορεύειν ἐκεῖ καὶ βακχεύειν. ἀφ-ικόμενος οὖν ἐς Θήβας τὰ αὐτὰ καὶ ἐκεῖ ἐ-ποίει. αἰσθόμενος δὲ ταῦτα Πενθεὺς ὁ τῶν Θηβαίων βασιλεὺς τὸ πρᾶγμα βαρέως ἔ-φερεν. ἐ-βούλετο οὖν καθ-εῖρξαι τὸν θεόν· ὁ δὲ, δια-ρ-ρήξας τοὺς δεσμούς, τὰς γυναῖκας αὖθις ἐξ-ήγαγεν. ἀπορῶν οὖν πρὸς ταῦτα ὁ Πενθεὺς ἦλθε καὶ αὐτὸς εἰς τὰ ὄρη κατάσκοπος. αἱ δὲ γυναῖκες, ἰδοῦσαι αὐτὸν καὶ μανεῖσαι, δι-έ-σπασαν αὐτὸν κατὰ μέλη· ἐ-νόμισαν γὰρ αὐτὸν εἶναι θηρίον.

κατάσκοπος Predicate, "as a spy."
κατὰ μέλη i.e. "in pieces."

Euripides, *Bacchae*

The Sybarite at Sparta

156. οἱ Συβαρῖται ἐ-λέγοντο πάντων τῶν Ἑλλήνων τρυφερώτατοι εἶναι. τούτων οὖν τις, ἐς τὴν Λακεδαίμονα τύχῃ παρα-γενόμενος, ἐ-ξενίζετο ὑπό τινος τῶν ἐπιχωρίων. ἐ-κλήθη δὲ καὶ ἐς τὸ φειδίτιον, καὶ ἐ-δείπνησε μετὰ τῶν πολιτῶν, κατα-κείμενος (ὥσπερ οἱ ἄλλοι) ἐπὶ ξύλων, καὶ τὸν μέλανα ζωμὸν ἐσθίων. μετὰ δὲ τὸ δεῖπνον ἀνα-στὰς εἶπεν, "ὦ ξένε Λακεδαιμόνιε, πολλάκις μὲν ἤδη πολλῶν ἀκήκοα λεγόντων, ὡς ἀνδρειότατοι πάντων ἀνθρώπων ὑμεῖς ἐστε, ἐπεὶ οὐδὲ ὁ θάνατος ὑμῖν δοκεῖ εἶναι φοβερός. νῦν δὲ, τῆς ὑμετέρας διαίτης γευσάμενος, τοῦτο ὑμῶν οὐ θαυμάζω. καὶ γὰρ ἄνανδρός τις αἱροῖτο ἂν μᾶλλον ἀπο-θανεῖν, ἢ δια-καρτερεῖν ἀεὶ τὰ τοιαῦτα δεῖπνα ὑπο-μένων!"

> **φειδίτιον** At this public meal all Spartan citizens, even the kings, were required to attend daily. Every head of a family had to provide a certain proportion of the food, and if any, through poverty, were unable to do so, they lost their rights as citizens. Other Greek communities, especially the Cretans, had a similar custom; and some non-Grecian states also, as Carthage.
>
> **ξύλων** i.e. "wooden benches."

The Argumentative Man

157. ἄνθρωπός τις οὕτω σοφιστικὸς ἦν, ὥστε, ἐρωτηθείς τι, οὐδέποτε ἁπλῶς ἀπ-ε-κρίνετο· ἀλλ' ἐ-πειρᾶτο ἀεὶ καθ-ιστάναι ἐς ἀπορίαν τὸν ἐρωτῶντα καὶ ἐλέγχειν.

ἔ-τυχε δέ ποτε τύμβον τινὰ οἰκοδομῶν, καὶ προσ-ελθὼν αὐτῷ ξένος τις ἠρώτησε, τίνος τὸ μνῆμα εἴη; σοφιζόμενος οὖν ἐκεῖνος κατὰ τὸ εἰωθὸς ἀντ-εῖπεν, "ἐμοῦ." καὶ ὁ ξένος γελάσας, "ὦ ἄνθρωπε," ἔ-φη, "τί ληρεῖς ὧδε; σὺ μὲν γὰρ ζῇς ἔτι, νεκροῦ δέ τινος δήπου ὁ τύμβος ἐστί." ὁ δὲ ἄνθρωπος ἀντ-εῖπεν εὐθὺς, "ἀλλ', ὦ ξένε, ἕτοιμός εἰμι ἀπο-φαίνειν σοι, ὅτι ἐμοῦ τὸ μνῆμά ἐστιν. ἐγὼ γὰρ δὴ αὐτὸ ποιῶ. καὶ πᾶν ἔργον ἐκείνου ἐστὶν, ὃς ἂν αὐτὸ ποιῇ."

> **ἐλέγχειν** This word means, technically, to involve an opponent in a difficulty, and make him contradict himself.

158. θαυμάσας δὲ ὁ ξένος ἐπὶ τῇ ἐκείνου φλυαρίᾳ, "ἀλλ᾽, ὦ οὗτος," ἔ-φη, "οὐκ ἐκεῖνό γε ἐ-βουλόμην παρὰ σοῦ μαθεῖν, ἀλλὰ τόδε. εἰπὲ γάρ μοι, τίς ἀνὴρ ἐν ἐκείνῳ τῷ τύμβῳ ταφήσεται;" "ἀλλ᾽ οὐδεὶς ἀνὴρ," ἦ δ᾽ ὃς ὁ ἄνθρωπος. ἀντ-εῖπεν οὖν ὁ ξένος, "ἀλλὰ τίς γυνή;" καὶ ὁ ἄνθρωπος πάλιν ἔ-φη, ὅτι οὐδὲ γυνή ἐστι τὸ ταφησόμενον. ἀπορήσας οὖν ὁ ξένος ἠρώτα, τί δὴ μέλλοι ποτὲ ἐν τῷ τύμβῳ θάπτεσθαι, εἰ μήτε ἀνήρ, μήτε γυνὴ εἴη; τότε δε βραχύ τι σιωπήσας ὁ ἄνθρωπος ἀντ-εῖπε τέλος, ὅτι τὸ ταφησόμενον γυνή ποτε ἦν, νῦν μέντοι οὐκέτι ἐστὶν, ἀλλὰ τέ-θνηκεν.

> ἦ δ᾽ ὅς ὅς in this phrase is *demonstrative*. This very common idiom uses the defective verb ἦ, "say."

THE TRUE ECONOMY

159. ἔ-δει Τιμανδρίδαν τὸν Λακεδαιμόνιον ἀπο-δημεῖν χρόνον τινά, καὶ ἐπ-έ-τρεψε τῷ υἱῷ, ἐφήβῳ ὄντι, τὴν οἰκίαν πᾶσαν, κελεύων αὐτὸν ταύτην εὖ φυλάσσειν. ὁ μὲν οὖν νεανίσκος τοὐντεῦθεν πολλῇ σπουδῇ ἐ-ποίει τὰ κελευσθέντα, οὐ γὰρ μόνον ἔ-σωζε τὰ τοῦ πατρὸς χρήματα, ἀλλὰ καὶ ἐ-ποίησεν αὐτὰ πλείω. ἐπ-αν-ελθὼν οὖν ἐκεῖνος ταῦτα οὐκ ἐπ-ῄνεσεν, ἀλλ᾽ ἔ-φη, "ὦ παῖ, ἔ-δει σε σώζειν μὲν τὰ ἐμὰ χρήματα, αὐξάνειν δὲ μή, ἐπεὶ ἤδη τότε ἱκανὰ ἦν. πρέπει δὲ τῷ ἐλευθέρῳ ἀνδρὶ μὴ τρυφῇ φθείρειν τὴν οὐσίαν, τὰ δὲ περισσεύοντα αὐτῆς ἀναλίσκειν εἰς τοὺς θεοὺς καὶ τοὺς φίλους, εἶναι δὲ μήτε φιλάργυρον μήτε χρηματοφθορικόν."

> ἤδη τότε i.e. "when I went away."
> τὰ περισσεύοντα "The superfluities," or "surplus."

Aelian, *Varia Historica* 14.32

More Haste, Worse Speed

160. βασιλεύς τις πόλιν ἐ-πολιόρκει. στρατηγὸς δέ τις, περι-σκεψάμενος τὰ τείχη πανταχόθεν, ἔ-φη δεῖν ὡς τάχιστα προσβολὴν αὐτοῖς ποιεῖσθαι. "οὕτω γὰρ ἀσθενῆ ἐστιν," ἔ-φη, "ὥστε, ταῦτα ποιοῦντες, τὸ χωρίον αὐτίκα καθ-έξομεν· ἢν δὲ ἔτι μέλλωμεν, ἀνάγκη ἔσται πέντε ἢ ἓξ ἡμέρας ἐνθάδε ἀνα-μεῖναι, πρὶν ἂν ταῦτα γένηται." ἀκούσας δὲ ὁ βασιλεὺς, ἃ ἐκεῖνος λέγει, ἀντ-εῖπε τοιάδε· "ἀλλ', ὦ φίλε, ἢν ποιώμεθα τὴν ἐμβολὴν, δηλονότι ἀπ-ολοῦνται πολλοὶ τῶν ὑπ' ἐμοὶ στρατευομένων. πρὸς ταῦτα οὖν ἀνα-μείνωμεν, ἢν δέῃ, τὰς ἓξ ἡμέρας! ἐμοὶ γὰρ εἷς μόνος ἀνὴρ ἀγαθὸς δοκεῖ ἄξιος εἶναι πλέονος, ἢ ἡμέραι εἴκοσιν, ἢ καὶ ἑκατόν."

> **τὰς ἓξ ἡμέρας** i.e. *the* days (of which you speak).

The Philosophers Puzzled

161. βασιλεύς τις ἀστεῖος, συγ-καλέσας σοφιστὰς πολλοὺς, ἀπόρημά τι αὐτοῖς προὔ-θηκε τοιόνδε. "ὦ ἄνδρες σοφισταὶ," φησὶν, "ἀπορίαν τινὰ ἔχω θαυμασίαν ὅσην! βουλόμενος δὲ λύσιν αὐτῆς εὑρεῖν ἐνθάδε ὑμᾶς συγ-κέκληκα. τίς γὰρ ὑμῶν ἀγνοεῖ, ὅτι, ἐάν τις ὑδρίαν ἔχων ὕδατος πλήρη ἔπειτα ἐν-θῇ ταύτῃ ἰχθὺν ζῶντα, τὸ ὕδωρ οὐδέποτε ὑπερ-βήσεται τὸ χεῖλος, ἀλλ' ἐν τῷ ἀγγείῳ ἀεὶ μενεῖ; τὴν δὲ αἰτίαν τούτων οὐδεπώποτε οὐδεὶς εὕρηκεν. δεῖ οὖν ὑμᾶς, εἰ ὡς ἀληθῶς σοφοὶ ἐστε, ἀπο-δεῖξαι, διὰ τί τάδε οὕτως ἔχει." ταῦτα δὲ πάνυ σεμνῶς λέξας ὁ βασιλεὺς ἀνύποπτος πᾶσιν ἦν. ἀπ-ῆλθον οὖν εἰς τὴν ἑαυτοῦ οἰκίαν ἕκαστος, ὡς τὸ πρᾶγμα σκεψόμενοι.

> **θαυμασίαν ὅσην** Lit. "wonderful how great," i.e. "wonderfully great." A sort of attraction. Compare θαυμασίως ὡς (90).
> **ἔπειτα** This word simply indicates what comes next. It does not necessarily indicate that the next event is a *result* of what came before.

162. μετὰ δὲ ταῦτα οἱ σοφισταὶ πάντες πολλὰ μὲν περὶ ὕδατος ἀν-ε-ζήτουν, πολλὰ δὲ καὶ περὶ ἰχθύων. ἀλλ' αὐτοῦ τοῦ πράγματος οὐδεὶς πεῖραν ἐ-ποιεῖτο, εἰ ἀληθῆ ὁ βασιλεὺς εἴρηκεν. οἱ μὲν οὖν ἐ-λογίσαντο ὡς τύχῃ ταῦτα γίγνεται, οἱ δὲ ὡς φυσικῇ τινὶ ἀνάγκῃ. καὶ βιβλία πολλὰ περὶ τούτων συν-έ-γραψαν, καὶ ἄλλα τοιαῦτα ἐ-πραγματεύοντο. τέλος

δὲ ἀνα-καλεσάμενος αὐτοὺς ὁ βασιλεὺς ἐρωτᾷ, εἰ λύσιν τῆς ἀπορίας τις εὕρηκεν· ἀκούσας δὲ ἃ ἕκαστος λέγει, "ἐγὼ δέ γε," φησὶν, "οἶμαι τὸ αἴτιον τῆς ἀπορίας οὐδὲν ἄλλο εἶναι ἢ τὴν ὑμετέραν ἀμαθίαν." ἅμα δὲ ὑδρίᾳ ἰχθὺν ἐν-θεὶς, ἔ-δειξε πᾶσι τὸ ὕδωρ ὑπερ-βαῖνον.

τοῦ πράγματος "The fact in question."

THE CONCEITED PAINTER

163. ἦν ποτε ἐν Συρακούσαις ζωγράφος ἔνδοξος, ὀνόματι Μένων. τούτου οὖν ἐ-δεήθη ζωγράφος ἄλλος εἰς τὴν ἑαυτοῦ οἰκίαν εἰσ-ιέναι, ἔ-φη γὰρ βούλεσθαι αὐτὸς γραφήν τινα ἐκείνῳ δεικνύναι, ἥνπερ ἀρτίως ἀπο-τε-τέλεκεν. ἀλλ᾽ οὐχ ἥσθη ὁ Μένων τὴν γραφὴν ἰδών, ἦν γὰρ δὴ αἰσχίστη· ὅμως δὲ σιγὴν εἶχεν, ἵνα μὴ ἐκεῖνον λυποῖ. ὁ δὲ ἕτερος πρὸς ταῦτα, οἰόμενος τὸν Μένωνα σιγᾶν διὰ θαῦμα καὶ ἡδονήν, βουλόμενος δὲ ἔτι μᾶλλον ὑπ᾽ ἐκείνου θαυμάζεσθαι, εἶπε σεμνυνόμενος, "ἀλλ᾽, ὦ φίλε, ἐν μιᾷ ἡμέρᾳ ταύτην γέ-γραφα." γελάσας οὖν ὁ Μένων, "θαυμάσια," ἔ-φη, "λέγεις. ἐγὼ γὰρ οὐδὲ ἐν πεντήκοντα ἔτεσι δυναίμην ἂν ἀπο-τελεῖν ἔργον αἴσχιον."

δὴ "In fact."

THE UNGRATEFUL SON

164. ἄνθρωπός τις ἔχων μὲν ἡλικίαν ἦν φιλόπονος, καὶ πρὸς πάντα ἔργα χρήσιμος· κατα-γηράσας δὲ ἤδη, καὶ οὐκέτι δυνάμενος ἐργασίαν οὐδεμίαν ἐργάζεσθαι, παρὰ τῷ υἱῷ αὐτοῦ καὶ τῇ νυῷ τὴν δίαιταν ἔ-σχεν. ὡς δὲ γέρων ὢν καὶ ἀσθενής, ὁπότε λάβοι τι βορᾶς, τοῦτο οὐ ῥαδίως τῷ στόματι ἐν-ε-τίθει, ἀλλὰ μεθ-ιεὶς αὐτὸ πίπτειν εἴα, ὥστε ταῦτα ποιῶν πολλάκις μὲν τὴν τράπεζαν, πολλάκις δὲ καὶ τὰ ἑαυτοῦ ἱμάτια ἐ-μίαινεν. ἰδόντες δὲ οἱ νέοι, οἷα ἐκεῖνος πράττει, ὑπὲρ μέτρον ἠγανάκτησαν. οὐδὲ γὰρ σιτεῖσθαι μεθ᾽ ἑαυτῶν τὸν γέροντα οὐκέτι εἴων· ἐ-κέλευσαν δὲ αὐτὸν ἐν μυχῷ τινι καθήμενον, ἐκεῖ (ἢν βούληται) μιαρὸν εἶναι.

εἴα, imperfect of ἐάω.
ἢν Note accent and breathing.

165. τοιαῦτα οὖν λέγοντες οἱ νέοι τὸν γέροντα καθ-ύβριζον. καὶ ἅμα οὐκ ἠξίουν τερπνὸν οὐδὲν βρῶμα αὐτῷ παρα-τιθέναι, ἀλλὰ μέλανα ζωμὸν καὶ ἄλλα τοιαῦτα εὐτελῆ ἐδέσματα. ὁ δὲ, ἰδὼν αὐτῶν τὴν ἀχαριστίαν, ἐ-δάκρυε μὲν, ἀλλ᾽ ἐ-ποίει τὰ προσ-τασσόμενα. ἔτι δὲ ἀσθενέστερος γενόμενος οὐδὲ τὸ τρύβλιον κατ-έχειν ἐ-δύνατο, ἐξ οὗπερ τὸν ζωμὸν ἔ-πινεν, ἀλλὰ μεθ-ίει καὶ τοῦτο, ὥστε πεσὸν πολλάκις ἐς γῆν τέλος κατ-ε-θραύσθη. ὀργισθέντες οὖν ἔτι μᾶλλον οἱ νέοι, καὶ τῷ γέροντι πολλὰ ὀνειδίσαντες, ξύλινόν τι τρύβλιον ἐ-πρίαντο οὐδὲ ὀβολοῦ ἄξιον. ἔ-δει δὲ ἄρα τὸ λοιπὸν τὸν γέροντα τούτῳ τῷ τρυβλίῳ χρῆσθαι μόνῳ, ὁπότε δειπνοποιοῖτο.

> **τέλος** "At last."
> **ξύλινόν τι,** etc. τι is contemptuous, "some ... or other," "a sort of."

166. μετὰ δὲ ταῦτα καθήμενός ποτε ἐν τῷ μυχῷ ὁ γέρων, καὶ τὸν ζωμὸν ἐκ τοῦ τρυβλίου πίνων, εἶδε τὸν υἱδοῦν, παιδίον ὄν, πλησίον ἑαυτοῦ παίζοντα. ἔ-τυχε δὲ ὁ παῖς ξύλα τινὰ ἐν ταῖς χερσὶν ἔχων, ἐξ ὧνπερ σκάφιόν τι ἔ-πλασσεν. ὁ δὲ πατὴρ αὐτοῦ καὶ ἡ μήτηρ οὐ κατ-ε-νόησαν αὐτόν· ἔ-τυχον γὰρ δειπνοῦντες. καλέσας οὖν τοῦτον ὁ γέρων, "ὦ παῖ," ἔ-φη, "τί ποιεῖς;" ὁ δὲ παῖς εἶπεν ὑπο-λαβὼν, "ξύλινόν τι τρύβλιον, ὦ πάππε, πλάσσω· ἐξ οὗπερ δεῖ τὸν πατέρα μου καὶ τὴν μητέρα σιτεῖσθαι, ὅταν ἐκεῖνοι μὲν (ὥσπερ σὺ) γηράσωσιν, ἐγὼ δὲ ἐκ παιδὸς ἀνὴρ γένωμαι."

> **τῷ μυχῷ** *The* μυχὸς mentioned above (in 164); "his ..."
> **ξύλα** "Bits of wood."

167. ὁ μὲν οὖν γέρων ἀκούσας τὰ ὑπὸ τοῦ παιδὸς εἰρημένα, καὶ με-μνημένος οἷα κακὰ πάσχει, ἐ-δάκρυσεν. αἰσχυνθεὶς δὲ ἐπὶ τούτοις ὁ πατὴρ τοῦ παιδὸς αὐτός τε βραχύ τι ἐ-σιώπησε, καὶ ἐ-σήμηνε τῇ γυναικὶ μηδὲν εἰπεῖν. ἔπειτα δὲ πρὸς τὸν γέροντα σιγῇ προσ-ελθὼν ἐξ-ήγαγέ τε αὐτὸν ἐκ τοῦ μυχοῦ, καὶ ἐ-κέλευσε μεθ᾽ ἑαυτοῦ καθ-ῆσθαι δειπνήσοντα. ἅμα δὲ καὶ ἡτεῖτο παρ᾽ ἐκείνου συγγνώμην, ἔ-φη γὰρ μετα-μέλεσθαι τῆς πρὶν ἀχαριστίας. καὶ ἐκ τούτου οἱ νέοι κακὸν οὐδὲν εἶπον τῷ γέροντι· οὐδὲ εἰ, τῆς βορᾶς πολλάκις πεσούσης, ἥ τε τράπεζα πᾶσα μιαίνοιτο καὶ τὰ τοῦ γέροντος ἱμάτια.

αὐτός τε As opposed to τῇ γυναικὶ following.

ἐκ τούτου "From then on."

AN INGENIOUS EXCUSE

168. ὁ τῶν Καρχηδονίων στρατηγὸς Ἀννίβας ἡσσήθη ποτὲ ναυμαχίᾳ
ὑπὸ τῶν Ῥωμαίων. φοβούμενος δὲ μὴ διὰ ταῦτα ὑπὸ τῆς γερουσίας
τιμωρηθείη, δόλον τινὰ ἐπ-ε-νόησε τοιόνδε. ἀπ-έ-στειλέ τινα τῶν
ἑαυτοῦ φίλων ἐς Καρχηδόνα, ἐπι-τάξας κρύβδην οἷα χρὴ ποιεῖν.
κατα-πλεύσας οὖν οὗτος ἐς τὴν πόλιν, καὶ πρὸς τὴν γερουσίαν παρ-
ελθὼν, ἔ-λεξε τοιάδε. "πέμπει με, ὦ ἄνδρες, ὁ στρατηγὸς Ἀννίβας,
ἐρωτήσοντα ὑμᾶς, εἰ κελεύετε αὐτὸν διακοσίαις ναυσὶ ναυμαχῆσαι
πρὸς ἑκατὸν εἴκοσι τῶν πολεμίων." ἐπειδὴ δὲ ἀν-ε-βόησαν πάντες,
λέγοντες ὅτι κελεύουσι· "τοιγαροῦν," ἔ-φη, "νε-ναυμάχηκεν ἤδη ὁ
Ἀννίβας, καὶ ἥσσηται. ἀξιοῖ μέντοι τῆς αἰτίας ἀπο-λε-λύσθαι, ὑμεῖς γὰρ
αὐτοὶ ἐ-κελεύσατε αὐτὸν ναυμαχεῖν."

ἀπο-λε-λύσθαι Note the tense — not simply "to be acquitted" (which would be
ἀπολύεσθαι), but to be "held acquitted," "considered as having been acquitted."

GENEROSITY OF SCIPIO

169. ὅτι τοίνυν ὁ Σκιπίων γενναῖος ἀνὴρ ἦν, τί ἂν μεῖζον τεκμήριον
εὕροι τις, ἢ τόδε; νικήσας γὰρ Σύφακα τὸν βασιλέα, κακὸν μὲν
οὐδὲν αὐτὸν ἐ-ποίησεν. τὸ δὲ πρῶτον, ἰδὼν τὸν ἄνδρα δε-δεμένον
μετὰ τὴν νίκην, ἐ-δάκρυσε, λογιζόμενος ὅτι βασιλείαν ὑπὸ πάντων
θαυμαζομένην οὗτός ποτε εἶχεν. μετὰ δὲ βραχὺν χρόνον, κρίνας
ἀνθρώπινα φρονεῖν ἐν τοῖς εὐτυχήμασιν, ἐπ-έ-ταξεν αὐτὸν λῦσαι.
τέλος δὲ καὶ τὴν ἑαυτοῦ σκηνὴν ἐκείνῳ ἀπ-έ-δωκε, συν-ε-χώρησε δὲ
αὐτῷ ἀκολούθους τε ἔχειν, καὶ τὰ ἄλλα πάντα, ὅσα βασιλεῖ πρέπει.
τηρῶν δὲ αὐτὸν ἐν ἐλευθέρᾳ φυλακῇ φιλανθρώπως ὡμίλει, καὶ
πολλάκις αὐτὸν ἐν τῷ στρατηγίῳ εἱστίασεν.

Σύφακα A Numidian prince who sided with Carthage against Rome. Scipio sent him
to Rome as a captive, and he died there shortly after.

εἱστίασεν from ε + ἑστία-σεν. For augmentation, see 61.

The Cat and the Fox

170. αἴλουρος ἀλώπεκι ἐπι-τυχὼν χαίρειν ἐ-κέλευσε. καὶ διαλόγου τινὸς ἐν αὐτοῖς γενομένου ἡ ἀλώπηξ ἐπὶ τῇ ἑαυτῆς σοφίᾳ ἐ-σεμνύνετο. "ἐγὼ γὰρ," ἔ-φη, "ὦ δαιμόνιε, πλέον ἢ μυρίους δόλους ἔχω, δι' ὧνπερ τροφήν τε εὑρίσκω, καὶ τοὺς ἐχθροὺς λανθάνω ἀπατῶν. ἀλλ' εἰπέ μοι σὺ, πόσων τεχνῶν αὐτὸς ἔμπειρος εἶ; εὖ γὰρ οἶδ' ὅτι ταύταις σου ὑπερ-έχω, ὥσπερ καὶ τῶν ἄλλων θηρίων πάντων." ἀκούσας δὲ οἷα ἡ ἀλώπηξ λέγει, ὁ αἴλουρος ἀντ-εῖπεν ἐρυθριάσας, ὅτι τῆς τοιαύτης σοφίας ἄμοιρός ἐστιν, ἀλλὰ μίαν μόνην τέχνην ἐπίσταται. "ὅταν γὰρ," ἔ-φη, "ἐχθρούς τινας κατα-νοῶ πλησίον ὄντας, εἰς δένδρον τι ἢ τεῖχος ἀνα-βαίνων σώζομαι."

σώζομαι Middle, not passive.

171. ἡ δὲ ἀλώπηξ ἀκούσασα, "νὴ Δία!" ἔ-φη, "φορτική γε ἡ σὴ σοφία ἐστὶ, καὶ οὐδενὸς ἀξία. ἢν δέ μοί τι παρα-μένῃς, ταχέως πάντων αἰλούρων σοφώτατος ἔσει. διδάξω γάρ σε κλέπτειν τε, καὶ τοῦτο ποιοῦντα μηδέποτε φωρᾶσθαι· καὶ τῶν ἄλλων ἐπιστημῶν πασῶν σοι μετα-δώσω, ὅσασπερ καὶ αὐτὴ με-μάθηκα." περιχαρὴς οὖν ἐ-γένετο ὁ αἴλουρος, καὶ ἑτοῖμος ἦν πάντα ποιεῖν, ἵνα τῆς τοιαύτης σοφίας μετ-έχῃ. δια-λεγόμενοι δὲ περὶ τούτων κυσί τισι καὶ θηρευταῖς ἀπροσδοκήτως ἐπ-ε-γένοντο. ὁ δὲ αἴλουρος εὐθὺς εἰς δένδρον ἀνα-βὰς ἐ-κέλευσε τὴν ἀλώπεκα τοῖς μυρίοις δόλοις νῦν δὴ χρήσασθαι. ἡ δὲ, ἁλοῦσα ἤδη, ὑπὸ τῶν κυνῶν ἐ-σπαράσσετο.

πάντα ποιεῖν "To do anything."
ἐ-σπαράσσετο Imperfect, "was being ..."

The Stolen Horse

172. γεωργοῦ τινος ἵππον φὼρ νύκτωρ ἔ-κλεψε. τέως μὲν οὖν τοῦτον ὁ δεσπότης ἐ-ζήτει, εὑρεῖν δὲ οὐ δυνάμενος ᾔει πρὸς ἄστυ, ἐν νῷ ἔχων ἄλλον ἐκεῖ πρίασθαι. ἀφ-ικόμενος δὲ ἐκεῖσε, καὶ εἰς τὴν ἀγορὰν εἰσ-ελθὼν, εἶδε τὸν ἑαυτοῦ ἵππον τὸν κλεφθέντα ἑστηκότα μετ' ἄλλων πολλῶν ἐπὶ πωλήσει. αἰσθόμενος δὲ εὐθὺς ἀπ-άξειν αὐτὸν ἔ-μελλεν· ὁ δὲ φὼρ οὐκ εἴα, ἔ-φασκε γὰρ ἑαυτοῦ δὴ τὸν ἵππον εἶναι. ἀντι-λέγοντος

δὲ τοῦ γεωργοῦ, οὐδὲν ἧσσον ὁ φὼρ δι-ισχυρίζετο, λέγων ὡς θρέψας
ἐκ νέου τὸν ἵππον τοῦτον αὐτὸς πάλαι κέ-κτηται. ἐ-κέλευσεν οὖν
ἐκεῖνον δοῦναι πρῶτον ἀργύριον, εἰ τὸν ἵππον κομίζεσθαι θέλει.

εἶα 164.
δὴ Ironical, implying that he lied.
πρῶτον Adverb (*not* agreeing with ἀργύριον).
κομίζεσθαι Middle.

173. ἀκούσας δὲ ταῦτα ὁ γεωργὸς, καὶ τὴν ἀναίδειαν τοῦ ἀνθρώπου
θαυμάζων, πρῶτον μὲν βραχύ τι ἐ-σιώπα. ἔπειτα δὲ, βουλόμενος ἐπι-
δεικνύναι αὐτὸν ψευδῆ, ἐξ-εῦρε μηχανήν τινα σοφωτάτην, ὅπως ταῦτα
γένοιτο. ἦν δὲ ἡ μηχανὴ τοιάδε. κρύψας ὁ γεωργὸς ἀμφοῖν ταῖν χεροῖν
τοὺς τοῦ ἵππου ὀφθαλμοὺς τοιάδε ἔ-λεξεν. "ἀλλ', ὦ δαιμόνιε, εἰ σὸς
δὴ ὁ ἵππος ἐστὶν, σὺ δὲ ἄρα αὐτὸν ἐκ νέου θρέψας ἔχεις, τόδε μοι ὃ
ἐρωτήσω πάνυ ῥᾳδίως ἀπο-κρινεῖ. εἰπὲ γάρ μοι πότερον τῶν ὀφθαλμῶν
ὁ ἵππος τυφλός ἐστιν;" ὁ δὲ φὼρ πρὸς ταῦτα ἐπί τινα χρόνον ἠπόρει, ἔ-
φη δὲ τέλος ὅτι τὸν δεξιόν.

ἀπο-κρινεῖ Future, note the accent.
πότερον Acc. of respect after τυφλός. This is the usual way in Greek to say something
   affects part of one's body. Compare Latin, '*nudae sunt lacertos,*' and the like.
τὸν δεξιόν Understand τυφλός ἐστιν.

174. ἐνταῦθα δὲ ἀνα-καλύψας ὁ γεωργὸς τὸν δεξιὸν ὀφθαλμὸν ἔ-
δειξεν αὐτὸν ὑγιᾶ ὄντα. ὁ δὲ φὼρ οὐδ' ὁτιοῦν αἰσχυνθεὶς, "γέλοιόν
μου," ἔ-φη, "τὸ ἁμάρτημά ἐστιν. οὐ γὰρ τὸν δεξιὸν ἐ-βουλόμην σοι
λέγειν, ἀλλὰ τὸν ἀριστερόν." μειδιάσας οὖν ὁ γεωργὸς κατὰ τὸν αὐτὸν
τρόπον εὐθὺς ἔ-δειξεν, ὅτι οὐδὲ οὗτος τυφλός ἐστιν. ἰδόντες δὲ ταῦτα
οἱ περι-στάντες εἰκότως ἐπ-ε-θορύβουν. ἐ-φαίνετο γὰρ πᾶσιν ὁ φὼρ ἐ-
ψευσμένος· ὥστε οὐκ ἔχων ὅτι πρὸς ταῦτα ἀντ-είποι, φοβούμενος δὲ
μὴ ἀναγκάζοιτο τῆς κλοπῆς δίκην δοῦναι, ᾤχετο εὐθὺς ἀπο-δράς. ὁ
δὲ γεωργὸς ἐκείνου μὲν ἠμέλησε, τὸν δὲ ἵππον εἰς τὴν ἑαυτοῦ οἰκίαν
ἡσυχῆ ἀπ-ήγαγεν.

γέλοιόν μου Note word order. Particles and pronouns, especially enclitic pronouns,
   often come second even if they might more logically belong somewhere else. Here
   μου is possessive with ἁμάρτημα.

Xerxes and the Oil-Jar

175. Ξέρξης ἀνα-ρ-ρήξας ποτὲ τὸ μνῆμα ἀρχαίου τινὸς βασιλέως εὗρεν ἐκεῖ ἀγγεῖον ἐλαίου καὶ τὸν νεκρὸν κείμενον ἐν τῷ ἐλαίῳ. τὸ δὲ ἀγγεῖον οὐκ ἐ-πε-πλήρωτο, δι-έ-λιπε δὲ τὸ ἔλαιον τέσσαρας μάλιστα δακτύλους ἀπὸ τοῦ χείλους. παρ-έ-κειτο δὲ τῷ ἀγγείῳ στήλη βραχεῖα, ἐν ᾗπερ ἐν-ε-γέ-γραπτο τοιάδε. "ἐὰν ἀνοίξας τις τὸ μνῆμα εἶτα μὴ ἀνα-πληρώσῃ τὸ ἀγγεῖον, κακόν τι πείσεται ὁ τοιοῦτος." δείσας οὖν ὁ Ξέρξης ἐ-κέλευσε τοὺς θεράποντας ἐπι-χεῖν πολὺ ἔλαιον εἰς τὸ ἀγγεῖον, ἀλλ' ὅμως ἐκεῖνο οὐκ ἐ-πε-πλήρωτο. πάλιν οὖν ἐ-κέλευσεν αὐτοὺς ἐπι-χεῖν, ἀλλ' οὐδὲ τότε οὐδὲν ἤνυτον, τὸ γὰρ ἔλαιον οὐδὲν ἧσσον δι-έ-λιπεν ἀπὸ τοῦ χείλους.

εἶτα Like ἔπειτα in Story 161.

176. ἀναλώσας δὲ μάτην ἔλαιον πολὺ ὁ Ξέρξης ἐς ἀπορίαν κατ-έ-στη. περίφοβος γὰρ ἦν περὶ τῶν ἐν τῇ στήλῃ ἐγ-γε-γραμμένων, οὐ μέντοι ἐ-δύνατο τὸ παράπαν ἀνα-πληρῶσαι τὸ ἀγγεῖον. ἐ-κέλευσεν οὖν τοὺς θεράποντας κατα-κλείειν πάλιν τὸν τύμβον, καὶ ἀπ-ῄει πρὸς τὰ βασίλεια λυπούμενος. ἡ δὲ στήλη οὐκ ἐ-ψεύσατο λέγουσα δεῖν ἐκεῖνον πάσχειν κακά. ἐπεὶ ὕστερόν γε συν-αθροίσας ἑβδομήκοντα μυριάδας ἀνθρώπων ἐ-στράτευσεν ἐπὶ τοὺς Ἕλληνας, βουλόμενος κατα-στῆσαι αὐτοὺς ἐς δουλείαν. τέως μὲν οὖν τὰ περὶ τὴν στρατιὰν εὖ πρου-χώρει, ἔπειτα δὲ ναυμαχίαν ποιησάμενος ἐν τῇ Σαλαμῖνι καὶ ἡσσηθεὶς οἴκαδε κατ-έ-φυγεν. ἀπο-σφαγεὶς δὲ ἐκεῖ ἐν τῇ εὐνῇ ἀπ-έ-θανεν.

πρου-χώρει Hints 1.5.

An Original Defense

177. μῶρός τις κρατῆρα κλέψας ἐκ πανδοκείου ἐν αὐτῷ τῷ ἔργῳ ἐ-φωράθη. διὰ ταῦτα οὖν συλ-ληφθεὶς ὑπὸ τῶν τοξοτῶν ἀπ-ήχθη πρὸς τοὺς ἄρχοντας. γενόμενος δὲ πλησίον ἤδη τοῦ δικαστηρίου, εἶδεν ἐξ-ιόντα ἄνθρωπόν τινα, γνώριμον ἑαυτῷ ὄντα. καὶ προσ-δραμὼν εὐθὺς πρὸς τοῦτον δι-ηγήσατο αὐτῷ τὸ πρᾶγμα. ὁ δὲ ἀντ-εῖπεν, "ὦ φίλε, συν-έ-βη ἀρτίως καὶ ἐμοὶ παραπλήσιόν τι τούτων πάσχειν. βοῦν γὰρ

κλέψας διὰ ταῦτα προσ-ε-κλήθην πρὸς τοὺς ἄρχοντας. ἀλλ᾽ ὅμως κακὸν οὐδὲν ἔ-παθον· πλάσας γὰρ γενναῖόν τι ψεῦδος, ἔ-πεισα αὐτοὺς ὥστε τὴν δίκην δια-γράφειν." βοῶν οὖν ὁ μῶρος, "ὦ φίλτατε," ἔ-φη, "τί ποτε ἦν ἐκεῖνο τὸ ψεῦδος; βούλομαι γὰρ καὶ αὐτός, εἰ δυνήσομαι, ὅμοια προφασιζόμενος ἀπο-λύεσθαι."

τῶν τοξοτῶν Scythian archers were employed at Athens as police.
γενναῖον Jocular, "a noble lie."
δια-γράφειν Lit. "run the pen through," i.e. "cancel, quash."

178. ἀντ-εῖπεν οὖν ἐκεῖνος, ὅτι ἀπ-αχθεὶς πρὸς τοὺς ἄρχοντας ἀτρεμίαν ἔ-σχεν, ἵνα δοκοῖ ἄδικον μηδὲν ἑαυτῷ συν-ειδώς. ἱστορηθεὶς δὲ περὶ τοῦ πράγματος, ἔ-φασκε τὸν βοῦν ἑαυτοῦ εἶναι, ἐκ-τετροφέναι γὰρ αὐτὸν ἐκ μικροῦ μόσχου. πειθόμενοι δὲ ἄρα αὐτῷ οἱ ἄρχοντες εὐθὺς ἀπ-ε-ψηφίσαντο. ταῦτα οὖν ἀκούσας ὁ μῶρος ἐ-γένετο περιχαρής, καὶ εἰσ-ελθὼν εἰς τὸ δικαστήριον ἐ-κάθητο, ὁ δὲ διώκων δι-εξ-ήει τὴν αἰτίαν. ἔπειτα δὲ ἐκεῖνος, "ὦ δαιμόνιε," ἔ-φη, "τί φλυαρεῖς ὧδε; εὖ γὰρ δήπου οἶσθα, ὅτι ἐμὸς ὁ κρατήρ ἐστιν, ἐγὼ δὲ ἐκ μικρᾶς κύλικος αὐτὸν ἐξ-έ-θρεψα." ταῦτα δὲ λέγων οὐκ ἔ-πεισε τοὺς ἄρχοντας, ἀλλὰ κατ-ε-ψηφίσαντο αὐτοῦ κλοπήν.

ἐ-κάθητο *Called* imperf. of κάθημαι, but these words are really a pluperf. and a perf. respectively, and are declined accordingly.

WHITE CROWS

179. ὁ τῶν Φοινίκων βασιλεὺς Φάλανθος ὑπ᾽ Ἰφίκλου τινός ποτε ἐ-πολιορκεῖτο. πολὺν οὖν χρόνον τούτῳ ἀντ-εῖχε, τό τε γὰρ χωρίον ἦν ἰσχυρόν, καὶ τὰ ἐν αὐτῷ σιτία ἱκανὰ πρὸς πολλοὺς μῆνας, ὥστε ἐ-ποιεῖτο ἐν ὀλιγωρίᾳ τὴν πολιορκίαν. ἅμα δὲ καὶ χρησμός τις ἦν, ὡς οἱ Φοίνικες ἕξουσι τὴν χώραν ἕως ἂν κόρακες γένωνται λευκοί. ἤλπιζεν οὖν εἰκότως οὐδέποτε τοῦτο ἔσεσθαι, ὁ δὲ Ἴφικλος μαθὼν τὸν χρησμὸν ἐ-μηχανήσατο τοιάδε. θηρεύσας κόρακάς τινας, καὶ γύψῳ ἀλείψας, ἀφ-ῆκεν αὐτοὺς ὥστε πέτεσθαι εἰς τὴν πόλιν. ἰδόντες οὖν τοὺς κόρακας οἱ Φοίνικες ἠθύμησαν, καὶ τὴν πόλιν παρα-δόντες ἐξ-ῆλθον ὑπόσπονδοι.

κόρακες λευκοί This was proverbial, like our "when pigs fly."

The Wonderful Old Men

180. Βοιωτοί τινες ἔ-τυχόν ποτε δια-λεγόμενοι περὶ τοῦ γήρως, ὡς οὐχ ὁμοίως πᾶσιν ἐπ-έρχεται, ἀλλ᾽ οἱ μὲν κατα-γηράσκουσιν ἤδη πρὶν πεντήκοντα ἐτῶν εἶναι, οἱ δὲ αὖ, ἑξήκοντα καὶ ἑβδομήκοντα ἔτη τελέσαντες, δοκοῦσιν ἔτι ἡλικίαν ἔχειν. τεκμήριον δὲ τούτων τις ἀπ-έ-δειξε, φάσκων αὐτὸς ἑ-ορακέναι γέροντά τινα Θηβαῖον, ἔχοντα τὴν τοῦ σώματος ῥώμην τοσαύτην, ὥστε ἐνενήκοντα ἐτῶν ὢν ἐ-δύνατο πολλὰ στάδια ἄνευ βακτηρίας βαδίζειν. "πρὸς δὲ τούτοις," ἔ-φη, "ὁπότε ἐς συμπόσιόν τι παρα-καλοῖτο, ὑστέρει οὐδενὸς τῶν νεωτέρων τῇ τοῦ δείπνου τέρψει. εἰ δὲ καὶ πολὺν οἶνον πιὼν τύχοι, οὐδὲν κακὸν ἔ-πασχεν, ἀλλά, μεθυσθέντων τῶν ἄλλων, νήφων μόνος οἴκαδε ἀπ-ῄει."

    αὐτὸς ἑορακέναι αὐτὸς is emphatic, "with his own eyes."
    ὑστέρει *Imperf.* as the accent shows, ὑστερεῖ would be *present.*

181. ἀκούσαντες δὲ τὰ περὶ τοῦ γέροντος, βραχὺ μέν τι πάντες ἐ-σιώπησαν θαυμάζοντες, μετὰ δὲ ταῦτα ἄλλος τις Βοιωτὸς βουλόμενος ἐκεῖνον ὑπερ-βάλλειν ἔ-λεξε τοιάδε. "ἀλλ᾽, ὦ φίλτατε, ὁμολογῶ ὅτι ἐκεῖνα, ἃ σὺ εἴρηκας, ἄξιά ἐστι θαυμάζεσθαι. οὐ μὴν ἀλλὰ τόδε μοι δοκεῖ εἶναι θαυμασιώτερον, ὃ περὶ τοῦ ἐμοῦ πατρὸς ἔχω ὑμῖν εἰπεῖν. καὶ γὰρ ἐκεῖνος, ὅσον χρόνον ἔ-ζη, ἐ-βάδιζέ τε ἀεὶ ἄνευ βακτηρίας, καὶ τὰ ἄλλα πάντα ἐ-ποίει, ὅσα περὶ τοῦ γέροντος τοῦ Θηβαίου ὑπὸ σοῦ ἤδη εἴρηται. ἦν δὲ ἂν ἤδη ἐκεῖνος ἑκατὸν μάλιστα ἐτῶν, εἰ ἔτι ἔ-ζη. ἀλλὰ τεσσαράκοντα ἔτη ἐστὶν, ἐξ οὗ τέ-θνηκεν."

    ἐκεῖνον i.e. the last speaker.
    οὐ μὴν ἀλλὰ "Yet for all that."
    ἐξ οὗ "Since." Compare ἐν ᾧ, "while."

The Water of Immortality

182. βασιλεύς τις ἄλλως τε φιλόδωρος ἦν, καὶ μάλιστα πρὸς τοὺς φιλοσόφους. ἀλλ᾽ οὐκ εὖ ἐπιστάμενος δια-κρίνειν τοὺς ὡς ἀληθῶς σοφοὺς ὄντας, καὶ τοὺς δοκοῦντας μὲν εἶναι τοιούτους, ὄντας δὲ μή, διὰ ταῦτα ὑπ᾽ ἀλαζόνων πολλάκις ἐξ-ηπατήθη. πρὸς τοῦτον οὖν ποτε προσ-ελθὼν ἀγύρτης τις, καὶ βουλόμενός τι παρ᾽ αὐτοῦ

λαμβάνειν, ἐ-δίδου αὐτῷ πῶμα, φάσκων ὡς ἐὰν γεύσηταί τις τούτου, ἀθάνατος εὐθὺς γενήσεται. ὁ δὲ βασιλεὺς δεξάμενος τὸ πῶμα ἔ-μελλε πίνειν, οἰόμενος τὸν ἄνθρωπον ἀληθῆ λέγειν. αἰσθόμενος δὲ ταῦτα συνετός τις βουλευτὴς, καὶ τὴν κύλικα ἐκ τῆς τοῦ ἀγύρτου χειρὸς ἀπροσδοκήτως ἀν-αρπάσας, αὐτὸς τοῦ πώματος ἀπ-ε-γεύσατο.

ἄλλως τε Idiom: "especially, particularly."

183. ἐ-χαλεπάνθη οὖν εἰκότως ὁ βασιλεὺς, καὶ τοὺς δορυφόρους ἐ-κέλευσε δῆσαι τὸν βουλευτὴν ἵνα θανατωθείη. ὁ δὲ ἔ-φη, "ὦ βασιλεῦ, εἰ μὲν ἀληθῆ οὗτος λέγει, οὐ δυνήσει ἐμὲ ἀπο-κτείνειν, ἐπεὶ γέ-γευμαι ἤδη τοῦ πώματος· εἰ δὲ μὴ, ὠφέλιμόν σοι τοῦτο πε-ποίηκα, διὰ γὰρ τὴν ἐμὴν τελευτὴν ἐλεγχθήσεταί σοι οὗτος ὡς βούλεταί σε φενακίζειν. εἰ δὲ βούλει ταῦτα ἀκριβῶς ἐξετάζειν, δεῖ σε πρῶτον μὲν κελεύειν τὸν ἄνθρωπον τοῦδε τοῦ πώματος τὸ λοιπὸν κατα-πιεῖν, ἔπειτα δὲ κώνειον αὐτῷ δοῦναι εἰς ἀπόπειραν. εἰ γὰρ ἀληθῆ δὴ εἴρηκε, κακὸν οὐδὲν πείσεται ταῦτα δρῶν· εἰ δὲ αὖ ψεύδεται, δίκαιός ἐστιν οὕτω κολάζεσθαι.

ὠφέλιμον Predicate, whereas τοῦτο is *object*.
δὴ Story 172 (second note).

184. ὁ μὲν οὖν βουλευτὴς τοσαῦτα εἶπεν, ἀρεσθεὶς δὲ ἄρα τούτοις ὁ βασιλεὺς, καὶ τὸν ἀγύρτην προσ-καλεσάμενος, ἐ-κέλευσεν αὐτὸν δρᾶν οἷα ἐκεῖνος εἴρηκεν. ὁ δὲ οὐκ ἐ-τόλμα, ἀλλὰ τὸν δήμιον ἰδὼν τρίβοντα ἤδη τὸ κώνειον, ἤλλαξέ τε τὸ χρῶμα, καὶ περίφοβος γενόμενος προσ-έ-πεσε πρὸς τὰ τοῦ βασιλέως γόνατα τὴν ὀργὴν παρ-αιτούμενος. "ὁμολογῶ γὰρ," ἔ-φη, "ὦ βασιλεῦ, ὅτι ἐ-ψευσάμην λέγων τὸ πῶμα ἔχειν δύναμιν τοιαύτην. οὐ μέντοι κακὸν οὐδὲν φάρμακον ἐν αὐτῷ ἐστιν, οὐδὲ ἄλλο οὐδὲν πλὴν ὕδωρ καί τι καὶ οἴνου." τοσαῦτα οὖν ἀκούσας ὁ βασιλεὺς ἀπ-έ-λυσε μὲν τὸν βουλευτὴν, τὸν δὲ ἀγύρτην δήσας ἐ-κόλασεν.

ἐκεῖνος i.e. the councillor.
τρίβοντα The hemlock was first pounded in a mortar, and then mixed with water.
τι καὶ οἴνου Story 22 (second note).

A Retractation

185. ἐ-νόμιζον ἐκ παλαιοῦ οἱ Ἀθηναῖοι, ὁπότε φαίνοιτό τις ἐκπρεπέστατα τὴν πόλιν εὐεργετήσας, δεῖπνον τούτῳ καθ᾽ ἡμέραν παρ-έχειν ἀπὸ κοινοῦ. καὶ μεγίστη τῶν ἐν τῇ πόλει τιμῶν αὕτη ἦν· ἐ-καλεῖτο δὲ τὸ δεῖπνον "σίτησις ἐν Πρυτανείῳ."

ἦν δέ ποτε ἐν ταῖς Ἀθήναις σκυτοτόμος τις χαῦνος καὶ ἠλίθιος. οὗτος οὖν, ἐπι-τελέσας κατὰ τύχην τῇ πόλει μικράν τινα λειτουργίαν, ἐπὶ τούτοις τοσοῦτον ἐ-μεγαλύνετο, ὥστε παρ-ιὼν ἐς τὴν ἐκκλησίαν σίτησιν ᾔτει. ἀκούσας δὲ ταῦτα Τίμων τις, καὶ δυσχεράνας τῇ τοῦ ἀνθρώπου ἀναιδείᾳ, "τί δέ;" ἔ-φη, "ἆρα σίτησιν σὺ ἐν Πρυτανείῳ αἰτεῖς, ὃς οὐδὲ ὑσὶν ἐν χοιρο-κομείῳ ἄξιος εἶ παρασιτεῖν;"

λειτουργία The laws of Athens required all citizens, possessed of a certain amount of property, to take upon themselves, from time to time, various expenses for public objects. Thus one man might be called upon to defray the cost of bringing out a new play, another to provide a ship for the navy, and so forth. Such "public services" were called λειτουργίαι (whence our word "liturgy"). Occasionally they were divided between two or more persons, and so might easily be very trifling affairs.

παρα-σιτεῖν A "parasite" was the name for a very humble kind of dinner-companion, who was not invited by the host, but brought in by a guest to fill any vacant place at table. So the word here is highly insulting. Notice the play of words on σίτησις and παρασιτεῖν, Πρυτανείῳ and χοιροκομείῳ.

186. ἀνα-πηδήσας οὖν αὖθις ὁ σκυτοτόμος ἐ-βόησε τοιάδε, "ὦ ἄνδρες Ἀθηναῖοι, μαρτύρομαι ὑμᾶς πάντας, ὡς ἀδίκως καὶ ψευδῶς ἐκεῖνα εἴρηται. δέομαι δὲ ὑμῶν μὴ περιορᾶν με ὧδε προπηλακισθέντα. δεινὸν γάρ ἐστιν, εἰ τοὺς τὴν πόλιν εὐεργετήσαντας χαίρων τις λοιδορήσει." ὁ δὲ Τίμων μειδιάσας μάλα ἡδέως, "νὴ τὸν Δία," ἔ-φη, "ὦ ἄνθρωπε, δικαίως γε ἐμοὶ ἐγ-καλεῖς ὡς ἀδικηθείς· ἡμάρτηκα γάρ, (ὡς ἔοικεν), ἐκεῖνα λέγων, ἀξιῶ δὲ ὑμᾶς, ὦ ἄνδρες Ἀθηναῖοι, συγγνώμην μοι τῆς ἁμαρτίας ἔχειν. ὁμολογῶ γὰρ τὸν σκυτοτόμον τοῦτον, ὡς καὶ αὐτός φησιν, οὐκ ἀνάξιον εἶναι, ἀλλὰ πάντων ἀνθρώπων μάλιστα ἄξιον, ὑσὶν ἐν χοιροκομείῳ παρασιτεῖν."

μαρτύρομαι This was a necessary formula. After a man had been injured, he had to appeal to the bystanders to bear witness on his side when he prosecuted the offender.

OLD WINE

187. πλούσιός τις ἄνθρωπος ὀνόματι Χάρης δίκην φεύγων ἐ-
ταράχθη. ἠπόρει γὰρ τί ποτε ποιῶν δια-σωθήσεται, ἐπεὶ ἥ τε κατηγορία
ἀληθὴς ἦν, καὶ αὐτὸς οὐκ ἔμπειρος τῆς δικανικῆς λέξεως. ἔ-πεισεν οὖν
ῥήτορά τινα ἔντιμον ὥστε εἰπεῖν ὑπὲρ ἑαυτοῦ παρὰ τοῖς δικασταῖς.
τοῦ δὲ ῥήτορος τὸ ἔργον εὖ τελέσαντος, ἴσαι ἐ-γένοντο αἱ ψῆφοι,
καὶ ὁ Χάρης διὰ ταῦτα ἀπ-ε-λύθη. ἔ-δοξεν οὖν αὐτῷ χαρίζεσθαί τι τῷ
συνηγορήσαντι. ὡς δὲ γλίσχρος καὶ ἀνελεύθερος φύσει ὤν, πολυτελὲς
μὲν οὐδὲν ἐ-δωρήσατο, ἀλλὰ πριάμενος οὐ πολλῶν ὀβολῶν μικρόν τι
κεράμιον οἴνου ἔ-πεμψε δοῦλον λέγοντα τοιάδε. "ὁ Χάρης ἕνεκα τῆς
σῆς εὐεργεσίας τοῦτό σοι δωρεῖται."

> **τῆς δικανικῆς λέξεως** i.e. the particular style of language suitable in a law-court.
> **ἴσαι ἐγένοντο,** etc. When the votes of the judges were equally divided between
> "guilty" and "not guilty," the prisoner was acquitted. Compare for example the
> trial of Orestes in Aeschylus' play *Eumenides*.

188. τῇ δὲ ὑστεραίᾳ ὁ πλούσιος τὸν ῥήτορα εἶδεν εἰς τὴν ἀγορὰν
τύχῃ κατα-βαίνοντα. προσ-ελθὼν οὖν αὐτῷ ἤρξατο ἐπὶ τῇ ἑαυτοῦ
ἐλευθεριότητι πολλὰ σεμνύνεσθαι. "οἱ μὲν πολλοὶ γὰρ," ἔ-φη,
"δοκοῦσιν ἑαυτοῖς εἶναι πάνυ ἐλευθέριοι, ἐὰν φαῦλά τινα δῶρα τοῖς
φίλοις χαρίζωνται. ἐγὼ δὲ δῆλός εἰμι ἕτερα τούτων φρονῶν. ἐπεὶ καὶ
σοὶ ἄρτι βουλόμενός τι χαρίζεσθαι φορτικὸν μὲν οὐδὲν ἔ-πεμψα, ἀλλ'
οἶνον ἡδύν τε καὶ παλαιόν. ἤδη γὰρ εἴκοσιν ἔτη ἐν τῷ κεραμίῳ μοι
κατ-ε-σφράγισται." γελάσας δὲ πρὸς ταῦτα ὁ ῥήτωρ, "θαυμάσια," ἔ-φη,
"ὦ φίλε, λέγεις, εἰ ὁ οἶνός ἐστι τηλικοῦτος. ἐγὼ γάρ, ἰδὼν αὐτοῦ τὴν
μικρότητα, νεογενῆ εἶναι ᾤμην."

> **ἕτερα τούτων φρονῶν** "Otherwise minded than these."
> **μοι** Ethic dative.
> **νεογενῆ,** etc. i.e. he calculated its *age* from its *quantity,* as one might judge a child's
> *age* from its *size.*

A PARENT NOT A NECESSITY

189. οἱ μὲν πολλοὶ οἴοιντο ἂν ἀδύνατον εἶναι, μὴ προ-γεγονότος πατρός, παῖδα γίγνεσθαι. ἦν δέ ποτε ἐν Συρακούσαις νεανίσκος τις, ᾧπερ (ὡς ἔοικε) ταῦτα οὐκ ἔ-δοξεν. λέγεται γὰρ ὡς ἀναλώσας οὗτος χρήματα πολλὰ εἰς τρυφὴν καὶ ἀκολασίαν ἐ-δανείσατο παρὰ τραπεζίτου ἄλλα τρία τάλαντα, βουλόμενος καὶ ταῦτα εἰς τὰ αὐτὰ δαπανᾶν. ἀκούσας δὲ ταῦτα ὁ πατὴρ αὐτοῦ ἠγανάκτησε, καὶ προσ-καλέσας τὸν παῖδα ἤρξατο αὐτὸν νουθετεῖν, λέγων ὡς κατα-στήσεται ταχέως εἰς πενίαν, ἐὰν διατελῇ δαπανηρὸς ὤν. ἀντ-εῖπε δὲ ὁ νεανίσκος ὡς αὐτὸς μὲν οὐ πολυδάπανός ἐστιν, ἐκεῖνος δὲ γλίσχρος ἐπεὶ οὐκ ἐᾷ τὸν υἱὸν ζῆν κατὰ τοὺς καλοὺς κἀγαθούς.

οἴοιντο ἄν Potential optative.
μὴ προγεγονότος, etc. = εἰ μὴ προ-γέγονεν, etc.
ἄλλα τρία "Three more."
κατὰ τοὺς καλοὺς κἀγαθούς i.e. "like a gentleman." (Story 32, last note but one.)

190. πρὸς ταῦτα οὖν ὁ πατὴρ εἰκότως ἐ-λυπήθη, καὶ εἰς δάκρυα πεσών, "ὦ παῖ," ἔ-φη, "ὡς ἀχάριστος εἶ σύ, καὶ ἀγνώμων! οὐδενὶ γὰρ οὐδεπώποτε πατὴρ ἐ-γένετο ἐλευθεριώτερος, ἢ ἐγώ σοι." ὁ δὲ παῖς οὐδ᾽ ὁτιοῦν αἰσχυνθεὶς ἀντ-εῖπεν εὐθύς, "εὖ γε δὴ σὺ ἐμοί, ὦ κάκιστε, ταῦτα ἐπι-τιμᾷς, δι᾽ ὅν γε τόδε τὸ χρέος ὀφείλω. εἰ γὰρ χρημάτων ἅλις εἶχον, οὐκ ἂν ἐκεῖνα ἐ-δανεισάμην· διὰ δέ σε οὐκ ἔχω. εἰ μὲν γὰρ σὺ μήποτε ἔ-φυς, τῶν τοῦ πάππου χρημάτων ἦν ἂν ἐγὼ κληρονόμος. νῦν δὲ ἐν μέσῳ σὺ ἐκ περισσοῦ γεγονὼς ἐκείνης τῆς κληρονομίας ἐμὲ ἀδίκως ἀπ-ε-στέρηκας."

δι᾽ ὅν γε i.e. "when it is thanks to you that I," etc.

THE GENEROUS SOLDIER

191. ἐ-γένετό ποτε ἐν τῇ Σικελίᾳ μάχη τῶν Ὑβλαίων πρὸς τοὺς Ἰνησσαίους. νικήσαντες δὲ οἱ Ἰνησσαῖοι ἔ-τρεψάν τε τοὺς πολεμίους, καὶ τροπαῖον ἔ-στησαν. στρατιώτης δέ τις Ἰνησσαῖος δι᾽ ἡμέρας ὅλης μαχεσάμενος εἶτα ἐ-δίψησεν. εὑρὼν δὲ παρὰ νεκρῷ τινὶ ἀσκὸν οἴνου κείμενον ἥσθη τε καὶ πίεσθαι ἔ-μελλεν. τότε δὲ Ὑβλαῖόν τινα κείμενον κατ-ιδὼν, ὃς ἐν τῇ μάχῃ τραυματισθεὶς μόλις ἤδη ἀν-ε-βιώσκετο, τούτῳ τὸν οἶνον ἐλεήσας ἐ-δίδου. ἐκεῖνος δὲ, (ἔ-τυχε γὰρ ἀγνώμων τις ὢν καὶ ἀχάριστος), σπασάμενος λάθρᾳ ἐγχειρίδιον, ὅπερ εἶχεν ὑπὸ μάλης, τὸν εὐεργέτην παίσειν ἔ-μελλεν. αἰσθόμενος δὲ ὁ Ἰνησσαῖος ἀν-ε-πήδησεν εὐθὺς, καὶ τὸ ἐγχειρίδιον ἐκ τῶν ἐκείνου χειρῶν ἐξ-έ-κρουσεν.

ὑπὸ μάλης Story 112 (first note).

192. ὁ μὲν οὖν Ὑβλαῖος ἔ-κειτο θάνατον προσ-δοκῶν· στὰς δὲ ὑπὲρ αὐτοῦ ὁ Ἰνησσαῖος, καὶ τὸ ξίφος σπασάμενος, τιμωρίαν λήψεσθαι ἔ-μελλεν. ἰδὼν δὲ τὸν ἄνθρωπον δεινῶς τε-τραυματισμένον, καὶ οὐκέτι οἷόν τε ὄντα ἀμύνεσθαι, μετ-ε-στράφη τε ἀπ᾽ αὐτοῦ, καὶ ἄλλο μὲν οὐδὲν ἐ-ποίησε, τοῦ δὲ οἴνου ἔ-πιε τὸ ἥμισυ. ἔπειτα δὲ τῷ τραυματισθέντι αὖθις ἐπ-ελθὼν, τοιάδε ἔ-λεξε. "ὦ δαιμόνιε, εἰ μὲν φιλικῶς τόδε τὸ δῶρον ἐ-δέξω, ἔ-δωκα ἄν σοι τὸν ἀσκὸν ὅλον. νῦν δὲ ἐπειδὴ οὐ θέλεις ὑπ᾽ ἐμοῦ εὐεργετεῖσθαι, ἅλις σοι ἔσται τὸ ἥμισυ." τοσαῦτα δὲ εἰρηκὼς, καὶ τὸ ξίφος κρυψάμενος, τὸν λοιπὸν τοῦ οἴνου τῷ Ὑβλαίῳ ἔ-δωκεν.

ἐ-δέξω Do not be misled by the final ω: it is *not* a first person.
τὸν λοιπὸν τοῦ οἴνου Observe that λοιπὸς takes the gender of the genitive which follows. It is also possible to use τὸ λοιπὸν or τὰ λοιπὰ as a neuter noun, followed by a genitive as here (of whatever gender it might be).

The Duel

193. Τίμων, περὶ οὗπερ ἤδη εἴρηται, κατ-ηγόρει ποτὲ παρὰ τοῖς ἄρχουσι στρατηγοῦ τινος, ὡς τὰ τῆς πόλεως προ-δέ-δωκε δειλίᾳ. τῶν δὲ μαρτυριῶν οὐχ ἱκανῶν εἶναι δοκουσῶν, ἐκεῖνος ἀπ-ε-λύθη.

τῇ δὲ ὑστεραίᾳ ἀφ-ικόμενος ὁ στρατηγὸς εἰς τὴν οἰκίαν τοῦ Τίμωνος εὗρεν αὐτὸν οὔπω ἐκ κλίνης ἀν-εστηκότα, ὄρθρος γὰρ ἦν. ἀλλ᾽ ὅμως εἰς τὸ δωμάτιον εἰσ-ελθὼν, καὶ τὸν ἄνδρα ἐξ-εγείρας, "νῦν δὴ," ἔ-φη, "πάρ-εστι σοι μαθεῖν, εἰ ὡς ἀληθῶς δειλός εἰμι. ἥκω γὰρ παρά σε δύο ξίφη ἔχων, ὧν δεῖ σε λαβόντα θἄτερον αὐτίκα ἐμοὶ μονομαχεῖν. καὶ ταῦτά γε, οἶμαι, ἡδέως δράσεις· εἴπερ, ὡς χθὲς ἔ-λεξας, δειλὸς εἶναί σοι δοκῶ."

> **ἤδη** i.e. in Story 185.
> **θἄτερον** Crasis for τὸ ἕτερον. The mark over the α is *not* a smooth breathing, though in form it resembles one. It is called a *Coronis,* and merely indicates the fusion of two syllables into one.
> **οἶμαι** Is often used as here, *parenthetically*, in ironical remarks.

194. ἀκούσας οὖν ὁ Τίμων, οἷα ἐκεῖνος λέγει, πρῶτον μέν τι ἐ-φοβεῖτο, μετὰ δὲ ταῦτα, σκεψάμενος ὅπως ἄριστα διαφεύξεται τὸν παρόντα κίνδυνον, ἀντ-εῖπε τοιάδε. "ἀλλ᾽ ὀρθῶς μὲν ἐκεῖνα εἴρηκας, ποιήσω δ᾽ οὖν ταῦτα, ὥσπερ σὺ κελεύεις. δεῖ δέ σε, οἶμαι, ἐν τῷ μεταξύ τι ἀνα-μεῖναι, ἕως ἂν τὸν χιτῶνα περι-βάλλωμαι καὶ τὸ ἱμάτιον. ὁ γὰρ ἀγὼν οὐκ ἐκ τοῦ ἴσου ἡμῖν ἔσται, εἰ γυμνὸς ὢν ἠμφιεσμένῳ σοι μαχοῦμαι." ἐ-κέλευσεν οὖν αὐτὸν ὁ στρατηγὸς θαρρεῖν ἕνεκά γε τούτων, καὶ ἀν-ίστασθαι. "ἐπεὶ ὑπισχνοῦμαί σοι," φησὶ, "καὶ ὄμνυμι ἀνα-μενεῖν, ἕως ἂν ἐν-δύῃς τὴν ἐσθῆτα, μετὰ δὲ ταῦτα τότε δὴ μαχούμεθα."

> **χιτῶνα ... ἱμάτιον** The former of these was a sort of short close-fitting frock, worn next to the body, the latter a large mantle or shawl, worn *over* the χιτών. The two together made up the full dress of a Greek gentleman, though he was sometimes contented with the ἱμάτιον only.
> **ἠμφι-εσμένῳ** Notice this curious exception to the ordinary rule for the place of the augment or reduplication in a compound verb. (Hints 1.4.)

195. ὁ μὲν οὖν στρατηγὸς τοσαῦτα εἶπεν· ὁ δὲ Τίμων πρὸς μὲν
τοῦτον ἐν τῷ παρόντι οὐδὲν ἀντ-εῖπε, καλέσας δὲ πρὸς ἑαυτὸν δοῦλόν
τινα κελεύει αὐτὸν ἄριστον κατα-σκευάζειν αὐτόθι ἐν τῷ δωματίῳ.
"σήμερον γάρ," ἔ-φη, "ἐν νῷ ἔχω ἐνθάδε ἀριστοποιεῖσθαι. τὸ δὲ ἱμάτιόν
μου καὶ τὸν χιτῶνα εἰσ-τιθείης ἂν ἐς τὴν κίστην, οὐ γὰρ χρείαν αὐτῶν
ἐν τῷ παρόντι ἔχω, ἀλλὰ δεῖ με ἐνθάδε γυμνὸν μένειν." ὁ δὲ δοῦλος, "ὦ
δέσποτα," ἔ-φη, "ἆρ᾽ ὡς ἀληθῶς ἐμὲ κελεύεις ταῦτα ποιεῖν;" "ἔγωγε!" ἦ
δ᾽ ὅς, ὁ Τίμων, "φησὶ γὰρ ὁ ἀνὴρ ὅδε μονομαχήσειν ἐμοί, ὅταν ἐν-δύω
τὴν ἐσθῆτα, πρότερον δὲ οὔ."

> **εἰσ-τιθείης ἄν** Conditional sentence with a *suppressed* protasis, equivalent to a mild
> form of *command*, "You may as well ..."
> **ἔγωγε** "To be sure I do!" (κελεύω of course being understood).

196. θαυμάσας οὖν ὁ στρατηγὸς τὸν ἄνδρα ἐπ-ηρώτα, πότε ἄρα τὴν
ἐσθῆτα ἐν-δύσεται, καὶ ἀνα-στήσεται; ὁ δὲ Τίμων, "οὐδέποτε," ἔ-φη,
"ταῦτα ποιήσω, ἀλλὰ διὰ παντὸς τοῦ βίου κείσομαι ὧδε γυμνός. εὖ γὰρ
οἶδα ὅτι τὸν ὅρκον οὐκ ἐπι-ορκήσεις, βούλομαι δὲ δια-τελεῖν μᾶλλον
ἀεὶ γυμνὸς ὤν, ἢ ἠμφιεσμένος ὑπὸ σοῦ δια-φθαρῆναι." ὁ δὲ στρατηγὸς
πρὸς ταῦτα (ἦν γὰρ καὶ αὐτὸς φιλοπαίσμων), οὐκ ἐ-δύνατο τὸν γέλωτα
κατα-σχεῖν. θαρρεῖν οὖν ἐ-κέλευσε τὸν ἄνδρα, καὶ τὴν ἐσθῆτα ἐν-
δύεσθαι, "οὔτε γὰρ γυμνόν σε," φησίν, "οὔτε ἠμφιεσμένον κακὸν οὐδὲν
ποιήσω." ὁ μὲν οὖν στρατηγὸς τοσαῦτα εἰπὼν ἀπ-ῆλθεν, ὁ δὲ Τίμων
τότε δὴ ἀνα-στὰς ἠριστοποιήσατο.

> **πότε** Mind the *accent*.
> **ὧδε** "As I am now."

THE INQUISITIVE MILESIAN

197. ἀνήρ τις ἐν πανδοκείῳ ποτὲ καθ-ήμενος ἐπιστολὴν ἔ-γραφεν. ὕστερον δὲ οὐ πολλῷ εἰσ-ελθὼν εἰς τὸν αὐτὸν τόπον Μιλήσιός τις ἐπ-ε-θύμησεν εἰδέναι, τί ὁ ξένος γράφει. παρα-καθήμενος οὖν αὐτῷ, καὶ παρὰ τὸν ὦμον αὐτοῦ λάθρα παρα-βλέψας, πάντα ῥᾳδίως ἀν-έ-γνω. νοήσας δὲ ἐκεῖνος οἷα ὁ Μιλήσιος ποιεῖ, φανερῶς μὲν οὐδὲν εἶπεν, βουλόμενος δὲ νουθετεῖν τὸν ἄνθρωπον τέλος ἐπ-έ-θηκε τῇ ἐπιστολῇ γράψας τοιάδε. "καὶ περὶ μὲν τούτων, ὦ φίλτατε, τοσαῦτα εἰρήσθω· ἄλλα δὲ πολλὰ ἔχω σοι δι-ηγεῖσθαι, ἃ ἀνάγκη ἐστὶν ἐν τῷ παρόντι παρα-λείπειν. παρα-κάθηται γάρ μοι φορτικός τις (ὡς ἔοικεν) ἄνθρωπος, καὶ πάντα ὅσα ἂν γράφω παρα-βλέψας ἀνα-γιγνώσκει."

τέλος ἐπέθηκε Means just what it looks like: "put an end to."

ὡς ἔοικεν Closely with φορτικός: "a vulgar fellow, if one may judge by his present conduct."

198. ἀνα-γνοὺς δὲ καὶ ταῦτα ὁ Μιλήσιος ἐ-κέλευσε τὸν ξένον μὴ ποιεῖν ἐκεῖνα, ἀλλὰ θαρρεῖν τε καὶ τὰ λοιπὰ δι-ηγεῖσθαι. "ἐγὼ γὰρ," ἔ-φη, "οὔτε φορτικός εἰμι ὡς σὺ φῄς, ἀλλ᾽ εὐγενής τε καὶ καλῶς πε-παιδευμένος, οὔτε ἐκείνων οὐδ᾽ ὁτιοῦν ἑ-όρακα, ὧν σὺ ἐν τῇ ἐπιστολῇ γέ-γραφας. καὶ ἑτοῖμός εἰμι ὀμνύειν σοι ὅρκον μέγαν, ἦ μὴν ταῦτα ἃ λέγω ἀληθῆ εἶναι." ὁ δὲ ξένος ὑπο-λαβών, "πῶς ἄρα," ἔ-φη, "ὦ δαιμόνιε, με-μάθηκας ὅτι φορτικόν σε κέ-κληκα, ὅς γε τούτων ὧν γέ-γραφα οὐδ᾽ ὁτιοῦν ἑ-όρακας;" οὕτως οὖν αὐτὸς δι᾽ ἑαυτοῦ ἐλεγχθεὶς ὁ Μιλήσιος, ὡς ψευδῆ λέγει, γέλωτα πολὺν τοῖς παρ-οῦσι πᾶσι πάρ-ε-σχεν.

ἐκεῖνα ποιεῖν i.e. "omit the remainder of his story," alluding to the words ἄλλα δὲ πολλὰ, etc.... παραλείπειν in the letter. (Last Section.)

ὧν Attraction. (Story 11, last note.)

ὅς γε "Seeing that you," etc. The stranger ironically repeats the Milesian's own words, in order to confound him the more completely.

ATTACK ON AN ATHENIAN FORT

Note: In the remaining stories (which are all drawn from Greek history), the augments, etc., of verbs, and the prepositional element in compound verbs, are no longer distinguished by hyphens. If you have read straight through the stories to this point, you can probably recognize them for yourself. You may find it helpful to re-read the "Hints for Reading" at the beginning of the book, particularly "Using the Vocabulary."

199. προσέβαλλόν ποτε οἱ Λακεδαιμόνιοι τείχει τινὶ τῶν Ἀθηναίων κατά τε γῆν καὶ κατὰ θάλασσαν. ἦν δὲ αὐτοῖς ὁπλιτῶν τε πλῆθος ἱκανὸν, καὶ νῆες ἐς τεσσαράκοντα. ἐγένοντο μὲν οὖν πάντες πρόθυμοι τὸ χωρίον ἑλεῖν· πάντων δὲ φανερώτατος Βρασίδας ἦν. ὁρῶν γάρ τινας τῶν κυβερνητῶν φειδομένους τῶν νεῶν, καὶ φοβουμένους ὑπὲρ αὐτῶν μὴ συντρίψωσιν, ἐβόα οὗτος καὶ ἐθάρσυνεν αὐτοὺς λέγων τάδε. "ὦ ἄνδρες, τί ποιεῖτε; οὐ γὰρ πρέπει ξύλων μὲν φείδεσθαι, τοὺς δὲ πολεμίους ἐπιτειχίζοντας ἡμῖν περιορᾶν. ἀλλὰ κελεύω ὑμᾶς ἄνδρας ἀγαθοὺς εἶναι, παντὶ δὲ τρόπῳ ὀκέλλειν καὶ ἀποβαίνειν. δεῖ γὰρ τῶν τε ἀνδρῶν καὶ τοῦ χωρίου κρατῆσαι."

φειδομένους τῶν νεῶν i.e. keeping the ships out of harm's way.
ξύλων A contemptuous description of the ships, "mere timbers."
ὀκέλλειν Understand τὰς ναῦς.

200. τοσαῦτα οὖν εἰπὼν ὁ Βρασίδας θαυμασίως ὡς πάντας ἐπώτρυνεν, ὥστε οὐκέτι ἔμελλον, ἀλλὰ πρόθυμος ἕκαστος ἐγένετο αὐτὸς πρῶτος ἀποβαίνειν. ὁ δὲ, ἀναγκάσας τὸν ἑαυτοῦ κυβερνήτην τὴν ναῦν ὀκέλλειν, ἐχώρει εὐθὺς ἐπὶ τὴν ἀποβάθραν. καὶ πειρώμενος ἤδη ἀποβαίνειν ἀνεκόπη ὑπὸ τῶν Ἀθηναίων, καὶ τραύματα πολλὰ λαβὼν ἐλιποψύχησεν. ὁ μὲν οὖν ἔκειτο πεσὼν ἐν τῇ νηὶ, ἡ δὲ ἀσπὶς αὐτοῦ κατέπεσεν ἐς τὴν θάλασσαν, καὶ οἱ Ἀθηναῖοι ὕστερον αὐτὴν ἀνελόμενοι ἐχρήσαντο πρὸς τὸ τροπαῖον, ὃ ἐκεῖ ἔστησαν. τοιαῦτα τοίνυν ὁ Βρασίδας ἔπαθεν· οἱ δὲ ἄλλοι ἀδύνατοι ἦσαν ἀποβῆναι, χαλεπότητί τε τῶν χωρίων καὶ τῶν Ἀθηναίων οὐδὲν ὑποχωρούντων.

ἔστησαν 1st aorist, therefore *transitive*.
τῶν Ἀθηναίων, etc. Genit. abs. Note the coupling by τε and καὶ of two *different* constructions, both expressing Cause: a dative and a genitive absolute with participle.

RECOVERY OF SALAMIS BY THE ATHENIANS

201. ἡ νῆσος Σαλαμὶς ἐν τῷ Σαρωνικῷ κόλπῳ κεῖται, ἀπέχουσα οὐ πολὺ τῆς παραλίας τῆς Ἀττικῆς. αὕτη οὖν ἡ νῆσος πάλαι μὲν ὑπὸ τοῖς Ἀθηναίοις ἦν. ἐπειδὴ δὲ ὑπὸ τῶν Μεγαρέων ἐλήφθη, οἱ Ἀθηναῖοι, πολεμήσαντες περὶ αὐτῆς πόλεμον μακρὸν καὶ δυσχερῆ, ἀπέκαμον. ἔθεντο οὖν νόμον μηδενὶ ἐξεῖναι μήτε εἰπεῖν αὖθις μήτε γράψαι, ὡς χρὴ τὴν πόλιν ἀντιποιεῖσθαι Σαλαμῖνος. ἐκέλευον δὲ τὴν ζημίαν εἶναι θάνατον, ἤν τις τοῦτο ποιῇ. ὁ δὲ Σόλων, ἔντιμος τότε ὢν ἐν τοῖς Ἀθηναίοις, ἔφερε ταῦτα βαρέως. καὶ περισκοπῶν εἶδε πολλοὺς τῶν νεωτέρων πολέμου μὲν ἐπιθυμοῦντας, ἐπαινεῖν δὲ αὐτὸν οὐ τολμῶντας διὰ τὸν νόμον.

> **εἰπεῖν ... γράψαι** εἰπεῖν refers to any kind of speeches, γράφειν means to put a proposal into writing, with the view of submitting it formally to the public assembly, — hence, "to propose, move."

202. προσεποιεῖτο οὖν μαίνεσθαι, καὶ συνθεὶς κρύβδην ἐλεγεῖά τινα ἐμελέτησεν αὐτὰ ὥστε δύνασθαι ἀπὸ στόματος λέγειν. μετὰ δὲ ταῦτα ἐκ τῆς οἰκίας ἐξιὼν ἀνεπήδησεν αἰφνιδίως εἰς τὴν ἀγοράν. ὄχλου δὲ πολλοῦ συνελθόντος, ἀναβὰς ἐπὶ λίθον τινά, ἐφ' ᾧπερ οἱ κήρυκες εἰώθεσαν ἵστασθαι, τὰ ἔπη ἐκεῖ διεξῆλθεν. ἀκούσαντες δὲ οἱ νεώτεροι ἐπεθορύβουν· ὥστε λύσαντες τὸν νόμον οἱ πολῖται ἥπτοντο αὖθις τοῦ πολέμου, τὸν δὲ Σόλωνα ἐχειροτόνησαν στρατηγόν. πλεύσας οὖν ὁ Σόλων ἐπὶ ἄκραν τινὰ τῆς Ἀττικῆς, ἐν ᾗ Δημητρὸς νεώς ἐστιν, εὗρεν ἐκεῖ γυναῖκας θυούσας. αἰσθόμενος δὲ, ἔπεμψεν ἄνδρα πιστὸν εἰς Σαλαμῖνα προσποιούμενον αὐτόμολον εἶναι παρὰ τῶν Ἀθηναίων.

> **ἀπὸ στόματος** i.e. by *heart.*
> **ἥπτοντο** "Took up."
> **ἐχειροτόνησαν** Athenian elections were regularly conducted by show of hands.

203. ἀφικόμενος δὲ ὁ ἄνθρωπος ἐκέλευσε τοὺς Μεγαρεῖς πλεῖν ὅτι τάχιστα ἐπὶ τὴν ἄκραν, εἰ βούλονται λαβεῖν τῶν Ἀθηναίων τὰς πρώτας γυναῖκας. οἱ δὲ πεισθέντες πλοῖον ἔπεμψαν καὶ στρατιώτας. προσιόντος δὲ τοῦ πλοίου ὁ Σόλων ἀπέπεμψε τὰς γυναῖκας, σκευάσας δὲ τοὺς νεωτέρους τῶν στρατιωτῶν γυναικείᾳ στολῇ, ἐκέλευσεν αὐτοὺς λαβόντας ἐγχειρίδια κρυπτὰ παίζειν πρὸς τῇ θαλάσσῃ καὶ χορεύειν. ἐλθόντες οὖν οἱ Μεγαρῆς, καὶ τὰς δὴ γυναῖκας ὁρῶντες, ἐξεπήδων ἐκ τοῦ πλοίου ἁρπάσοντες. προσποιουμένων δὲ ἐκείνων φεύγειν, οἱ Μεγαρῆς ἐδίωκον ἀτάκτως. μεταστρεφθέντες οὖν οἱ νεανίσκοι, καὶ τὰ ἐγχειρίδια σπασάμενοι, πάντας ἀπέκτειναν. οἱ δὲ Ἀθηναῖοι εὐθὺς ἐπιπλεύσαντες κατέσχον τὴν νῆσον.

τὰς δὴ γυναῖκας δὴ ironical, "the pretended women," i.e. the men in disguise.

204. λέγουσι δὲ ἄλλοι τινές, ὡς πλεύσας ὁ Σόλων νυκτὸς εἰς τὴν νῆσον ἐν κόλπῳ τινὶ ὡρμίσατο. ἦσαν δὲ ἐν τῇ τῶν Σαλαμινίων πόλει Μεγαρῆς οὐκ ὀλίγοι. οὗτοι οὖν, πυθόμενοι ἐκ φήμης οὐδὲν βέβαιον, ἐστρατοπεδεύσαντό τε ἐξελθόντες, καὶ ναῦν ἅμα ἀπέστειλαν κατάσκοπον. ὁ δὲ Σόλων ἐκράτησέ τε τοῦ πλοίου τούτου, καὶ τοὺς ἐμπλέοντας καθεῖρξεν. ἔπειτα δὲ ἐμβιβάσας εἰς αὐτὸ Ἀθηναίους τινάς, ἐκέλευσε πλεῖν εἰς τὴν πόλιν, ὡς οἷόν τε μάλιστα κρύπτοντας ἑαυτούς. ἅμα δέ, ἀναλαβὼν τοὺς ἄλλους Ἀθηναίους, αὐτὸς τοῖς Μεγαρεῦσιν ἐπεφέρετο. μαχομένων δὲ ἔτι, ἀφίκοντο οἱ ἐν τῷ πλοίῳ εἰς τὴν πόλιν, καὶ κατέλαβον αὐτὴν ἀφύλακτον οὖσαν.

πόλει This city was called by the same name as the island, Salamis.
κρύπτοντας ἑαυτούς His object was of course to make the Megarians believe that the ship was still manned by their countrymen.
αὐτός Opposed to οἱ ἐν τῷ πλοίῳ.

This took place in the early 6th century. See Plutarch, *Life of Solon* 6, and Pausanias 1.40.

THE BATTLE OF DELIUM

205. ἐγένετο ἐν τῷ Δηλίῳ μάχη τῶν Ἀθηναίων πρὸς τοὺς Βοιωτοὺς διὰ τοιαύτας τινὰς αἰτίας. ἀχθόμενοί τινες τῶν Βοιωτῶν τῇ ἑαυτῶν πολιτείᾳ ὀλιγαρχικῇ οὔσῃ ἔσπευδον καταστῆσαι ἐν ταῖς πόλεσι δημοκρατίας. διελέχθησαν δὲ περὶ τούτων τοῖς τῶν Ἀθηναίων στρατηγοῖς Ἱπποκράτει καὶ Δημοσθένει, καὶ ἐπηγγέλλοντο παραδώσειν αὐτοῖς τὰς ἐν τῇ Βοιωτίᾳ πόλεις. οἱ δὲ Ἀθηναῖοι ἀκούσαντες τὰ ἐπαγγελλόμενα ἀσμένως προσεδέξαντο, καὶ ἕτοιμοι ἦσαν συλλαμβάνειν. ἀναλαβὼν οὖν ὁ Δημοσθένης τὸ πλεῖστον μέρος τοῦ στρατεύματος, εἰσέβαλεν αὐτίκα εἰς τὴν Βοιωτίαν, ἐλπίζων ἥξειν ἀπροσδοκήτως, καὶ τὴν χώραν ῥᾳδίως κατασχήσειν. ἀφικόμενος δὲ εὗρε τοὺς Βοιωτοὺς προειδότας τὴν πεῖραν, καὶ ἀπῆλθε διὰ ταῦτα ἄπρακτος.

> **ὀλιγαρχικῇ** i.e. ruled by a clique of nobles. Most Greek cities contained two hostile parties, one favoring this form of constitution, the other preferring popular government (δημοκρατία). We shall see hereafter in the Stories headed "Troubles in Corcyra" (226-241) how high the feud between these parties sometimes ran.
> **ταῖς πόλεσι** i.e. the various cities of Boeotia.

206. ὁ δὲ Ἱπποκράτης ἀγαγὼν πανδημεὶ τοὺς Ἀθηναίους ἐπὶ τὸ Δήλιον κατέλαβέ τε τὸ χωρίον καὶ ἐτείχισε, φθάσας τὴν ἔφοδον τῶν Βοιωτῶν. τοῦτο δὲ τὸ χωρίον κεῖται πλησίον τῶν ὅρων τῆς Βοιωτίας. τὴν δὲ τῶν Βοιωτῶν στρατηγίαν Παγώνδας τις τότε εἶχεν. οὗτος οὖν μεταπεμψάμενος στρατιώτας ἐξ ἁπασῶν τῶν κατὰ τὴν Βοιωτίαν πόλεων, ἥκει πρὸς τὸ Δήλιον μετὰ πολλῶν στρατιωτῶν. εἶχε γὰρ πεζοὺς μὲν οὐ πολὺ ἐλλείποντας τῶν δισμυρίων, ἱππέας δὲ περὶ χιλίους. οἱ δὲ Ἀθηναῖοι τῷ μὲν πλήθει ὑπερεῖχον τῶν Βοιωτῶν, ἡ δὲ ὅπλισις αὐτῶν ἐνδεεστέρα ἦν. ὡς γὰρ διὰ τάχους συλλεχθέντες, ἐξῆλθον ἐκ τῆς πόλεως ἀπαράσκευοι.

> **Παγώνδας** Observe that *Doric* patronymics end in -δας (so Epaminondas, Brasidas, Alcidas), *Attic* in -δης (so Thucydides, Alcibiades, etc.)
> **τῶν δισμυρίων** The article in Greek is often used with numerals, where we would omit it.

207. ἐξῇσαν οὖν ἐς μάχην ἀμφότεροι. οἱ δὲ Βοιωτοὶ ἐτάχθησαν ὧδε, — ἐπὶ μὲν τὸ δεξιὸν κέρας οἱ Θηβαῖοι, ἐπὶ δὲ τὸ εὐώνυμον οἱ Ὀρχομένιοι. τὴν δὲ μέσην φάλαγγα οἱ ἄλλοι Βοιωτοὶ ἀνεπλήρουν.

κατέστησαν δὲ ἐν μετώπῳ ἐπίλεκτοι ἄνδρες τριακόσιοι. ἰδόντες
δὲ αὐτοὺς οἱ Ἀθηναῖοι ἤρχοντο τὸ ἑαυτῶν στράτευμα διακοσμεῖν.
ἔτι δὲ διατασσόμενοι ᾔσθοντο τοὺς πολεμίους ἐπιφερομένους, καὶ
ἠναγκάσθησαν μάχην εὐθὺς συνάπτειν. ἡ δὲ συμβολὴ ἐγένετο ἰσχυρά,
καὶ οἱ μὲν τῶν Ἀθηναίων ἱππεῖς λαμπρῶς ἀγωνιζόμενοι ἠνάγκασαν
τοὺς ἀντιστάντας ἱππέας φυγεῖν. διαμαχομένων δὲ τῶν πεζῶν, οἱ μὲν
Θηβαῖοι ἔτρεψαν τοὺς ἑαυτοῖς ἀντιταχθέντας Ἀθηναίους, οἱ δὲ ἄλλοι
Βοιωτοὶ ἡσσώμενοι ἔφευγον.

ἤρχοντο Story 48 (first note).

208. τούτους οὖν οἱ Ἀθηναῖοι ἐδίωξαν. οἱ δὲ Θηβαῖοι, διαφέροντες
τῇ τῶν σωμάτων ῥώμῃ, οὐδ᾽ ὁτιοῦν ὑπε-χώρουν, ἀλλ᾽ ἐπιστρέψαντες,
καὶ τοῖς διώκουσιν Ἀθηναίοις ἐπιπεσόντες, φυγεῖν ἠνάγκασαν. διὰ δὲ
ταῦτα οἱ Θηβαῖοι μεγάλην δόξαν εἰκότως ἀπηνέγκαντο. ἡσσηθέντων
γὰρ τῶν ἄλλων Βοιωτῶν, οὗτοι μόνοι τοὺς νικῶντας ἔτρεψαν. τῶν δὲ
Ἀθηναίων οἱ μὲν εἰς Ὠρωπὸν κατέ-φυγον, οἱ δὲ εἰς τὸ Δήλιον, τινὲς δὲ
καὶ πρὸς τὴν θάλασσαν ἠπείγοντο, ἔτυχον γὰρ ναῦς τινὰς ἐκεῖ ἔχοντες.
ἄλλοι δὲ κατ᾽ ἄλλους τόπους, ὡς ἔτυχεν ἕκαστος, διεσπάρησαν.
ἔπεσον δὲ ἐν τῇ μάχῃ ταύτῃ τῶν μὲν Βοιωτῶν μάλιστα πεντακόσιοι,
τῶν δὲ Ἀθηναίων πολλαπλάσιοι τούτων.

πολλαπλάσιοι τούτων Genit. of comparison, "than."

209. εἰ μὲν οὖν ἡ νὺξ μὴ προκατέλαβε τὴν δίωξιν, ἀπέθανον ἂν οἱ
πλεῖστοι τῶν Ἀθηναίων. αὕτη δὲ ἐν καιρῷ ἐπιγιγνομένη διέσωσε τοὺς
φεύγοντας· ὅμως δὲ τὸ τῶν ἀναιρεθέντων πλῆθος τοσοῦτον ἦν, ὥστε
οἱ Θηβαῖοι κατέστησαν ἐκ τῆς λείας ἐν τῇ ἀγορᾷ στοὰν μεγάλην,
ἐκόσμησαν δὲ αὐτὴν ἀνδριᾶσι χαλκοῖς, τοῖς δὲ ὅπλοις τῶν νεκρῶν
καὶ τοῖς σκύλοις ναοὺς πολλοὺς κατεχαλκῶσαν. μετὰ δὲ τὴν μάχην οἱ
Βοιωτοὶ προσβολὰς ποιησάμενοι τῷ Δηλίῳ εἷλον αὐτὸ κατὰ κράτος.
τῶν δὲ φρουρούντων ἐν αὐτῷ οἱ μὲν πλείους μαχόμενοι ἀπέθανον
γενναίως, διακόσιοι δὲ ἑάλωσαν. καταφυγόντες δὲ οἱ λοιποὶ εἰς τὰς
ναῦς διεκομίσθησαν οἴκαδε.

αὕτη i.e. νὺξ.
ἀνδριᾶσι χαλκοῖς The metal for these was supplied by the spoils. See next sentence.
This battle was in 424 BC; see Thucydides 4.89-101.

ATHENIAN PUBLIC FUNERALS

210. φησὶν ὁ Θουκυδίδης ὅτι οἱ Ἀθηναῖοι ταφὰς ποιοῦνται τῶν ἐν τοῖς πολέμοις ἀποθανόντων τρόπῳ τοιῷδε. τὰ μὲν ὀστᾶ συλλέξαντες προτίθενται πρότριτα, σκηνὴν ποιήσαντες. οἱ δὲ οἰκεῖοι τῶν ἀπογενομένων στεφάνους ἐπιφέρουσι, καὶ ὅσα ἂν ἄλλα τις βούληται. ἐπειδὰν δὲ ἡ ἐκφορὰ ᾖ, ἅμαξαι ἄγουσι λάρνακας κυπαρισσίνας, καὶ τὰ ὀστᾶ ἐς ταύτας ἐντιθέασι διαιρεθέντα κατὰ φυλάς, ἑκάστης γὰρ φυλῆς μία λάρναξ ἐστίν. ἅμα δὲ ἄλλη τις κλίνη κενὴ φέρεται ἐστρωμένη, ἵνα μνημεῖον ᾖ τῶν παραλελειμμένων νεκρῶν, οἳ ἂν μὴ εὑρεθῶσιν εἰς ἀναίρεσιν. συνεκφέρουσι δὲ ὅσοι βούλονται καὶ ἀστῶν καὶ ξένων, καὶ αἱ προσήκουσαι γυναῖκες πάρεισιν ἐπὶ τὸν τάφον ὀλοφυρόμεναι.

κατὰ φυλάς In early times there were four tribes at Athens; their number was increased to ten by the famous reformer Cleisthenes (509 BC).
ἐστρωμένη i.e. with coverlets, palls, etc.

211. ταῦτα οὖν ποιήσαντες τιθέασι τοὺς νεκροὺς ἐς τὸ δημόσιον σῆμα, ὅ ἐστιν ἐπὶ τοῦ καλλίστου προαστείου τῆς πόλεως. καὶ θάπτουσιν ἀεὶ ἐν τούτῳ τοὺς ἐν τοῖς πολέμοις πεσόντας, πλήν γε τοὺς ἐν Μαραθῶνι, κρίναντες γὰρ τὴν ἐκείνων ἀρετὴν διαπρεπῆ εἶναι οὐκ ἐκόμισαν πάλιν οἴκαδε τοὺς νεκρούς, ἀλλὰ τὸν τάφον ἐποίησαν ἐπ' αὐτοῦ τοῦ τόπου, ἐν ᾧπερ καὶ ἀπέθανον.

ἐπειδὰν δὲ κρύψωσι γῇ τοὺς νεκρούς, σοφός τις καὶ ἔντιμος ἀνὴρ ᾑρημένος ὑπὸ τῆς πόλεως λέγει ἐπ' αὐτοῖς τὸν πρέποντα ἔπαινον. ἀγορεύει δὲ προελθὼν ἀπὸ τοῦ σήματος ἐπὶ βῆμα ὑψηλὸν πεποιημένον, ὅπως ἀκούηται ὡς ἐπὶ πλεῖστον τοῦ ὁμίλου.

τὸν πρέποντα ἔπαινον Similar addresses at the graves of illustrious men are delivered at the present day in some countries.
πεποιημένον Made for the occasion.
ὡς ἐπὶ πλεῖστον ὡς emphasises πλεῖστον, "as far as possible."

Thucydides 2.34

CYLON'S USURPATION

212. Κύλων ἦν ἀνὴρ Ἀθηναῖος, εὐγενής τε καὶ δυνατός· ἐνενικήκει γάρ ποτε ἐν τῷ Ὀλυμπιακῷ καλουμένῳ ἀγῶνι, καὶ διὰ ταῦτα ὑπὸ πάντων μάλιστα ἐτιμήθη. γεγαμηκὼς δὲ θυγατέρα Θεαγένους τινός, ὃς κατ' ἐκεῖνον τὸν χρόνον Μεγάρων ἐτυράννευεν, ἐβούλετο καὶ αὐτὸς γίγνεσθαι τύραννος. ἐπορεύθη οὖν πρὸς τὸ μαντεῖον τὸ ἐν Δελφοῖς, χρησόμενος τῷ Ἀπόλλωνι, εἰ τὸ βούλευμα αὐτῷ προ-χωρήσει. ἀνεῖλε δὲ ὁ θεός, ὅτι γενήσεται ταῦτα, εἰ καταλήψεται τὴν ἀκρόπολιν τῶν Ἀθηναίων ἐν τῇ τοῦ Διὸς μεγίστῃ ἑορτῇ. πρὸς ταῦτα οὖν ὁ Κύλων ἐνόμισε τὰ Ὀλύμπια εἶναι μεγίστην τοῦ Διὸς ἑορτήν. ᾤετο δὲ ταῦτα καὶ ἑαυτῷ μάλιστα προσήκειν, διότι ἐκεῖ νενίκηκεν.

ἐτιμήθη Successes at Olympia, and other great athletic festivals, were most extravagantly valued by the Greeks, and were considered as bringing glory to the conqueror's fellow-citizens, as well as to himself.

ἐτυράννευεν By a τύραννος the Greeks meant not necessarily a cruel king (or "tyrant," in our sense of the word), but usually a *usurper* of sovereign power (as opposed to βασιλεὺς, a *hereditary* king).

εἰ "Whether."

213. ὁ δὲ Κύλων, ὡς ἔοικε, ταῦτα λίαν ἀπερισκέπτως ἐλογίσατο. τὰ γὰρ Ὀλύμπια ἦν μὲν μεγάλη ἑορτή· ἔστι δὲ καὶ ἄλλη τις πανήγυρις τῶν Ἀθηναίων, ἥπερ διαρρήδην καλεῖται "μεγίστη Διὸς ἑορτή." τὰ γὰρ Διάσια, τὰ ἔξω τῆς πόλεως ποιούμενα, ἐπίκλησιν τοιαύτην ἔχει· οἱ δὲ Ἀθηναῖοι ἐν αὐτοῖς πανδημεὶ θύουσιν. αὕτη οὖν ἦν ἡ ἑορτὴ ἡ ὑπὸ τοῦ θεοῦ λεγομένη. ἐπεχείρησε τοίνυν τῷ ἔργῳ ὁ Κύλων, καὶ τὴν ἀκρόπολιν ἐν τοῖς Ὀλυμπίοις κατέλαβεν. οἱ δὲ Ἀθηναῖοι αἰσθόμενοι ἐβοήθησαν ἐπ' αὐτὸν ἐκ τῶν ἀγρῶν πανδημεί, καὶ προσκαθεζόμενοι ἐπολιόρκουν. χρόνου δὲ πολλοῦ ἐπιγιγνομένου, οἱ Ἀθηναῖοι τρυχόμενοι τῇ προσεδρείᾳ ἠθύμησαν.

πανήγυρις From πᾶς and the root of ἄγω and ἀγορά, a meeting or gathering of the people. English "panegyric" comes from this word because a panegyric is a speech given in such a meeting; the specific English meaning "speech of praise" comes about because such speeches would normally be patriotic and cheerful.

214. ἀπῆλθον οὖν οἱ πολλοί, τοῖς δὲ ἐννέα ἄρχουσιν (οἱ ἔπρασσον τότε τὰ πλεῖστα τῶν πολιτικῶν) ἐπέτρεψαν τὴν τῆς ἀκροπόλεως φυλακήν. ἐκέλευσαν δὲ τούτους πάντα ποιεῖν, ὅσα ἄριστα εἶναι διαγιγνώσκοιεν. οἱ δὲ μετὰ τοῦ Κύλωνος πολιορκούμενοι κακῶς εἶχον σίτου τε καὶ ὕδατος ἀπορίᾳ. ὁ μὲν οὖν Κύλων καὶ ὁ ἀδελφὸς αὐτοῦ ἐκδιδράσκουσιν. οἱ δὲ ἄλλοι (ὡς ἐπιέζοντο, καί τινες αὐτῶν καὶ ἀπέθνησκον ὑπὸ τοῦ λιμοῦ), καθίζουσιν ἐπὶ τὸν βωμὸν τὸν ἐν τῇ ἀκροπόλει ὡς ἱκέται. οἱ δὲ φύλακες τῶν Ἀθηναίων ἀναστήσαντες αὐτούς, ὅπως μὴ ἐν τῷ ἱερῷ ἀποθνήσκοιεν, ὑπισχνοῦνται μὲν κακὸν μηδὲν ποιήσειν, ἀπαγαγόντες δὲ ὅμως πάντας ἀπέκτειναν.

καθίζουσιν, etc. By this act they put themselves under the protection of the god to whom the altar belonged, taking sanctuary, as it were.

μὴ ἐν τῷ ἱερῷ, etc. Had they died in the temple, it would have been a great shock to Greek religious feeling, and some terrible calamity would have been expected to follow as a punishment to the nation. ἀναστήσαντες does not express a removal of the suppliants *by force,* but rather by apparently friendly persuasions.

Thucydides 1.126, Herodotus 5.71, and Pausanias 1.40 all give the story, which happened in 632 BC.

PIRACY IN EARLY GREECE

215. πρῶτος πάντων, ὧν ἴσμεν, ὁ Μίνως ναυτικὸν ἐκτήσατο, καὶ ἐκράτησεν ἐπὶ πλεῖστον τῆς Ἑλληνικῆς θαλάσσης. καὶ τῶν Κυκλάδων νήσων ἐβασίλευσε, πολλῶν δὲ αὐτῶν οἰκιστὴς ἐγένετο πρῶτος, τοὺς Κᾶρας ἐξελάσας, καὶ τοὺς ἑαυτοῦ παῖδας ἐγκαταστήσας ἐν αὐταῖς ἡγεμόνας. καθῄρει δὲ οὗτος ἐκ τῆς θαλάσσης τοὺς λῃστάς, ἐφ᾽ ὅσον ἐδύνατο· ἵνα ἀτάρακτοι ὄντες οἱ νησιῶται φέροιεν αὐτῷ προσόδους πλείους. οἱ γὰρ Ἕλληνες τὸ πάλαι, ἐπειδὴ ἤρξαντο μᾶλλον περαιοῦσθαι ναυσὶν ἐπ᾽ ἀλλήλους, ἐτράποντο πρὸς λῃστείαν. αἱ δὲ τότε πόλεις ἀτείχιστοι ἦσαν αἱ πολλαί. ταύταις οὖν προσπίπτοντες οἱ λῃσταὶ ἥρπαζον αὐτὰς ῥᾳδίως, καὶ τὸν πλεῖστον τοῦ βίου ἐντεῦθεν ἐποιοῦντο.

Μίνως Said to have lived two generations before the Trojan war, i.e. in the 13th century BC — when Theseus was king of Athens. But the early Greek history is so mixed up with fable that no chronology founded on it can be trusted.

θαλάσσης Governed by ἐκράτησεν.

216. ἐπὶ γὰρ τῶν πάνυ παλαιῶν ἀνθρώπων ἡ λῃστεία οὐ μόνον αἰσχύνην οὐδεμίαν ἔσχεν, ἀλλὰ καὶ δόξαν τινὰ ἔφερεν. ἐν δέ τισι τῶν Ἑλλήνων, ἔτι καὶ ὕστερον, κόσμος ἦν καλῶς τοῦτο δρᾶν. καὶ οἱ παλαιοὶ τῶν ποιητῶν τὰ αὐτὰ δηλοῦσιν. ἐν γοῦν τοῖς τοῦ Ὁμήρου ἔπεσιν ὁ Νέστωρ, ξενίζων τὸν Τηλέμαχον, ἀγνοῶν δὲ αὐτὸν, ἐρωτᾷ, εἰ λῃστής ἐστι. καὶ οὔτε ὁ τὰ τοιαῦτα ἐρωτῶν ὀνειδίζει τοὺς ἀπὸ λῃστείας ζῶντας, οὔτε ἐκεῖνος αὖ ἀποκρινόμενος ἀπαξιοῖ τὸ ἔργον. καίτοι ὁ μὲν Νέστωρ γέρων ἦν τιμιώτατος ἐν τῇ Ἑλλάδι· ὁ δὲ Τηλέμαχος νεανίσκος σωφρονέστατος, καὶ ὁ πατὴρ αὐτοῦ βασιλεὺς ἦν.

> **Νέστωρ** King of Pylos, the oldest Grecian leader in the Trojan war, renowned for eloquence. His name passed into a proverb for old age.
> **Τηλέμαχος** Son of Odysseus (in Latin, Ulysses). The passage here alluded to occurs in the *Odyssey*, Book III. 73:
> " Range ye like pirates, whom no perils bar,
> Who o'er the wide sea, with their lives in doubt,
> Range, and to foreign ships mischance and harm deal out?"
> Worsley's Translation.
> See Thucydides 1.4 and 1.8.

BEGINNINGS OF GREEK CIVILIZATION

217. οἱ παλαίτατοι τῶν Ἑλλήνων πάντες ἐσιδηροφόρουν. ἡ γὰρ τότε δίαιτα οὔπω ἀσφαλὴς ἦν· ἐπεὶ καὶ οἱ λῃσταὶ προσέπιπτον πολλάκις ταῖς πόλεσι, καὶ αὐτοὶ οἱ πολῖται, ὁπότε διαφοράς τισιν ἔχοιεν, οὐ δίκῃ ἀλλὰ βίᾳ ταύτας διῄρουν. πρῶτοι δὲ οἱ Ἀθηναῖοι καὶ ἄλλοι τινὲς κατέθεντο τὸν σίδηρον, καὶ εἰς ἀνειμένην μᾶλλον δίαιταν μετέστησαν. καὶ αἱ μὲν παλαιαὶ πόλεις τῶν Ἑλλήνων ἀπεῖχον ὅ, τι πλεῖστον ἀπὸ τῆς θαλάσσης, οἱ γὰρ οἰκισταὶ αὐτῶν ἐφοβοῦντο τοὺς λῃστάς. αἱ δὲ νεώτεραι αὖ ἐκτίζοντο πολλάκις ἐπ' αὐτοῖς τοῖς αἰγιαλοῖς καὶ τοῖς ἰσθμοῖς, ἐμπορίας ἕνεκα. ἡ γὰρ λῃστρικὴ ἤδη τότε ἐπέπαυτο, ὥστε οὐκέτι ἐφοβοῦντο ἐκεῖ οἰκίζεσθαι.

> **ἐσιδηροφόρουν** The habitual carrying of arms is a sign of barbarism, since it implies that society is not strong enough to guarantee the lives of its members unless they can protect themselves. It was universal in England till the eighteenth century, and was even revived for a while as late as 1790. Swords are still a part of *court* dress, — an unmeaning survival of what was once a necessity.
> **τισιν** "Against their neighbors."
> **ἀνειμένην** (Properly perf. pass. of ἀνίημι), "loose, easy."
> Thucydides 1.6-1.7.

DESCENT UPON EGYPT BY ATHENIAN ADVENTURERS

218. Στρατιῶταί τινες τῶν Ἀθηναίων, πλεύσαντες ἐκ Κύπρου ἐς τὸν Νεῖλον, ἐκράτουν τε τοῦ ποταμοῦ, καὶ τῆς ἄλλης Αἰγύπτου τὸ πλεῖστον μέρος κατέσχον. ἐβασίλευε δὲ τότε τῶν Περσῶν Ἀρταξέρξης, ἡ δὲ Αἴγυπτος ὑπήκοος τούτων ἦν. ἀκούσας οὖν τὰ γενόμενα, καὶ τὸ πρᾶγμα βαρέως φέρων, ἔπεμψεν ἐς Λακεδαίμονα Μεγάβαζον ἄνδρα Πέρσην, χρήματα ἔχοντα, ὅπως δοὺς ταῦτα πείθοι τοὺς Λακεδαιμονίους ἐσβαλεῖν ἐς τὴν Ἀττικήν. ἤλπιζε γὰρ τοὺς Ἀθηναίους ἀπιέναι αὖθις οἴκαδε ἀπὸ τῆς Αἰγύπτου, ἢν πύθωνται τὴν πατρίδα φθειρομένην. ἦλθεν οὖν ἐς τὴν Ἑλλάδα ὁ Μεγάβαζος. ὡς δὲ αὐτῷ τὸ πρᾶγμα οὐκ εὖ ἐχώρει, ἐκομίσθη πάλιν ἐς τὴν Ἀσίαν ἄπρακτος.

ἐς τὸν Νεῖλον This expedition occurred about 460 BC. Its object was to assist a certain Inaros in an attempt to rescue Egypt from the Persians.

δοὺς ταῦτα The money was to be spent probably in private bribes to influential Spartans, who would in return influence the policy of the nation in the required direction. An enormous quantity of Persian gold found its way into Greece, after the great war between the two nations ended.

219. μετὰ δὲ ταῦτα πέμπει ὁ Μεγάβαζος ἐς τὴν Αἴγυπτον ἄλλον τινὰ ἄνδρα Πέρσην, Μεγάβυζον τὸν Ζωπύρου, μετὰ στρατιᾶς πολλῆς. ἀφικόμενος οὖν οὗτος ἐξήλασέ τε τοὺς Ἕλληνας ἐκ τῆς χώρας, καὶ τέλος κατέκλεισεν αὐτοὺς ἐς μικράν τινα νῆσον· καλεῖται δὲ ἡ νῆσος Προσώπιτις. καὶ ἐπολιόρκει ἐν ταύτῃ τοὺς Ἀθηναίους ἐνιαυτὸν καὶ μῆνας ἕξ, ἀλλ᾽ οὐ δυνάμενος ἑλεῖν τὸ χωρίον τοιάνδε τινὰ μηχανὴν ἐπινοεῖ. ξηράνας τὸν ποταμὸν, τὸ ὕδωρ ἄλλῃ παρέτρεψεν. ἐγένοντο τοίνυν ἐπὶ τοῦ ξηροῦ αἱ νῆες τῶν Ἀθηναίων, καὶ τὰ πολλὰ τῆς νήσου ἤπειρος, διαβὰς δὲ ὁ Μεγάβυζος εἷλε τὴν νῆσον πεζῇ, καὶ τὰ τῶν Ἑλλήνων πράγματα οὕτω διεφθάρη.

ἤπειρος Predicate. Understand ἐγένετο from the last clause.

εἷλε τὴν νῆσον Certain terms of capitulation were agreed upon, but not observed, by the Persians, who massacred all the Athenians (except a small body, which cut its way through and escaped to Cyrene, and thence home).

Thucydides 1.109-110.

QUARRELS BETWEEN ATHENS AND HER ALLIES.
THASOS SECEDES. FOUNDATION OF AMPHIPOLIS

220. οἱ Θάσιοι σύμμαχοί ποτε ἦσαν τῶν Ἀθηναίων. χρόνῳ δὲ
ὕστερον ἀπέστησαν αὐτῶν, διαφοράν τινα ἔχοντες περὶ ἐμπορίων
καὶ μετάλλων. καὶ ναυσὶ μὲν ἐπὶ Θάσον πλεύσαντες οἱ Ἀθηναῖοι
ναυμαχίᾳ ἐκράτησαν, καὶ ἐς τὴν γῆν ἀποβάντες ἐπολιόρκησαν τὴν
πόλιν. ἔπεμψαν δὲ ἐπὶ Στρυμόνα (ὃς ποταμός ἐστιν ἐν τῇ ἀντιπέρας
Θρᾴκῃ ἀπέχων οὐ πολὺ τῆς Θάσου) μυρίους οἰκήτορας αὐτῶν τε καὶ
τῶν συμμάχων· ἐκέλευσαν δὲ αὐτοὺς χωρίον τι οἰκίζειν, ὅπερ ἐκαλεῖτο
τότε μὲν Ἐννέα Ὁδοί, νῦν δὲ Ἀμφίπολις. τούτου οὖν τοῦ χωρίου οἱ
οἰκήτορες ἐκράτησαν, ἔπειτα δὲ προελθόντες ἐς τὴν μεσόγειαν τῆς
Θρᾴκης διεφθάρησαν ἐν Δραβήσκῳ ὑπὸ τῶν ἐπιχωρίων.

> **μετάλλων** From this source Thasos drew a large revenue.
> **Ἀμφίπολις** The town was situated at a bend of the river, so that it faced both up-
> stream and down. Hence its new name.
>
> The events in this and the next five stories took place in
> 465 BC and are told in Thucydides 1.101 and following.

AN APPLICATION TO SPARTA. THE FUGITIVES IN ITHOME

221. Θάσιοι δὲ νικηθέντες μάχαις καὶ πολιορκούμενοι
Λακεδαιμονίους ἐπεκαλοῦντο, ἐκέλευον δὲ ἐπαμῦναι ὡς τάχιστα
ἐσβαλόντας ἐς τὴν Ἀττικήν. οἱ δὲ ὑπέσχοντο μὲν κρύφα τῶν Ἀθηναίων
ποιήσειν ταῦτα, καὶ ἔμελλον· διεκωλύθησαν δὲ διὰ τόδε. σεισμός τις
ἐγένετο τῆς γῆς ὥστε πάντας ταραχθῆναι. αἰσθόμενοι δὲ ταῦτα πολλοὶ
τῶν τε Εἰλώτων καὶ τῶν περιοίκων ἀπέστησαν. καὶ καταλαβόντες ὄρος
ὑψηλὸν τῆς Μεσσηνίας ὀνόματι Ἰθώμην ἔρυμα ἐν αὐτῷ ἐτειχίσαντο.
ἔδει δὲ ἄρα τοὺς Λακεδαιμονίους, πρὶν ἀμῦναι τοῖς Θασίοις τοὺς
ἐν Ἰθώμῃ πρότερον καταστρέφεσθαι. οὐ γὰρ ἀσφαλὲς ἦν αὐτοῖς
πολεμίους μὲν πλησίον καθιδρυμένους περιορᾶν, φίλων δὲ ἕνεκα
ἄπωθεν ὄντων στρατείας ἐς τὴν ἀλλοτρίαν ποιεῖσθαι.

> **τῶν Εἰλώτων καὶ τῶν περιοίκων** The Spartans were a nation of invaders, and
> never amalgamated with the original inhabitants of Laconia. These latter were
> divided into the two classes of *Helots* and *Perioeci*, — the Helots being actual
> slaves or serfs, the Perioeci personally free, but destitute of all political rights.
> **Μεσσηνίας** This country had been long since conquered by the Spartans, and was at
> this time practically part of Laconia.
> **ἀλλοτρίαν** Understand γῆν.

Thasos Yields. Athens Helps Sparta to Reduce Ithome

222. πρὸς μὲν οὖν τοὺς ἐν Ἰθώμῃ πόλεμος καθειστήκει τοῖς Λακεδαιμονίοις. Θάσιοι δὲ τρίτῳ ἔτει πολιορκούμενοι ὁμολογίαν ἐποιήσαντο τοῖς Ἀθηναίοις, καὶ ὑπέσχοντο τεῖχός τε καθαιρήσειν, καὶ ναῦς παραδώσειν, χρήματα δὲ ὅσα ἔδει ἀποδώσειν αὐτίκα, καὶ τὸ λοιπὸν φόρον ὑποτελέσειν. ἀφίεσαν δὲ τό πε μέταλλον καὶ τὰ ἄλλα ὅσα εἶχον ἐν τῇ ἠπείρῳ. οἱ δὲ Λακεδαιμόνιοι ὡς ἐμηκύνετο αὐτοῖς ὁ πρὸς τοὺς ἐν Ἰθώμῃ πόλεμος ἄλλους τε ἐπεκαλέσαντο συμμάχους καὶ τοὺς Ἀθηναίους. οἱ δὲ ἦλθον πλήθει οὐκ ὀλίγῳ, ἐστρατήγει δὲ αὐτῶν ὁ Κίμων. μάλιστα δὲ αὐτοὺς ἐπεκαλέσαντο οἱ Λακεδαιμόνιοι ὅτι ἐκεῖνοι μὲν ἐδόκουν δυνατοὶ εἶναι τειχομαχεῖν, αὐτοὶ δὲ ἧσσον.

ἐμηκύνετο αὐτοῖς Ethic dative, "hung on their hands."
ἐκεῖνοι ... αὐτοὶ Note the contrast — ἐκεῖνοι, the Athenians, αὐτοὶ, the Spartans.

Mistrust. A Rude Dismissal

223. καὶ διαφορὰ πρῶτον Λακεδαιμονίοις καὶ Ἀθηναίοις φανερὰ ἐγένετο ἐκ ταύτης τῆς στρατείας. οἱ γὰρ Λακεδαιμόνιοι, ἐπειδὴ τὸ χωρίον βίᾳ οὐχ ἡλίσκετο, μόνους τῶν συμμάχων τοὺς Ἀθηναίους ἀπέπεμψαν. ταῦτα δὲ ἐποίησαν δείσαντες αὐτούς, μὴ (ἐὰν παραμείνωσι) ποιήσωσί τι νεώτερον πεισθέντες ὑπὸ τῶν ἐν Ἰθώμῃ. ἡγήσαντο γὰρ αὐτοὺς τολμηρούς τε φύσει εἶναι καὶ ἅμα ἀλλοφύλους. οὐ μέντοι ἐδήλωσαν αὐτοῖς τὴν ὑποψίαν ταύτην, ἀλλ' ἔφασκον ὡς οὐκέτι αὐτῶν οὐδὲν προσδέονται. ᾔσθοντο δὲ οἱ Ἀθηναῖοι ὅτι οὐ διὰ ταῦτα ἀποπέμπονται, διὰ δὲ ὑποψίαν τινὰ γενομένην. λυπούμενοι δ' οὖν καὶ οὐκ ἀξιώσαντες τοῦτο παθεῖν ὑπὸ Λακεδαιμονίων διενοοῦντο αὐτίκα τιμωρίαν λαβεῖν.

νεώτερον νεώτερον τι ποιεῖν = νεωτερίζειν. See Vocabulary.
τοῦτο παθεῖν "to be treated thus."

ATHENS AND SPARTA SEPARATE. ITHOME SURRENDERS. MEGARA JOINS ATHENS

224. εὐθὺς οὖν ἐπειδὴ ἀνεχώρησαν, οἱ Ἀθηναῖοι ἀφεῖσαν μὲν τὴν συμμαχίαν ἣν εἶχον πρὸς τοὺς Λακεδαιμονίους, τοῖς δὲ ἐκείνων πολεμίοις Ἀργείοις σύμμαχοι ἐγένοντο. τῆς δὲ συμμαχίας ταύτης μετέσχον καὶ οἱ Θεσσαλοί. οἱ δὲ ἐν Ἰθώμῃ, ὡς οὐκέτι ἐδύναντο ἀντέχειν, δεκάτῳ ἔτει συνέβησαν πρὸς τοὺς Λακεδαιμονίους, καὶ ἐξῆλθον ἐκ Πελοποννήσου ὑπόσπονδοι. ὑπέσχοντο δὲ μηδέποτε κατιέναι, ἢν δέ τις ἁλίσκηται τοῦτο ποιήσας δοῦλον ἔσεσθαι τοῦ λαβόντος. ἐξῆλθον δὲ αὐτοὶ καὶ παῖδες καὶ γυναῖκες, οἱ δὲ Ἀθηναῖοι αὐτοὺς ἐδέξαντο κατὰ ἔχθος Λακεδαιμονίων, καὶ κατῴκισαν αὐτοὺς ἐς Ναύπακτον, ἣν ἔτυχον νεωστὶ ᾑρηκότες. ἀποστάντες δὲ τῶν Λακεδαιμονίων καὶ οἱ Μεγαρῆς τοῖς Ἀθηναίοις σύμμαχοι ἐγένοντο.

ἀφεῖσαν 2 aor. indic. (not used in the *singular*) of ἀφίημι.
τοῦ λαβόντος = ἐκείνου ὃς ἂν αὐτὸν λάβῃ.

MEGARA DRAGS ATHENS INTO A QUARREL WITH CORINTH

225. τὸ δὲ αἴτιον τῆς τῶν Μεγαρέων ἀποστάσεως τοιόνδε ἦν. εἶχον διαφοράν τινα περὶ γῆς ὅρων τοῖς Κορινθίοις, συμμάχοις τότε οὖσι τῶν Λακεδαιμονίων, οἱ δὲ Κορίνθιοι διὰ ταῦτα κατεῖχον αὐτοὺς πολέμῳ. προσεχώρησαν οὖν τοῖς Ἀθηναίοις· οἱ δὲ ὠφέλειάν τε ἔπεμψαν, καὶ ᾠκοδόμησαν τοῖς Μεγαρεῦσι τὰ μακρὰ τείχη τὰ ἀπὸ τῆς πόλεως ἐς τὸν λιμένα, καὶ ἔστησαν ἐν αὐτοῖς φρουράν. αἰσθόμενοι δὲ ταῦτα οἱ Κορίνθιοι ἤχθοντο, καὶ τὸ πρᾶγμα βαρέως ἔφερον. οὐ μέντοι ἐτόλμων ἐν τῷ παρόντι ποιεῖσθαι πρὸς τὰ τείχη προσβολήν. καὶ ἀπὸ τοῦδε οὐχ ἥκιστα τὸ σφοδρὸν μῖσος τῶν Κορινθίων ἐς τοὺς Ἀθηναίους ἤρξατο πρῶτον γενέσθαι.

τὰ μακρὰ τείχη The regular name for walls connecting a city with its harbor, when the latter was at some little distance. As it was highly important to keep up such communication in case of a siege, these walls were generally at least as strong as those of the city itself.

τὸ σφοδρὸν μῖσος This enmity of Corinth towards Athens would become one of the chief causes of the great Peloponnesian war, starting in 431.

TROUBLES IN CORCYRA. PROSECUTION OF PEITHIAS, AND HIS REVENGE

226. ἐστασίαζόν ποτε οἱ Κερκυραῖοι· ἐφρόνει γὰρ ὁ μὲν δῆμος τὰ τῶν Ἀθηναίων, οἱ δὲ ὀλίγοι αὖ τὰ τῶν Λακεδαιμονίων, οἵπερ τοῖς Ἀθηναίοις πολέμιοι τότε ἦσαν. προειστήκει δὲ τοῦ δήμου κατ᾽ ἐκεῖνον τὸν χρόνον Πειθίας τις, ἀνὴρ ἔντιμός τε ἐν τῇ πόλει καὶ τοῖς Ἀθηναίοις μάλιστα εὔνους. τοῦτον οὖν τὸν Πειθίαν οἱ ὀλίγοι ἐς δίκην ὑπάγουσι, λέγοντες ὡς πειρᾶται τὴν Κέρκυραν καταδουλοῦν τοῖς Ἀθηναίοις. ὁ δὲ ἀπέφυγέ τε τὴν δίκην ταύτην, καὶ ἐκείνους ἀνθυπήγαγε, φάσκων αὐτοὺς ἱεροσύλους εἶναι, ἐπεὶ χάρακας εἰώθασι τέμνειν ἐκ τοῦ Διὸς τεμένους. καὶ τῷ τοιαῦτα δράσαντι ζημία ἐπέκειτο, καθ ἑκάστην χάρακα στατήρ.

> ἐστασίαζον στάσις was the technical term for "civil war" between oligarchs and democrats in a Greek state. See Story 205 (first note).
>
> ἐπέκειτο Imperfect; not "was imposed (on that occasion)," but "used to be imposed (as a general rule)."
>
> The source for this group of stories, from here to 241, is Thucydides 3.69-81. The trouble begins in 427 BC.

THE END OF PEITHIAS

227. ὀφλόντες δὲ οἱ ὀλίγοι τὴν δίκην ταύτην ἠθύμησαν διὰ πλῆθος τῆς ζημίας. καὶ ἐκαθέζοντο πρὸς τὰ ἱερὰ ἱκέται, βουλόμενοι μὴ συλλήβδην ἀλλὰ κατὰ μικρὸν ἀποδιδόναι τἀργύριον. πείθει δὲ τὴν πόλιν ὁ Πειθίας (ἐτύγχανε γὰρ βουλευτὴς ὤν), τοῦτο μὲν μὴ συγχωρῆσαι, τῷ δὲ νόμῳ χρήσασθαι. πρὸς ταῦτα οὖν οἱ ὀλίγοι συνίσταντο· καὶ λαβόντες ἐγχειρίδια, καὶ ἐς τὴν βουλὴν ἐξαπιναίως ἐσελθόντες, αὐτόν τε τὸν Πειθίαν κτείνουσι καὶ ἄλλους τῶν τε βουλευτῶν καὶ ἰδιωτῶν ἐς ἑξήκοντα. ἔπειτα δὲ συγκαλέσαντες τοὺς Κερκυραίους εἶπον, ὅτι βέλτιστά ἐστι ταῦτα, νῦν γὰρ δὴ ὑπ᾽ Ἀθηναίων ἡ πόλις οὐ δουλωθήσεται.

> ἐκαθέζοντο Story 214 (first note).
>
> κατὰ μικρὸν We should say, "in installments," συλλήβδην, "in a lump."
>
> τἀργύριον = τό ἀργύριον (Crasis).
>
> νῦν γὰρ δὴ δὴ suggesting that their alleged motive was a mere pretence, "so they said."

THE OLIGARCHS GET HELP FROM ABROAD

228. μετὰ δὲ ταῦτα ἦλθεν ἐς Κέρκυραν ἐκ Πελοποννήσου τριήρης Κορινθία καὶ πρέσβεις Λακεδαιμόνιοι. ἀφικομένη δὲ ἡ τριήρης τοὺς ὀλίγους ἐθάρσυνε, καὶ ἐπιτίθενται ἐκ τοῦ φανεροῦ τῷ δήμῳ, καὶ μαχόμενοι ἐνίκησαν. ἐπειδὴ δὲ νὺξ ἐγένετο, ὁ μὲν δῆμος ἐς τὴν ἀκρόπολιν καὶ τὰ μετέωρα τῆς πόλεως καταφεύγει, καὶ συλλεχθεὶς αὐτοῦ ἱδρύθη· οἱ δὲ ὀλίγοι τὴν ἀγορὰν κατέλαβον, οὗπερ οἱ πολλοὶ αὐτῶν ᾤκουν. τῇ δὲ ὑστεραίᾳ ἀκροβόλισίς τις ἦν· καὶ ἀμφότεροι περιέπεμπον ἐς τοὺς ἀγροὺς, παρακαλοῦντες πρὸς ἑαυτοὺς τοὺς δούλους, καὶ ὑπισχνούμενοι ἐλευθερίαν. καὶ οἱ μὲν πολλοὶ τῶν οἰκετῶν συνεμαχέσαντο τῷ δήμῳ· τοῖς δὲ ὀλίγοις παρεγένοντο ἐκ τῆς ἠπείρου ἐπίκουροι ὀκτακόσιοι.

> ἐκ τοῦ **φανεροῦ** = φανερῶς.
>
> **ἀκροβόλισίς τις** τις suggests rather a trifling matter, "some little ..."

THE CITY SET ON FIRE

229. διαλιπούσης δὲ ἡμέρας, γίγνεται αὖθις μάχη· καὶ νικᾷ ὁ δῆμος, προέχων ἰσχύϊ τε χωρίων καὶ πλήθει ἀνθρώπων. συνεπελάβοντο δὲ αὐτοῖς τολμηρῶς καὶ αἱ γυναῖκες, βάλλουσαι ἀπὸ τῶν οἰκιῶν τῷ κεράμῳ, καὶ παρὰ φύσιν ὑπομένουσαι τὸν θόρυβον. περὶ δὲ δείλην ὀψίαν τροπὴ τῶν ὀλίγων ἐγένετο, καὶ ἔδεισαν μὴ ὁ δῆμος ἐπελθὼν κρατήσειέ τε τῆς πόλεως αὐτοβοεὶ, καὶ σφᾶς διαφθείρειεν. ἐνέπρησαν οὖν τὰς οἰκίας τὰς περὶ τὴν ἀγορὰν, ὅπως μὴ ᾖ ἔφοδος, φειδόμενοι οὔτε οἰκείας οὔτε ἀλλοτρίας. ὥστε καὶ χρήματα πολλὰ ἐμπόρων κατεκαύθη, καὶ ἡ πόλις ἐκινδύνευσε πᾶσα διαφθαρῆναι, εἰ ἄνεμος τῇ φλογὶ ἐπεγένετο ἐπίφορος ἐς αὐτήν.

> **αὐτοβοεὶ** To understand the force of this word imagine soldiers rushing up with a cheer (βοή) to attack a fort. To their surprise there is no resistance, and their rush carries them right in. They are said, then, to take the fort, αὐτοβοεὶ, "by the mere force of their cheer."
>
> **σφᾶς** i.e. the principal subject (the oligarchs).
>
> **οἰκείας** Genit. sing. after φειδόμενοι.
>
> **ἐπίφορος** "Conveying *it* (i.e. τὴν φλόγα), to *it* (αὐτήν, i.e. τὴν πόλιν)."

ARRIVAL OF NICOSTRATUS

230. τῇ δὲ ἐπιγιγνομένῃ ἡμέρᾳ ὁ τῶν Ἀθηναίων στρατηγὸς Νικόστρατος παραγίγνεται βοηθῶν τῷ δήμῳ. εἶχε δὲ μετ᾽ αὐτοῦ δώδεκα ναῦς, καὶ Μεσσηνίων πεντακοσίους ὁπλίτας. ἀφικόμενος δὲ πείθει ἀμφοτέρους, ὥστε σύμβασιν ποιῆσαι καὶ σπονδὰς πρός τε ἀλλήλους καὶ πρὸς Ἀθηναίους. πράξας δὲ ταῦτα ἔμελλεν ἀποπλεύσεσθαι. ὁ δὲ δῆμος πείθει αὐτὸν καταλιπεῖν σφίσι πέντε ναῦς, ὅπως οἱ ἐναντίοι ἡσυχίαν μᾶλλον ἄγωσιν. ὑπέσχοντο δὲ αὐτῷ ἄλλας πέντε ναῦς ἐκ σφῶν αὐτῶν πληρώσαντες συμπέμψειν. καὶ ὁ μὲν συνεχώρησεν, οἱ δέ, τὰς ναῦς παρασκευάσαντες, ἐκέλευόν τινας τῶν ὀλίγων ἐς αὐτὰς ἀναβαίνειν. ἐκεῖνοι δὲ δείσαντες μὴ ἀποπεμφθῶσιν ἐς Ἀθήνας καθίζουσιν ἐς ἱερόν τι ἱκέται.

ἀμφοτέρους i.e. the two parties (Demos and Oligoi).
ἀποπεμφθῶσιν As a preliminary to being tried and executed there.

HARSH MEASURES AGAINST THE OLIGARCHS

231. Νικόστρατος δὲ αὐτοὺς παρεμυθεῖτο. ὡς δὲ οὐκ ἔπειθεν, ὁ δῆμος ἐπ᾽ αὐτοὺς ὡπλίσθη, φάσκων ὡς διανοοῦνται οὐδὲν ὑγιές, εἰ μὴ βούλονται πλεῖν. ἔλαβον οὖν αὐτῶν τὰ ὅπλα ἐκ τῶν οἰκιῶν, καὶ διέφθειραν ἂν αὐτῶν τινας, οἷς ἐπέτυχον, εἰ μὴ Νικόστρατος ἐκώλυσεν. πρὸς δὲ ταῦτα καὶ οἱ ἄλλοι ὀλίγοι ὁρῶντες τὰ γιγνόμενα ἐφοβήθησαν. καθίζουσιν οὖν καὶ αὐτοὶ ἐς τὸ Ἡραῖον ἱκέται, καὶ γίγνονται οὐκ ἐλάσσους τετρακοσίων. ἐνταῦθα δὲ καὶ ὁ δῆμος ἔδεισε, μὴ νεωτερίσωσί τι, καὶ ἀνίστησί τε τοὺς ἱκέτας, καὶ διακομίζει αὐτοὺς ἐς νῆσόν τινα, ἥπερ πρὸ τοῦ Ἡραίου κεῖται. καὶ τὰ ἐπιτήδεια ἐκεῖσε αὐτοῖς διεπέμπετο.

οὐδέν ὑγιές i.e. something detrimental to the State, "some unconstitutional scheme."
τὰ ὅπλα Before attacking them, it was clearly desirable to *disarm* them.
σφᾶς The Athenians; καὶ ἐκείνους, the Corcyraeans; αὐτοῖς, the Corcyraeans.
δύο μὲν, etc. The ships having been hastily manned, sympathizers with the oligarchs had been included, and in some crews formed the majority.

Peloponnesians Intervene

232. μετὰ δὲ ταῦτα, τετάρτῃ ἢ πέμπτῃ ἡμέρᾳ μετὰ τὴν διακομιδὴν τῶν ἀνδρῶν ἐς τὴν νῆσον, νῆες Πελοποννησίων παραγίγνονται ἐς Κέρκυραν τρεῖς καὶ πεντήκοντα. ἦρχε δὲ αὐτῶν Ἀλκίδας, καὶ Βρασίδας αὐτῷ σύμβουλος ἐπέπλει. οἱ δὲ Κερκυραῖοι πολλῷ θορύβῳ καὶ πεφοβημένοι παρεσκευάζοντό τε ἑξήκοντα ναῦς, καὶ ἐξέπεμπον αὐτὰς κατὰ μίαν, ὡς ἑκάστη ἐπληρώθη. οἱ δὲ Ἀθηναῖοι παραινοῦσι πρῶτον μὲν ἐᾶν σφᾶς ἐκπλεῦσαι, ὕστερον δὲ καὶ ἐκείνους πάσαις ἅμα ταῖς ναυσὶν ἐπιγενέσθαι. ὡς δὲ αὐτοῖς αἱ νῆες σποράδες ἦσαν πρὸς τοὺς πολεμίους, δύο μὲν εὐθὺς αὐτομολοῦσιν, ἐν ἑτέραις δὲ οἱ ἐμπλέοντες ἀλλήλοις μάχονται, ἦν δὲ οὐδεὶς κόσμος τῶν ποιουμένων.

κατὰ μίαν "one by one."

Sea-fight

233. ἰδόντες δὲ οἱ Πελοποννήσιοι τὴν ταραχὴν εἴκοσι μὲν ναυσὶν ἐτάξαντο πρὸς τοὺς Κερκυραίους, ταῖς δὲ λοιπαῖς πρὸς τὰς δώδεκα ναῦς τῶν Ἀθηναίων. καὶ οἱ μὲν Κερκυραῖοι κατ' ὀλίγας προσπίπτοντες ἐταλαιπωροῦντο. οἱ δὲ Ἀθηναῖοι φοβούμενοι τὸ πλῆθος τῶν ἐναντίων οὐ κατὰ μέσον προσέπιπτον αὐτοῖς, κατὰ δὲ κέρας προσβαλόντες καταδύουσι μίαν ναῦν. οἱ δὲ πρὸς τοὺς Κερκυραίους μαχόμενοι, ἰδόντες ταῦτα, ἐπιβοηθοῦσι· καὶ γενόμεναι ἀθρόαι αἱ νῆες τοῖς Ἀθηναίοις ἅμα ἐπέπλεον. οἱ δὲ πρύμναν κρουόμενοι ὑπεχώρουν ὅτι μάλιστα σχολῇ, ἵνα, τῶν πολεμίων πρὸς σφᾶς τεταγμένων, προκαταφύγοιεν οἱ Κερκυραῖοι. ἡ μὲν οὖν ναυμαχία τοιαύτη ἐγένετο. ἐτελεύτα δὲ ἐς ἡλίου δύσιν.

καταδύουσι This verb should mean literally "send to the bottom," but, practically, it is used whenever a ship is so far damaged as to be put out of action.

After the Battle

234. ἔδεισαν οὖν οἱ Κερκυραῖοι μὴ ἐπιπλεύσωσιν ἐπὶ τὴν πόλιν οἱ πολέμιοι ὡς κρατοῦντες, ἢ τοὺς ἱκέτας ἐκ τῆς νήσου ἀναλάβωσιν, ἢ καὶ ἄλλο τι νεωτερίσωσιν. διεκόμισαν οὖν πάλιν τοὺς ἱκέτας ἐς τὸ Ἡραῖον, καὶ τὴν πόλιν ἐφύλασσον. οἱ δὲ ἐναντίοι ἐπὶ μὲν τὴν πόλιν πλεῦσαι οὐκ ἐτόλμησαν, ἀπέπλευσαν δὲ ἐς τὴν ἤπειρον, ἔχοντες τῶν Κερκυραίων τρεῖς καὶ δέκα ναῦς. ἀλλ᾽ οὐδὲ τῇ ὑστεραίᾳ οὐδὲν μᾶλλον ἐπέπλεον ἐπὶ τὴν πόλιν. ὁ μὲν γὰρ Βρασίδας (ὡς λέγεται) ταῦτα παρῄνει, ὁ δὲ Ἀλκίδας οὐκ ἐπείθετο. ἀπέβησαν οὖν μόνον ἐπὶ τὴν Λευκίμμην τὸ τῆς νήσου ἀκρωτήριον, καὶ ἐπόρθουν ἐκεῖ τοὺς ἀγρούς.

> **ταῦτα παρῄνει** i.e. ἐπιπλεῖν. Notice the bold character of Brasidas, and contrast it with the timidity and weakness of Alcidas. The latter seems to have been always a very poor creature.

Peloponnesians Withdraw

235. ὁ δὲ δῆμος τῶν Κερκυραίων ἐν τούτῳ ἐγένετο περιδεής, μὴ οἱ πολέμιοι σφίσιν ἐπιπλεύσωσιν. ᾖσαν οὖν ἐς λόγους τοῖς ἱκέταις, καὶ τοῖς ἄλλοις τῶν ὀλίγων ὅπως σωθήσεται ἡ πόλις. ἔπεισαν δε τινας αὐτῶν ἐς τὰς ναῦς ἐσβῆναι. προσδεχόμενοι γὰρ τὸν ἐπίπλουν ἐπλήρωσαν τριάκοντα. οἱ δὲ Πελοποννήσιοι δηώσαντες τὴν γῆν μέχρι μέσου ἡμέρας ἀπέπλευσαν. καὶ ὑπὸ νύκτα φρυκτωροῦνται αὐτοῖς ἑξήκοντα νῆες Ἀθηναίων προσπλέουσαι ἀπὸ Λευκάδος. εὐθὺς οὖν τῆς νυκτὸς οἱ πολέμιοι ἐκομίζοντο ἐπ᾽ οἴκου ὅ,τι τάχιστα παρὰ τὴν γῆν. καὶ ὑπερενεγκόντες τὰς ναῦς τὸν τῶν Λευκαδίων ἰσθμόν, ὅπως μὴ ὀφθῶσι τοῖς Ἀθηναίοις περιπλέοντες αὐτόν, ἀποκομίζονται.

> **τοῖς ἱκέταις** The Oligarchs in the Heraeum.
>
> **ἰσθμὸν** Leucas formerly joined the mainland, but the inhabitants at some period subsequent to this war cut through the isthmus, and converted it into an island, joining it to the mainland by a mere bridge. Afterwards the accumulation of sand choked the channel, and it became a peninsula as at first. But now it is once more an island, though the channel is very narrow and shallow.

MASSACRE OF THE OLIGARCHS

236. Κερκυραῖοι δὲ, αἰσθόμενοι τάς τε Ἀττικὰς ναῦς προσπλεούσας τάς τε τῶν πολεμίων οἰχομένας, θαρσύνονταί τε καὶ τοῖς ὀλίγοις ὠμῶς ἐπιφέρονται. καὶ γὰρ ἐν αὐτῇ τῇ πόλει εἴ τινα αὐτῶν λάβοιεν, ἀπέκτεινον· ὅσους δὲ ἔπεισαν ἐσβῆναι ἐς τὰς ναῦς, ἐκβιβάζοντες διεχρῶντο. ἔπειτα δὲ, ἐλθόντες ἐς τὸ Ἡραῖον, πείθουσι τῶν ἐκεῖ ἱκετῶν ὡς πεντήκοντα ἐξιέναι, ἵνα δικασθῶσι· καὶ κατέγνωσαν πάντων θάνατον. οἱ δὲ πολλοὶ τῶν ἱκετῶν ἐξιέναι μὲν οὐκ ἐπείσθησαν· τὰ δὲ γιγνόμενα ἰδόντες, αὐτοῦ ἐν τῷ ἱερῷ ἀλλήλους διέφθειρον. ἔνιοι δὲ καὶ ἐκ τῶν δένδρων ἀπήγχοντο, καὶ ἰδέα πᾶσα θανάτου κατέστη, ὡς γὰρ ἕκαστοι ἐδύναντο, ἀνηλίσκοντο.

τὰ γιγνόμενα Mind the tense; not "what had happened," but "what was going on."

THE REFUGEES

237. ὁ μὲν οὖν δῆμος τῶν Κερκυραίων τοιαύταις ὀργαῖς ἐχρήσατο ἐς τοὺς ὀλίγους. ὕστερον δὲ οἱ φεύγοντες τούτων, (διεσώθησαν γὰρ αὐτῶν ἐς πεντακοσίους), τείχη τινα ἔλαβον, ἃ ἦν ἐν τῇ ἠπείρῳ. ὁρμώμενοι δὲ ἐκ τούτων ἐληίζοντο τοὺς ἐν τῇ νήσῳ, καὶ πολλὰ ἔβλαπτον, ὥστε ἐγένετο ἐν τῇ πόλει λιμὸς ἰσχυρός. ὕστερον δὲ, πλοῖα παρασκευασάμενοι καὶ ἐπικούρους, διέβησαν ἐς τὴν νῆσον, γενόμενοι ἑξακόσιοι μάλιστα οἱ πάντες. ταῦτα δὲ ποιήσαντες αὐτοὶ τὰ πλοῖα ἐνέπρησαν, ὅπως μηκέτι ἔχωσι κάθοδον, ἀλλ᾽ ἀναγκασθῶσι κρατεῖν τῆς γῆς. ἔπειτα δὲ ἀναβάντες ἐς τὸ ὄρος τὴν Ἰστώνην καὶ ἐνοικοδομησάμενοι ἐν αὐτῷ τεῖχος, ἔφθειρόν τε τοὺς ἐν τῇ πόλει, καὶ τῆς γῆς ἐκράτουν.

γενόμενοι *Aorist,* "having by this time become."

τὰ πλοῖα ἐνέπρησαν This act was a kind of solemn declaration of "war to the knife." It may be illustrated by a curious story in Herodotus (1.165). The people of Phocaea in Asia Minor, rather than yield to the Persians, left their native city, and sunk a great lump of iron in the harbor, swearing never to return till it rose to the surface. More than half became home-sick, however, and returned in spite of their oath. Compare also the stories of English sea-captains *nailing* their colors to the mast, that it might be impossible for them to strike their flag and surrender. When Darius invaded Scythia, he gave orders for the destruction of the bridge by which he crossed the Danube, to show his confidence that he could return home without using it. Luckily for himself, however, he was persuaded to countermand the order.

HELP ARRIVES FROM ATHENS. A TREATY

238. ἀφικνοῦνται δὲ μετὰ ταῦτα ἐς Κέρκυραν Εὐρυμέδων καὶ Σοφοκλῆς, ναύαρχοι ὄντες τῶν Ἀθηναίων. ἐστράτευσαν δὲ μετὰ τῶν πολιτῶν ἐπὶ τοὺς ἐν τῇ Ἰστώνῃ, καὶ τὸ τείχισμα προσβαλόντες εἷλον. καταπεφευγότες δὲ ἐκεῖνοι ἀθρόοι ἐς μετέωρόν τι σύμβασιν ποιοῦνται. καὶ ὑπέσχοντο παραδώσειν μὲν τοὺς ἐπικούρους, αὐτοὶ δὲ τὰ ὅπλα παραδόντες μενεῖν, ἕως ὁ Ἀθηναίων δῆμος περὶ αὐτῶν διαγνοίη. ἐπὶ τούτοις οὖν οἱ στρατηγοὶ διεκόμισαν αὐτοὺς ἐς νῆσόν τινα ἐς φυλακὴν ὑποσπόνδους, λέγοντες ὡς, ὅταν καιρὸς ᾖ, πέμψουσιν αὐτοὺς Ἀθήναζε, ἢν δὲ ἐν τῷ μεταξύ τις ἁλῷ ἀποδιδράσκων, αἱ σπονδαὶ αὐτίκα πᾶσι λελύσονται. τοιαύτη οὖν ὁμολογία ἐγένετο.

> **διαγνοίη** i.e. by a vote in the Ecclesia.
> **πᾶσι** Masc. "for all."
> **λελύσονται** Observe the force of the Future Perfect, "shall be in the state of having been," etc., i.e. "shall be considered as broken." λυθήσονται would mean, "shall be broken."

STRATAGEM OF THE DEMOCRATICAL LEADERS

239. οἱ δὲ τοῦ δήμου προστάται, δεδιότες μὴ οἱ Ἀθηναῖοι τοὺς ἐν τῇ νήσῳ οὐκ ἀποκτείνωσι, μηχανῶνται τοιόνδε τι. ὑποπέμπουσι πρὸς αὐτοὺς ἀνθρώπους τινάς, προσποιουμένους φίλους δὴ εἶναι, καὶ λέγειν κατ᾽ εὔνοιαν, ὃ κράτιστον εἴη αὐτοῖς ἐν τῷ παρόντι ποιεῖν. ἐκέλευσαν οὖν αὐτοὺς ἀποδρᾶναι ὡς τάχιστα· μέλλειν γὰρ δὴ τοὺς στρατηγοὺς τῶν Ἀθηναίων παραδώσειν αὐτοὺς τῷ δήμῳ τῶν Κερκυραίων. ἅμα δὲ καὶ πλοῖόν τι ἐμηχανήσαντο, καὶ διακομίσαντες αὐτὸ ἐς τὴν νῆσον ἐκέλευσαν τοὺς φυγάδας τούτῳ χρωμένους διασώζεσθαι. οἱ δὲ ἀκούσαντες ταῦτα καὶ τὸ πλοῖον ἰδόντες ἐπείσθησαν. καὶ ἐκπλέοντες αὐτίκα ἐλήφθησαν ὑπὸ τῶν Ἀθηναίων καὶ τοῖς Κερκυραίοις ἅπαντες παρεδόθησαν.

> **δὴ** Ironical.
> **ὃ κράτιστον εἴη,** etc., depends on λέγειν.
> **ἰδόντες** They might have disbelieved a mere story, but the actual sight of the boat made them think there must be something in it.
> **παρεδόθησαν** The agreement being broken (see end of last section), the Athenians had no scruple in handing the Oligarchs over to their enemies.

RUNNING THE GAUNTLET

240. παραλαβόντες δὲ αὐτοὺς οἱ Κερκυραῖοι ἐς οἴκημα μέγα καθεῖρξαν. καὶ ὕστερον, ἐξάγοντες αὐτοὺς κατὰ εἴκοσιν ἄνδρας, διῆγον αὐτοὺς δεδεμένους πρὸς ἀλλήλους διὰ δυοῖν στοίχοιν ὁπλιτῶν ἑκατέρωθεν παρατεταγμένων. οἱ δὲ ὁπλῖται ἔπαιον αὐτοὺς καὶ ἐκέντουν, εἴ τίς πού τινα ἴδοι ἐχθρὸν ἑαυτοῦ. παριόντες δὲ καὶ μαστιγοφόροι ἐπετάχυνον τοὺς βραδύτερον προσιόντας. καὶ τούτῳ τῷ τρόπῳ ἐς ἑξήκοντα ἄνδρας ἐξήγαγον καὶ διέφθειραν. οἱ δὲ ὑπόλοιποι τὸ μὲν πρῶτον ἠγνόουν τὰ γιγνόμενα, ἔπειτα δὲ, ὡς ἤσθοντο, ἐπεκαλοῦντο τοὺς Ἀθηναίους, καὶ ἐκέλευον σφᾶς (εἰ βούλονται) αὐτοὺς διαφθείρειν. ἐκ δὲ τοῦ οἰκήματος οὐκέτι ἤθελον ἐξιέναι, ἔφασαν δὲ ὅτι οὐδὲ ἐσιέναι οὐδένα περιόψονται κατὰ δύναμιν.

> **ἐχθρὸν** "A *private* enemy." ἐχθρὸς and πολέμιος correspond to the Latin *inimicus* and *hostis* respectively. The first is the opposite of "friend" and the second of "ally."
>
> **σφᾶς,** etc. i.e. *the Athenians* might kill them if they liked, provided only that they did not leave them to the tender mercies of the Demos.

THE END OF THE OLIGARCHS

241. οἱ δὲ Κερκυραῖοι κατὰ μὲν τὰς θύρας οὐ διενοοῦντο βιάζεσθαι, ἀναβάντες δὲ ἐπὶ τὸ τέγος τοῦ οἰκήματος, καὶ διελόντες τὴν ὀροφήν, ἔβαλλον τῷ κεράμῳ, καὶ ἐτόξευον κάτω. ἐφυλάσσοντο τοίνυν ἐκεῖνοι, ὡς ἐδύναντο, οἱ δὲ πολλοὶ σφᾶς αὐτοὺς διέφθειρον, ὅπως μὴ ληφθῶσιν. καὶ καθίεσαν ἐς τὰς ἑαυτῶν σφαγὰς τοὺς ὀϊστούς, οὓς ἐκεῖνοι ἀφίεσαν· καὶ ἐξελόντες ἐκ τῶν κλινῶν τὰ σπάρτα, καὶ ἐκ τῶν ἱματίων παραιρήματα ποιοῦντες, ἀπήγχοντο. οὕτως οὖν τὸ πολὺ τῆς νυκτός, ἀναλοῦντες σφᾶς αὐτούς, καὶ βαλλόμενοι ὑπὸ τῶν ἄνω, διεφθάρησαν. ἡμέρας δὲ γενομένης οἱ Κερκυραῖοι, ἐπιβαλόντες τοὺς νεκροὺς ἐπὶ ἀμάξας, ἔξω τῆς πόλεως αὐτοὺς ἀπήγαγον.

> **ἐκεῖνοι** The enemies on the roof (called οἱ ἄνω afterwards).

FAILURE OF THE ATHENIAN EXPEDITION TO SICILY. THE BESIEGERS BESIEGED

242. νικήσαντες δὲ ἐν τῇ ναυμαχίᾳ ταύτῃ οἱ Συρακόσιοι ἐθάρσουν. καὶ διενοοῦντο ἤδη ἑλεῖν τοὺς Ἀθηναίους ἅπαντας, καὶ μήτε διὰ θαλάσσης μήτε τῷ πεζῷ ἐᾶσαι αὐτοὺς διαφυγεῖν. ἔκλῃον οὖν εὐθὺς τὸν λιμένα τὸν μέγαν, ὁρμίζοντες ἐπ᾽ ἀγκυρῶν τριήρεις καὶ πλοῖα καὶ ἀκάτια· ἄλλα δὲ πολλὰ παρεσκευάζοντο, ἢν οἱ Ἀθηναῖοι ναυμαχεῖν ἔτι τολμήσωσιν.

ἰδόντες δὲ ἐκεῖνοι τὴν τοῦ λιμένος ἀπόκλῃσιν, ἐνόμισαν εὐθὺς ὅτι ἀδύνατον σφίσιν ἐστι σωθῆναι, εἰ μὴ ναυκρατήσουσιν. ἐπλήρωσαν οὖν τὰς ναῦς πάσας, ἀναγκάσαντες ἐσβαίνειν ὅστις καὶ ὁπωσοῦν ἐπιτήδειος εἶναι ἐδόκει. τοξότας δὲ ἐπ᾽ αὐτὰς πολλοὺς ἐβίβαζον, καὶ τἆλλα ὡς οἷόν τε ἦν ἐπορίσαντο.

> **τῇ ναυμαχίᾳ,** etc. The great expedition of the Athenians to Sicily began with a series of successes, and appeared to be on the point of complete success, when the tide suddenly turned. A Spartan general named Gylippus came to the relief of Syracuse (which was all but thoroughly blockaded by the Athenians), and wrested one position after another from the invaders. The Syracusans plucked up courage, and engaged the Athenians in two sea-fights, of which the last was entirely in their favor. The result was that the Athenians were reduced to maintain a merely defensive attitude, and it became the object of the Syracusans no longer to repel their attack, but to cut off their retreat. At this point, in 413 BC, our story begins.
>
> **ἐκεῖνοι** i.e. the Athenians.
>
> For the remaining stories the source is Thucydides 7.59 - 8.1.

PREPARATIONS FOR BATTLE

243. ὁρῶν δὲ ὁ τῶν Ἀθηναίων στρατηγὸς Νικίας οἷος ὁ κίνδυνός ἐστιν, συνεκάλεσε τοὺς στρατιώτας πάντας, καὶ παρεκελεύσατο κατὰ τὸ δυνατόν. ταῦτα δὲ ποιήσας ἦγε τὸν πεζὸν πρὸς τὴν θάλασσαν, καὶ παρέταξεν ὅπως ὅτι μεγίστη ὠφέλεια γένοιτο τοῖς ἐν ταῖς ναυσίν. ὁ δὲ Δημοσθένης καὶ οἱ ἄλλοι στρατηγοὶ ἐπέβησαν ἐπὶ τὰς ναῦς· καὶ ἄραντες ἀπὸ τοῦ ἑαυτῶν στρατοπέδου ἔπλεον εὐθὺς πρὸς τὸ ζεῦγμα τοῦ λιμένος, βουλόμενοι βιάσασθαι ἐς τὸ ἔξω.

προεξαναγόμενοι δὲ οἱ Συρακόσιοι ἐφύλασσον κατά τε τὸν ἔκπλουν, καὶ κατὰ τὸν ἄλλον κύκλῳ λιμένα, ὅπως πανταχόθεν ἅμα προσπίπτοιεν τοῖς Ἀθηναίοις, καὶ ὁ πεζὸς αὐτοῖς ἅμα παρεβοήθει.

τὸ ζεῦγμα τοῦ λιμένος the Athenians' ships, joined together to form a barrier at the mouth of the harbor.

THE SEA-FIGHT

244. ἐπειδὴ δὲ οἱ Ἀθηναῖοι προσέμισγον τῷ ζεύγματι, τῇ πρώτῃ ῥύμῃ ἐπιπλέοντες ἐκράτουν τῶν νεῶν τῶν τεταγμένων πρὸς αὐτῷ. εὐθὺς οὖν ἐπειρῶντο λύειν τὰς κλήσεις, ἵνα ἔξοδος αὐτοῖς εἴη. μετὰ δὲ τοῦτο οἱ Συρακόσιοι ἐπεφέροντο πανταχόθεν, καὶ οὐκέτι μόνον πρὸς τῷ ζεύγματι ἡ ναυμαχία ἐγένετο, ἀλλὰ καὶ κατὰ τὸν λιμένα πανταχοῦ. ἀντηγωνίζοντο δὲ κρατερῶς, πολλὴ γὰρ ἀμφοτέροις ἡ τῶν ναυτῶν προθυμία ἦν, πολλὴ δὲ ἡ ἀντιτέχνησις τῶν κυβερνητῶν καὶ ἀγωνισμὸς πρὸς ἀλλήλους. ἐναυμάχησαν οὖν ἐν ὀλίγῳ πολλαὶ νῆες, ἐγένοντο γὰρ συναμφότεροι σχεδὸν διακόσιαι. καὶ ὁ κτύπος μέγας ἦν, συμπιπτουσῶν τε τῶν νεῶν, καὶ βοώντων τῶν κελευστῶν.

ἐν ὀλίγῳ i.e. "in a small space," contrasting with πολλαί.

FEELINGS OF THOSE WHO WATCHED THE SEA-FIGHT

245. ἕως δὲ ἔτι ἰσόρροπος ἡ ναυμαχία ἦν, ὁ ἐν τῇ γῇ πεζὸς ἀμφοτέρων πολλὴν τὴν σύστασιν τῆς γνώμης εἶχεν. οἱ δὲ Ἀθηναῖοι διὰ τὸ μέγεθος τοῦ κινδύνου καὶ μάλιστα ἐκινοῦντο. καὶ τότε μὲν ἐς τὸ ἔσχατον ἦλθον φόβου, τότε δὲ ἐς ἐλπίδα μετέστησαν. δι᾽ ὀλίγου δὲ οὔσης τῆς θέας, εἴ τινες ἴδοιέν πη τοὺς σφετέρους κρατοῦντας, ἐθάρσουν καὶ ἐτρέποντο πρὸς ἀνάκλησιν θεῶν μὴ στερῆσαι σφᾶς τῆς σωτηρίας. ἐπειδὴ δὲ ἑκάτεροι τῇ μὲν ἐκράτουν, τῇ δὲ ἐπιέζοντο, οἱ δὲ ἐν τῇ γῇ οὐ πάντες ἅμα ἐς τὸ αὐτὸ ἐσκόπουν, βοὴ ἐν τούτοις καὶ ὀλοφυρμὸς ὁμοῦ ἦν ἀκοῦσαι, καὶ ἄλλα ὅσα πολυειδῆ ἐν μεγάλῳ κινδύνῳ μέγας στρατὸς φθέγγεται.

πολλὴν τὴν, etc. The position of the Article shows that πολλὴν is not *epithet* but *predicate*.

τοὺς σφετέρους "Their own," reflexive, like Latin *suos*.

τῇ μὲν ... τῇ δὲ "in some places ... but in others," etc.

ἦν ἀκοῦσαι "One might hear."

End of the Sea-fight

246. τῆς δὲ ναυμαχίας ἐπὶ πολὺ ἀντισχούσης, οἱ Συρακόσιοι ἔτρεψάν τε τοὺς Ἀθηναίους, καὶ ἐπικείμενοι, πολλῇ κραυγῇ καὶ διακελευσμῷ χρώμενοι, ἐδίωκον αὐτοὺς ἐς τὴν γῆν. τότε δὲ ὁ μὲν ναυτικὸς στρατός, ἄλλος ἄλλῃ, κατέφυγον ἐς τὸ στρατόπεδον, ὅσοι μὴ μετέωροι ἑάλωσαν. ὁ δὲ πεζός, οὐκέτι διαφόρως ἀλλ᾽ ἀπὸ μιᾶς ὁρμῆς, ἐξερράγησαν ὀλοφυρόμενοι καὶ κλαίοντες. καὶ ἔκπληξις πανταχοῦ μεγίστη ἦν.

γενομένης δὲ ἰσχυρᾶς τῆς ναυμαχίας, πολλαὶ νῆες ἀμφοτέροις καὶ ἄνθρωποι ἀπώλοντο. καὶ οἱ μὲν Συρακόσιοι ἀνείλοντο τά τε ναυάγια καὶ τοὺς νεκρούς, καὶ ἀποπλεύσαντες πρὸς τὴν πόλιν τροπαῖον ἔστησαν. οἱ δὲ Ἀθηναῖοι ἀθυμοῦντες τῆς νυκτὸς ἐβουλεύοντο εὐθὺς ἀναχωρεῖν.

> **μετέωροι** = "in the open," i.e. away from the shelter of the shore, where their comrades were stationed. (See Story 243.)
>
> **ἐξερράγησαν,** etc. We employ the same metaphor, "broke into a shout, burst into tears," etc.
>
> **ἀμφοτέροις** "for both (navies)"; Greek often says "both" when an English-speaker would expect "each."
>
> **ἀναχωρεῖν** i.e. by land, the attempt by sea having failed.

Hermocrates Wants to Stop the Athenians' Retreat

247. ὑπενόησε δὲ Ἑρμοκράτης ὁ Συρακόσιος ὅτι οἱ Ἀθηναῖοι μέλλουσιν ἀπιέναι. καὶ δεινὸν αὐτῷ ἐδόκει εἶναι, εἰ τοσαύτη στρατιὰ κατὰ γῆν ὑποχωρήσει, καὶ καθεζομένη ποι ποιήσει σφίσιν αὖθις πόλεμον. ἐκέλευσεν οὖν τοὺς Συρακοσίους πάντας ἐξιέναι σὺν τοῖς συμμάχοις, καὶ τὰ στενόπορα πάντα καὶ τὰς ὁδοὺς φθάσαντας φυλάσσειν. οἱ δὲ ἄρχοντες ἀντεῖπον, ὅτι ἄπορα ταῦτά ἐστι διὰ τόδε. θυσία ἦν ταύτην τὴν ἡμέραν ἐν τῇ πόλει, καὶ οἱ πολλοὶ τῶν πολιτῶν ὑπὸ τοῦ περιχαροῦς τῆς νίκης τετραμμένοι ἦσαν εἰς πόσιν ἐν τῇ ἑορτῇ. ἐφαίνετο οὖν ἄελπτον εἶναι, ὡς πείσονται οὗτοι ὅπλα αὖθις λαβεῖν ἐν τῷ παρόντι καὶ ἐξελθεῖν.

> **ποι** Instead of που, because there is an idea of *motion* implied in καθεζομένη.
>
> **τοῦ περιχαροῦς** Neut. adj. used as substantive = "their excessive delight at."
>
> **πείσονται** From πείθω, not πάσχω. The forms are identical so you need to use context to determine which it is.

HERMOCRATES LAYS A TRAP, AND THE ATHENIANS FALL INTO IT

248. ὁ δὲ Ἑρμοκράτης, ὡς τοὺς ἄρχοντας οὐκ ἔπειθεν, αὐτὸς ἐπὶ τούτοις μηχανᾶται τάδε. πέμπει τινὰς τῶν ἑαυτοῦ ἑταίρων μετὰ ἱππέων πρὸς τὸ τῶν Ἀθηναίων στρατόπεδον ἡνίκα συνεσκόταζεν. οἱ δὲ προσελάσαντες ἀνεκαλέσαντό τινας, ὡς ἐπιτήδειοι δὴ ὄντες τῶν Ἀθηναίων. ὁ γὰρ Νικίας φίλους τινὰς εἶχεν ἐν τῇ πόλει, οἵπερ εἰώθεσαν αὐτῷ διαγγέλλειν τὰ ἔνδοθεν. ἐκέλευον οὖν οἱ πεμφθέντες φράζειν τῷ Νικίᾳ μὴ ἀπάγειν τὸ στράτευμα τῆς νυκτός, ὡς Συρακοσίων τὰς ὁδοὺς φυλασσόντων, ἀλλὰ τῆς ἡμέρας ἀποχωρεῖν καθ' ἡσυχίαν. οὗτοι οὖν τοσαῦτα εἰπόντες ἀπῆλθον· οἱ δὲ ἀκούσαντες διήγγειλαν τοῖς στρατηγοῖς· καὶ ἐκεῖνοι, νομίσαντες ἀπάτην οὐκ εἶναι, τὴν νύκτα αὐτόθι ἐπέσχον.

ὡς δὴ ὄντες "On the pretence of being."

τὰ ἔνδοθεν τὰ ἔνδον would mean "the affairs *in* (the city)"; these, being reported beyond its walls, become τὰ ἔνδοθεν — "the things *from* within." Strictly speaking, then, they should not be called τὰ ἔνδοθεν *till the reporting of them is over.* But the Greek idiom *anticipates the result of the reporting of them,* and calls them ἔνδοθεν while they are still only *being* reported (i.e. while they are still ἔνδον). Such an *anticipation* is common in Greek, and is called Prolepsis, from πρόληψις, πρό-λαμβάνω. Here is another instance: οἱ ἐκ τῆς πόλεως ἐξέφευγον, lit. "those *out of* the city kept fleeing out," i.e. "those *in* the city," etc. Of course, *after* they had fled, it would be right to call them "those out of the city." But the Greek anticipates this, and calls them "those out of the city" by Prolepsis, while they are still fleeing, and are not yet outside the walls.

The Syracusans Prepare to Cut Off the Athenians' Retreat

249. ὕστερον δέ, ἐπειδὴ οὐκ εὐθὺς ὥρμησαν, ἔδοξε τοῖς Ἀθηναίοις περιμεῖναι καὶ τὴν ἐπιοῦσαν ἡμέραν, ὅπως συσκευάσαιντο κατὰ τὸ δυνατὸν τὰ χρησιμώτατα. οἱ δὲ Συρακόσιοι ἐν τῷ μεταξὺ προεξελθόντες ἀπεφράγνυσαν τὰς ὁδοὺς κατὰ τὴν χώραν, ᾗ εἰκὸς ἦν τοὺς Ἀθηναίους ἰέναι. ἐφύλασσον δὲ καὶ τῶν ῥείθρων καὶ ποταμῶν τὰς διαβάσεις· καὶ ἐτάσσοντο ᾗ ἐδόκει ὡς τὸ στράτευμα κωλύσοντες. ἅμα δὲ ταῖς ναυσὶ προσπλεύσαντες ἀφεῖλκον ἀπὸ τοῦ αἰγιαλοῦ τὰς ναῦς τῶν Ἀθηναίων. καί τινας μὲν τούτων οἱ Ἀθηναῖοι διὰ φόβον αὐτοὶ ἐνέπρησαν. τὰς δὲ ἄλλας οἱ Συρακόσιοι, οὐδενὸς κωλύοντος, ἔλαβον καθ' ἡσυχίαν, καὶ ἀναδησάμενοι ἐκόμιζον ἐς τὴν πόλιν.

ὥρμησαν Subject is the Athenians.

The Athenians Begin Their Retreat

250. ἐπειδὴ οὖν πάντα παρεσκεύαστο, ἡ ἀνάστασις ἐγένετο τῶν Ἀθηναίων τρίτῃ ἡμέρᾳ ἀπὸ τῆς ναυμαχίας. οἱ δὲ στρατηγοὶ ἐποίουν τοῦ στρατεύματος μέρη δύο, πρῶτον μὲν ἡγούμενον τὸ Νικίου, ἑπόμενον δὲ τὸ Δημοσθένους. καὶ ἐπειδὴ ἐγένοντο ἐπὶ τῇ διαβάσει τοῦ Ἀνάπου ποταμοῦ, εὗρον ἐπ' αὐτῷ τινας τῶν Συρακοσίων παρατεταγμένους, καὶ τρέψαντες αὐτοὺς ἐκράτησαν τοῦ πόρου, καὶ ἐχώρουν ἐς τὸ πρόσθεν. οἱ δὲ Συρακόσιοι αὐτοῖς αὖθις ἐπέκειντο παριππεύοντες καὶ ἀκοντίζοντες. καὶ ταύτῃ μὲν τῇ ἡμέρᾳ οἱ Ἀθηναῖοι προῆλθον σταδίους τεσσαράκοντα, καὶ πρὸς λόφῳ τινὶ ηὐλίσαντο. τῇ δὲ ὑστεραίᾳ ἐπορεύοντο εἴκοσι σταδίους, καὶ καταβάντες ἐς χωρίον τι ἄπεδον αὐτοῦ ἐστρατοπεδεύσαντο.

πρῶτον ... ἡγούμενον Predicates. Understand, after τὸ Νικίου, μέρος.
ἐπ αὐτῷ "Over against it," i.e. guarding the passage.

THE ATHENIANS FIND THE ENEMY IN THEIR WAY

251. οἱ μὲν οὖν Ἀθηναῖοι τὴν νύκτα ἀνεπαύοντο· οἱ δὲ Συρακόσιοι ἐν τούτῳ προελθόντες ἀπετείχιζον τὴν ἐν τῷ πρόσθεν δίοδον. ἦν δὲ λόφος καρτερὸς, καὶ ἑκατέρωθεν αὐτοῦ χαράδρα κρημνώδης· ἐκαλεῖτο δὲ "Ἀκραῖον λέπας." τῇ δὲ ὑστεραίᾳ οἱ Ἀθηναῖοι προῆεσαν, καὶ οἱ τῶν Συρακοσίων ἱππῆς καὶ ἀκοντισταὶ ἐκώλυον αὐτοὺς πολλοὶ ὄντες, καὶ ἠκόντιζόν τε καὶ παρίππευον. καὶ χρόνον μὲν πολὺν ἐμάχοντο οἱ Ἀθηναῖοι, ἔπειτα δὲ ἀνεχώρησαν πάλιν πρὸς τὸ αὐτὸ στρατόπεδον. πρωὶ δὲ ἐπορεύοντο αὖθις, ἐλθόντες δὲ πρὸς τὸν λόφον τὸν ἀποτετειχισμένον εὗρον πρὸ ἑαυτῶν τὴν τῶν Συρακοσίων στρατιὰν, τεταγμένην ἐπὶ πολλῶν ἀσπίδων, στενὸν γὰρ ἦν τὸ χωρίον.

> **ἐπὶ πολλῶν ἀσπίδων** ἐπὶ, "resting on, leaning on the support of"; ἀσπίδων *implies* hoplites bearing them (the ἀσπὶς being a necessary part of a hoplite's equipment). So the whole phrase means "resting on the support of many ranks of hoplites." Form a mental picture of a formation many rows deep.

THE ATHENIANS FIND THEMSELVES CHECKED

252. καὶ προσβαλόντες οἱ Ἀθηναῖοι ἐμάχοντο· ἀλλ' οὐκ ἐδύναντο βιάσασθαι, ἐβάλλοντο γὰρ ἄνωθεν ἀπὸ τοῦ λόφου. ἀνεχώρουν οὖν πάλιν, καὶ ἀνεπαύοντο· ἔτυχον δὲ βρονταί τινες γενόμεναι καὶ ὑετοὶ, ἀφ' ὧν οἱ Ἀθηναῖοι ἔτι μᾶλλον ἠθύμουν, καὶ ἐνόμιζον πάντα ταῦτα γίγνεσθαι ἐπὶ τῷ σφετέρῳ ὀλέθρῳ. ἐν δὲ τούτῳ οἱ Συρακόσιοι πέμπουσί τινας ἀποτειχιοῦντας τοὺς Ἀθηναίους ἐκ τοῦ ὄπισθεν· ἀντιπέμψαντες δὲ καὶ ἐκεῖνοί τινας, διεκώλυσαν. μετὰ δὲ ταῦτα οἱ Ἀθηναῖοι ἀναχωρήσαντες μᾶλλον πρὸς τὸ πεδίον ηὐλίσαντο. οὕτως οὖν ταύτην τε τὴν ἡμέραν καὶ τὴν ὑστεραίαν διετέλουν ἀκροβολιζόμενοι, καὶ τότε μὲν προῆεσαν ὀλίγους τινὰς σταδίους, τότε δὲ πιεζόμενοι πάλιν ἀνεχώρουν.

> **ἀποτειχιοῦντας** The *Attic* form of the future of many verbs in -ιζω is -ιῶ.
> **μᾶλλον πρὸς** To be taken closely together.
> **τότε μὲν ... τότε δὲ** "At times ... and at times again."

THE ATHENIANS TRY A NEW ROUTE

253. οἱ δὲ Ἀθηναῖοι ἐν τούτῳ ἀπορίᾳ τῶν ἐπιτηδείων πάντων κακῶς εἶχον. καὶ πολλοὶ ἤδη αὐτῶν κατατετραυματισμένοι ἦσαν ὑπὸ τῶν ἐναντίων. ἐβουλεύοντο οὖν οἱ στρατηγοὶ τὴν στρατιὰν ἀπάγειν τῆς νυκτός, μηκέτι τὴν αὐτὴν ὁδόν, ᾗ πρόσθεν, ἀλλ᾽ ἑτέραν τινὰ πρὸς τὴν θάλασσαν, ἥπερ ἔφερεν ἐπὶ Καμάριναν καὶ Γέλαν καὶ τὰς ταύτῃ πόλεις τῶν τε Ἑλλήνων καὶ τῶν βαρβάρων. ταύτην οὖν τὴν ὁδὸν ἔδοξεν αὐτοῖς πορεύεσθαι, ἤλπιζον γὰρ ἀφύλακτον αὐτὴν ἔσεσθαι. ἐκέλευον δὲ ἅμα τοὺς στρατιώτας πυρὰ πολλὰ ἐν τῷ στρατοπέδῳ καύσαντας λείπειν, ὅπως οἱ πολέμιοι μὴ αἴσθοιντο αὐτοὺς ἀπιόντας. οἱ δὲ ἐποίησάν τε ταῦτα, καὶ ἐχώρουν ἐν τῇ νυκτί.

μηκέτι Not οὐκέτι, because ἐβουλεύοντο expresses *purpose.*
τὰς ταύτῃ πόλεις ταύτῃ = "in that direction."

MARCH TO THE RIVER CACYPARIS

254. ἰοῦσι δὲ αὐτοῖς ἐν νυκτί τε, καὶ διὰ γῆς πολεμίας, καὶ τῶν πολεμίων οὐ πολὺ ἀπεχόντων, ταραχή τις εἰκότως ἐγένετο. καὶ τὸ μὲν τοῦ στρατεύματος μέρος, ὅπερ Νικίας ἦγε, συνέμενέ τε καὶ προὔλαβε πολλῷ· τὸ δὲ τοῦ Δημοσθένους, μεῖζον ὄν, ἀπεσπάσθη τε καὶ ἐχώρει ἀτακτότερον. ἅμα δὲ ἕῳ ὅμως ἀφικνοῦνται πρὸς τὴν θάλασσαν· καὶ ἐλθόντες εὐθὺς ἐς τὴν ὁδὸν τὴν Ἑλωρινὴν καλουμένην ἐπορεύοντο, βουλόμενοι, ἐπειδὴ γένοιντο ἐπὶ τῷ Κακυπάρει ποταμῷ, ἰέναι ἐντεῦθεν ἄνω παρὰ τὸν ποταμὸν διὰ μεσογείας. γενόμενοι δὲ οὖν ἐπὶ τῷ ποταμῷ, εὗρον καὶ ἐνταῦθα φυλακήν τινα τῶν Συρακοσίων κλῄουσαν τὸν πόρον τείχει καὶ σταυροῖς.

καὶ τῶν πολεμίων, etc. Not governed by διὰ, but genit. abs.
ἄνω "Inland."

Demosthenes Overtaken by the Syracusans

255. βιασάμενοι δὲ τὴν φυλακὴν ταύτην, διέβησάν τε τὸν ποταμὸν, καὶ ἐχώρουν αὖθις πρὸς ἄλλον ποταμὸν τὸν Ἐρινεόν· ταύτῃ γὰρ ἰέναι οἱ ἡγεμόνες ἐκέλευον. ἐν τούτῳ δὲ ἥ τε ἡμέρα ἐγένετο, καὶ ἔγνωσαν οἱ Συρακόσιοι, ὅτι οἱ Ἀθηναῖοι οὐκέτι ἐν τῷ στρατοπέδῳ εἰσὶν, ἀλλ' οἴχονταί ποι διαπεφευγότες. ἄραντες οὖν καὶ αὐτοὶ ἐδίωξαν κατὰ τάχος, καὶ περὶ ὥραν ἀρίστου καταλαμβάνουσι τοὺς μετὰ τοῦ Δημοσθένους, ὄντας τε ὑστέρους τῶν ἄλλων, καὶ σχολαίτερον καὶ ἀτακτότερον χωροῦντας. ὡς δὲ προσέμισγον αὐτοῖς, εὐθὺς προσπεσόντες ἐμάχοντο. τὸ δὲ Νικίου στράτευμα ἀπεῖχεν ἐν τῷ πρόσθεν πεντήκοντα μάλιστα σταδίους, θᾶσσον γὰρ ὁ Νικίας ἦγεν.

προσέμισγον i.e. "caught up with them." Look up the idiom in the vocabulary.

Surrender of Demosthenes

256. ὁ μὲν οὖν Δημοσθένης καὶ οἱ μετ' αὐτοῦ ὑπὸ τῶν Συρακοσίων ἐκυκλοῦντο, καὶ ἐν πολλῷ θορύβῳ ἦσαν. ἀνειληθέντες γὰρ ἔς τι χωρίον, ᾧ τεῖχος κύκλῳ περιῆν, ἀκοντίοις πανταχόθεν ἐβάλλοντο. οἱ δὲ πολέμιοι ὁρῶντες αὐτοὺς ταλαιπωρουμένους κήρυγμα ποιοῦνται τοιόνδε. πρῶτον μὲν ἐκέλευον τοὺς νησιώτας, ἤν τις βούληται, ἀπιέναι ἐλευθέρους· καὶ ἀπεχώρησάν τινες ὀλίγοι. ἔπειτα δὲ καὶ πρὸς τοὺς ἄλλους ὁμολογίαν ποιοῦνται, ὑπισχνούμενοι ὡς, ἐὰν τὰ ὅπλα παραδῶσιν, οὔτε βιαίως οὐδεὶς οὔτε δεσμοῖς οὔτε λιμῷ ἀποθανεῖται. παρέδοσαν οὖν σφᾶς αὐτοὺς οἱ πάντες, ἑξακισχίλιοι ὄντες. καὶ τὸ ἀργύριον, ὃ εἶχον, ἅπαν κατέθεσαν, ἐσβαλόντες ἐς ἀσπίδας ὑπτίας· καὶ ἐνέπλησαν ἀσπίδας τέσσαρας.

τοὺς νησιώτας The Athenian army was not composed entirely of citizens, but contained also contingents from the islands in the Aegaean which were subject to Athens.

ἀσπίδας ὑπτίας An ἀσπὶς, being large and hollow, would look in this position like a big *saucer* or *soup-plate,* and would hold a great quantity of money.

NICIAS OVERTAKEN

257. καὶ τούτους μὲν οἱ Συρακόσιοι ἀπεκόμιζον εὐθὺς εἰς τὴν πόλιν. Νικίας δὲ ἀφικνεῖται ταύτῃ τῇ ἡμέρᾳ ἐπὶ τὸν ποταμὸν τὸν Ἐρινεὸν, καὶ διαβὰς πρὸς ὑψηλόν τινα τόπον ἐστρατοπεδεύσατο. οἱ δὲ Συρακόσιοι τῇ ὑστεραίᾳ καταλαβόντες αὐτὸν ἔλεγον, ὅτι οἱ μετὰ Δημοσθένους παραδεδώκασι σφᾶς αὐτούς. ἐκέλευον οὖν καὶ ἐκεῖνον τὸ αὐτὸ δρᾶν. ὁ δὲ ἀπιστῶν σπένδεται αὐτοῖς πέμπειν ἱππέα, σκεψόμενον εἰ ταῦτα οὕτως ἔχει. οἰχόμενος δὲ ὁ ἱππεὺς καὶ ἀπελθὼν ἀπήγγειλε πάντα ἀληθῆ εἶναι. ὁ μὲν οὖν Νικίας κήρυκα πέμπει, αἰτήσοντα τοὺς Συρακοσίους χρήματα μὲν λαβεῖν, ὅσα ἐν τῷ πολέμῳ ἀνήλωσαν, τὴν δὲ μετ᾽ αὐτοῦ στρατιὰν ἀφεῖναι.

> **τούτους μὲν** i.e. Demosthenes and his men.
> **χρήματα μὲν,** etc. i.e. he proposed to *indemnify* them for all their expenses in the war.

NICIAS STILL ATTEMPTS ESCAPE

258. οἱ δὲ οὐ προσεδέχοντο τοὺς λόγους τούτους, ἀλλὰ προσπεσόντες, καὶ πανταχόθεν περιστάντες, ἔβαλλον καὶ ἠκόντιζον μέχρι ὀψέ. εἶχον δὲ καὶ οὗτοι πονηρῶς, σίτου τε καὶ ἐπιτηδείων πάντων ἀπορίᾳ· ἀλλ᾽ ὅμως ἀνέχονται, καὶ ἡσυχάζουσιν, ἤλπιζον γὰρ τῆς νυκτὸς πορεύσεσθαι ἀδεέστερον. μελλόντων δὲ ἤδη ὁρμᾶσθαι, οἱ Συρακόσιοι αἰσθόμενοι ἐπαιώνισαν. καὶ γνόντες οἱ Ἀθηναῖοι ὅτι οὐ λανθάνουσι, κατέθεντο πάλιν τὰ ὅπλα, πλὴν τριακοσίων μάλιστα ἀνδρῶν. οὗτοι μὲν γὰρ, βιασάμενοι διὰ τῶν φυλάκων, ἐχώρουν τῆς νυκτός, ᾗ ἐδύναντο. ὁ δὲ Νικίας, ἐπειδὴ ἡμέρα ἐγένετο, ἦγε τοὺς ἄλλους. οἱ δὲ Συρακόσιοι προσέκειντο τὸν αὐτὸν τρόπον, βάλλοντές τε πανταχόθεν καὶ ἀκοντίζοντες.

> **καὶ οὗτοι** i.e. *as well as the other division*, which had already surrendered; οὗτοι, of course, are Nicias and his men.
> **ἐπαιώνισαν** Aorist, "raised the," etc.
> **τὸν αὐτὸν τρόπον** Adverbial, "*in* the same," etc.

FIGHTING IN THE RIVER

259. καὶ οἱ Ἀθηναῖοι ἠπείγοντο πρὸς τὸν Ἀσσίναρον ποταμὸν, ἅμα μὲν οἰόμενοι ῥᾶον σφίσιν ἔσεσθαι, ἢν διαβῶσι τὸν ποταμὸν, ἅμα δὲ ὑπὸ τοῦ κόπου καὶ δίψης ἐπιθυμοῦντες πιεῖν. ἥκοντες δὲ ἐκεῖσε ἐσπίπτουσιν, οὐδενὶ κόσμῳ ἔτι, ἀλλὰ ἕκαστος ἐβούλετο αὐτὸς πρῶτος διαβῆναι· καὶ οἱ πολέμιοι ἐπικείμενοι ὄπισθεν χαλεπὴν ἐποίουν τὴν διάβασιν. ἐπέπιπτον οὖν ἀλλήλοις καὶ κατεπάτουν, καὶ οἱ μὲν διεφθείροντο εὐθὺς τοῖς τῶν Συρακοσίων δορατίοις, οἱ δὲ ἐμπαλασσόμενοι ἀπεπνίγησαν. οἱ δὲ πολέμιοι ἔβαλλον ἄνωθεν τοὺς Ἀθηναίους ἀπὸ τοῦ χείλους τοῦ ποταμοῦ, ἔτυχε γὰρ κρημνώδης ὤν. ἄλλοι δὲ ἐς τὴν χαράδραν καταβάντες τοὺς ἐν τῷ ποταμῷ ὁμόθεν ἔσφαζον.

ἅμα μὲν … ἅμα δὲ "At once … and."

NICIAS SURRENDERS

260. τέλος δὲ, πολλῶν ἤδη ἀπολωλότων, καὶ διεφθαρμένου τοῦ στρατεύματος, Νικίας ἑαυτὸν παραδίδωσι. κελεύει δὲ τοὺς πολεμίους, ἑαυτῷ μὲν χρῆσθαι ὅ τι βούλονται, τοὺς δὲ ἄλλους στρατιώτας μηκέτι φονεύειν. ζωγροῦσιν οὖν τοὺς λοιποὺς τῶν ἐν τῷ ποταμῷ· καὶ τοὺς τριακοσίους, οἳ ἐν τῇ νυκτὶ διεξῆλθον τὴν φυλακὴν, μεταπεμψάμενοι συνέλαβον. ὅμως δὲ τὸ πλῆθος τῶν ληφθέντων οὐ πάνυ πολὺ ἦν· πολλοὶ γὰρ διέφυγον, καὶ Σικελία πᾶσα ἐπλήσθη αὐτῶν, ἐπεὶ οὐκ ἀπὸ συμβάσεως ἑαυτοὺς παρέδοσαν, ὥσπερ οἱ μετὰ Δημοσθένους. μέρος δὲ οὐκ ὀλίγον ἤδη ἀπετεθνήκει. ὁ γὰρ φόνος οὗτος μέγιστος ἐγένετο, καὶ οὐδενὸς ἐλάσσων τῶν ἐν τῷ Σικελικῷ πολέμῳ τούτῳ.

ἑαυτῷ χρῆσθαι ὅ τι, etc. "To do with him whatever," etc. This construction should be noticed, being highly idiomatic, and a great favorite with *Attic* writers.

μέγιστος καὶ οὐδενὸς ἐλάσσων Observe the emphatic repetition of the same idea, first in a *positive*, then in a *negative* form. A similar figure is very common in the Bible: "They shall fall down, and not be able to stand," "I shall live, and not die," "Her time is near to come, and her days shall not be prolonged."

FATE OF THE CAPTIVES

261. μετὰ δὲ ταῦτα οἱ Συρακόσιοι καὶ οἱ σύμμαχοι, ἀναλαβόντες τῶν αἰχμαλώτων ὅσους ἐδύναντο καὶ τὰ σκῦλα, συναθροισθέντες ἐς τὴν πόλιν ἀνεχώρησαν. καὶ τοὺς μὲν ἄλλους τῶν ληφθέντων κατεβίβασαν ἐς τὰς λιθοτομίας, ὅπως ἡ τήρησις αὐτῶν ἀσφαλὴς εἴη, Νικίαν δὲ καὶ Δημοσθένην ἀπέσφαξαν. καὶ ἐκ τούτου μετεχείρισαν χαλεπῶς τοὺς ἐν ταῖς λιθοτομίαις. ἦν γὰρ ὁ τόπος ἀστέγαστος, ὥστε πρῶτον μὲν ὁ ἥλιος καὶ πνῖγος τοὺς ἐνόντας ἐλύπει, ἔπειτα δὲ, τῶν νυκτῶν ἐπιγιγνομένων ψυχρῶν, ἔτι δεινότερα ἔπασχον. καὶ λιμῷ ἅμα καὶ δίψῃ ἐπιέζοντο· ἐδίδοσαν γὰρ αὐτοῖς οἱ Συρακόσιοι καθ᾽ ἡμέραν μίαν μόνην κοτύλην ὕδατος, καὶ δύο κοτύλας σίτου.

> **λιθοτομίας** These λιθοτομίαι served as a public prison for all Sicily. They were called also λατομίαι (λᾶας, "a stone"). The Romans borrowed the word in the form "Lautumiae," and applied it not only to this place, but to their own public prison at Rome, the "Tullianum."
>
> **ψυχρῶν** Predicate, as is shown by the position of the article.

THE NEWS REACHES ATHENS

262. τοῦτο δὲ τὸ ἔργον μέγιστον ἦν πάντων τῶν κατ᾽ ἐκεῖνον τὸν πόλεμον, καὶ τοῖς τε κρατήσασι λαμπρότατον καὶ τοῖς διαφθαρεῖσι δυστυχέστατον. κατὰ πάντα γὰρ νικηθέντες οἱ Ἀθηναῖοι ἀπώλοντο, καὶ ὀλίγοι ἀπὸ πολλῶν ἐπ᾽ οἴκου ἀπενόστησαν.

καὶ τὰ μὲν περὶ Σικελίαν γενόμενα τοιαῦτά ἐστιν. ἐπειδὴ δὲ ἐς τὰς Ἀθήνας ἠγγέλθη, πρῶτον μὲν οἱ πολῖται ἠπίστουν τοῖς τὸ πάθος ἀγγέλλουσιν. ἐπεὶ δὲ ἔγνωσαν, χαλεποὶ ἦσαν τοῖς ῥήτορσι τοῖς τὸν ἔκπλουν ἐπαινέσασιν, ὥσπερ δὴ οὐκ αὐτοὶ τὸ αὐτὸ ψηφισάμενοι. ὠργίζοντο δὲ καὶ τοῖς χρησμολόγοις καὶ μάντεσι καὶ τοῖς ἄλλοις πᾶσιν, ὅσοι ἐπήλπισαν τότε αὐτοὺς λέγοντες ὡς Σικελίαν λήψονται.

> **ἔγνωσαν** Understand ὅτι ἀληθῆ ἐστίν.
>
> **χρησμολόγοις** These were a lower branch of the profession than μάντεις, people who made a trade of fortune-telling.

Courage under Misfortune

263. ἐγένετο οὖν κατὰ πᾶσαν τὴν πόλιν φόβος τε καὶ ἔκπληξις μεγίστη δή· ἅμα μὲν γὰρ ἐστερημένοι ἦσαν ὁπλιτῶν τε καὶ ἱππέων πολλῶν, ἅμα δὲ, ἔχοντες οὐκέτι ναῦς ἱκανὰς, οὐδὲ χρήματα ἐν τῷ κοινῷ, διὰ ταῦτα πάντα ἐν ἀπορίᾳ πολλῇ ἦσαν. ὅμως δὲ ἐκ τῶν ὑπαρχόντων ἐδόκει αὐτοῖς χρῆναι μὴ ἐνδιδόναι, ἀλλὰ ναυτικόν τε, ὅθεν ἂν δύνωνται, παρασκευάζεσθαι, καὶ τὰ τῶν συμμάχων ἐς ἀσφάλειαν καταστῆσαι, καὶ τὰ κατὰ τὴν πόλιν ἐς εὐτέλειαν σωφρονίσαι, καὶ ἀρχήν τινα πρεσβυτέρων ἀνδρῶν ἑλέσθαι, οἵτινες περὶ τῶν παρόντων ἐς καιρὸν προβουλεύσουσιν. ὡς δὲ ἔδοξεν αὐτοῖς, καὶ ἐποίουν· καὶ τὸ θέρος ἐτελεύτα.

μεγίστη δὴ δὴ in this emphatic position increases the force of the superlative, "the greatest *possible*."
ἅμα μὲν ... ἅμα δὲ See note on Story 259.
ἐκ τῶν ὑπαρχόντων i.e. "under the existing circumstances."
ὡς δὲ ... καὶ These answer to each other, "as ... so."

Vocabulary

Note: (1.) In this vocabulary "st." means stem, or stem-ending. Nouns with no stem given belong usually to one of the first two declensions. In the third declension consonant-stems are given; but, with nouns whose stem-ending is a vowel, it has seemed more convenient to give the genitive singular instead.

(2.) Principal parts of verbs are listed only when they are not predictable, and most irregular or suppletive stems are listed separately as well.

(3.) To facilitate looking up words, the name "stem," when applied to verb forms, has been used with somewhat more freedom than *strict* Philology allows. Thus βη- is called the "perf. fut. and aor. stem of βαίνω," being, in fact, the common element in the three stems βεβηκ-, βησ-, and βη-. To enter these separately would have greatly increased the bulk of the vocabulary, and, in consequence, the difficulty of using it. With this explanation, it is hoped that the course adopted will not produce any practical difficulties.

(4.) The abbreviation "subst." means a noun (substantive), to avoid confusion with "n." for neuter gender. "2 term." means that an adjective is "of two endings," in other words that its masculine and feminine forms are the same.

ἀγαγ-, 2 aor. stem (reduplicated) of ἄγω.

ἀγαθός, ή, όν, adj., *good, brave.*

ἄγαλμα (st, -ατ-), subst. n., *ornament.*

ἄγαμαι (fut. -άσομαι), verb, *admire.*

ἄγαν, adv., *excessively, too much, too.*

ἀγανακτέω (fut. -ήσω), verb, *be displeased.*

ἀγασθ-, 1 aor. stem of ἄγαμαι.

ἀγγεῖον, subst. n., *bucket, jar.*

ἀγγέλλω, verb, *report, tell, announce.*

ἄγγελμα (st. -ατ-), subst. n., *tidings, announcement.*

ἄγγελος, subst. m., *messenger.*

ἀγέλη, subst. f., *herd.*

ἀγεννής, ές, adj. 2 term., *ignoble.*

ἄγκυρα, subst. f., *anchor.*

ἀγνοέω (fut. -ήσω), verb, *be ignorant of, fail to perceive.*

ἄγνοια, subst. f., *ignorance, misunderstanding.*

ἀγνώμων, ον, adj. 2 term., *unfeeling, reckless.*

ἀγορά, subst. f., *marketplace, place of assembly, market.*

ἀγοραῖος, ον, adj. 2 term., *of the market.*

ἀγορεύω, verb, *to speak, give a speech, especially in the assembly.*

ἄγριος, α, ον, adj., *wild.*

ἄγροικος, ον, adj. 2 term., *countrified, rustic.*

ἀγρός, subst. m., *field*, also *country* (as opposed to *town*).

ἀγύρτης, subst. m., *vagabond impostor, quack.*

ἀγχίνους, ουν, adj. 2 term., *cunning, shrewd.*

ἄγω, verb, *lead, bring.*

ἀγών (st. -ων-), subst. m., *contest.*

ἀγωνίζομαι (1 aor. ἠγωνισάμην), verb, *contend, struggle, fight.*

ἀγωνισμός, subst. m., *rivalry.*

ἀδεής, ές (comparat. ἀδεέστερος), adj. 2 term., *fearless, secure.*

ἄδεια, subst. f., *assurance of safety, safe-conduct.*

ἀδελφός, subst. m., *brother.*

ἀδεῶς, adv., *without fear, securely.*

ἄδηλος, ον, adj. 2 term., *unseen, invisible.*

ἀδήωτος, ον, adj. 2 term., *free from ravages, inviolate.*

ἀδικέω (fut. -ήσω), verb, *do wrong, injure.*

ἄδικος, ον, adj. 2 term., *wrong, unjust.*

ἀδίκως, adv., *unjustly, undeservedly.*

ἀδοξία, subst. f., *disgrace.*

ᾅδου (properly gen. of Ἅιδης, Hades, god of the dead), *the place of the dead, infernal regions, Hades.*

ἀδύνατος, ον, adj. 2 term., *unable, impossible.*

ἄδυτον, subst. n., *shrine.*

ᾄδω (fut. ᾄσομαι), verb, *sing.*

ἀεί, adv., *for ever, always*; also, when following the article, *from time to time* or *at the time, for the time being.*

ἄελπτος, ον, adj. 2 term., *hopeless.*

ἀετός, subst. m., *eagle.*

ἀηδής, ές, adj. 2 term., *unpleasant, disagreeable.*

ἀήρ (st. ἀερ-), subst. m., *the air.*

ἀθάνατος, ον, adj. 2 term., *immortal.*

ἀθλητής (gen. -οῦ), subst. m., *athlete.*

ἄθλιος, α, ον, adj., *wretched.*

ἀθροίζω (fut. ἀθροίσω), verb, *collect, assemble, muster.*

ἀθρόος, α, ον, adj., *collected, gathered, in crowds.*

ἀθυμέω (fut. -ήσω), verb, *lose heart, be discouraged.*

αἰγιαλός, subst. m., *sea-coast, beach.*

αἰδέομαι (fut. -έσομαι), verb, *be ashamed, feel shame, feel bashfulness.*

αἰδώς (gen. -οῦς), subst. f., *sense of shame, shame, respect.*

αἴλουρος, subst. m. or f., *cat.*

αἴξ (st. αἰγ-), subst. m. or f., *goat.*

αἱρέω (fut. -ήσω), verb, *take*, (mid.) *take, choose*, (pass.) *be chosen.*

αἴρω (fut. ἀρῶ), verb, *lift, get under way* (of ships), *start.*

αἰσθάνομαι (fut. αἰσθήσομαι, 2 aor. ἠσθόμην), verb, *perceive.*

αἰσθ-, 2 aor. stem of αἰσθάνομαι.

αἰσχρολογία, subst. f., *scurrilous talk, abuse.*

αἰσχρός, ά, όν, adj., *ugly, shameful.*

αἰσχύνομαι (fut. -νοῦμαι), verb, *be ashamed.*

αἰτέω (fut. -ήσω), verb, *ask, demand, beg.*

αἰτία, subst. f., *cause, blame, accusation.*

αἴτιος, α, ον, adj., *responsible for*, τὸ αἴτιον, *the reason of.*

αἰφνίδιος, ον, adj., 2 term., *sudden.*

αἰφνιδίως, adv., *suddenly.*

αἰχμάλωτος, subst. m., *prisoner*, esp. of war.

αἰών (st. -ων-), *life, age, eternity.* δι᾽ αἰῶνος, *for ever.*

ἀκάτιον, subst. n., *little boat, skiff.*

ἀκήκοα, perf. of ἀκούω.

ἀκίνητος, ον, adj. 2 term., *motionless, unmoved.*

ἀκινήτως, adv., *immoveably.*

ἄκλητος, ον, adj. 2 term., *uncalled, uninvited.*

ἀκμαῖος, α, ον, adj., *ripe, blooming, vigorous.*

ἀκολασία, subst. f., *excess, riotous living.*

ἀκόλουθος, subst. m., *attendant, follower.*

ἀκοντίζω, verb, *hurl a javelin, shoot.*

ἀκόντιον, subst. n., *javelin.*

ἀκοντιστής (gen. -οῦ), subst. m., *javelin-man.*

ἀκούσιος, ον, adj., 2 term., *unwilling, unintentional.*

ἀκούω (fut. -ούσομαι), verb, *hear.* Also *be spoken of.*

ἄκρα, subst. f., *promontory.*

ἀκρατής, ές, adj., 2 term., *powerless, without self-control.*

ἀκράχολος, ον, adj. 2 term., *quick to anger, passionate.*

ἀκριβέστερον, comparative of ἀκριβῶς.

ἀκριβῶς, adv., *precisely.*

ἀκροατής (gen. -οῦ), subst. m., *listener, pupil.*

ἀκροβολίζομαι, verb, *skirmish.*

ἀκροβόλισις (gen. -εως), subst. f., *skirmishing.*

ἄκρον, subst. n., *peak, height, extremity* or *tip.*

ἀκρόπολις (gen. -εως), subst. f., *Acropolis,* the highest, oldest, or fortified part of the city; the citadel. In a Roman context may refer to the Capitol.

ἄκρος, α, ον, adj., *topmost, tip, uttermost.*

ἀκρωτήριον, subst. n., *promontory.*

ἀλαζών (st. -ον-), subst. m., *impostor.*

ἀλγέω (fut. -ήσω), verb, *suffer pain, be hurt, be ill.*

ἀλείφω (fut. -ψω), verb, *anoint, besmear, put oil on.*

ἀλεκτρυών (st. -ον-), subst. m., *rooster.*

ἀλήθεια, subst. f., *truth.*

ἀληθής, ές, adj. 2 term., *true.*

ἀληθῶς, adv., *really, truly.* ὡς ἀληθῶς, *in very truth, really and truly.*

ἀληλιφ-, perf. stem (irregularly reduplicated) of ἀλείφω.

ἁλιεύς (gen. -έως), subst. m., *a fisherman.*

ἅλις, adv., *enough.*

ἁλίσκομαι (fut. ἁλώσομαι), verb, serving as passive to αἱρέω, *be taken, be caught.*

ἀλλά, conj., *but, yet still.*

ἀλλαντ-, stem of ἀλλᾶς.

ἀλλαξ-, fut. and 1 aor. stem of ἀλλάσσω.

ἀλλᾶς, subst. m., *a sausage.*

ἀλλάσσω, verb, *to change.*

ἄλλῃ, adv., *another way.*

ἀλληλ-, stem (without nom.) of pronominal adj., *one another.*

ἄλλος, η, ο, pronominal adj., *other, another, the rest of.* In plural, *the others, the remainder, the rest.*

ἄλλοσε, adv., *elsewhere* (lit. else-*whither*).

ἀλλότριος, α, ον, adj., *of others, alien, foreign.*

ἀλλοτρίως, adv., *strangely, unfavorably.*

ἀλλόφυλος, ον, adj. 2 term., *foreign, of another nation.*

ἄλλως, adv., *otherwise, in other respects.*

ἁλο-, 2 aor. stem of ἁλίσκομαι, part. ἁλούς, opt. ἁλοίην.

ἁλῶναι, inf. of ἁλο-.

ἀλώπηξ (st. ἀλωπεκ-), subst. f., *fox.*

ἅμα, adv. and prep., *at the same time, together with, besides.*

ἀμαθής, ές, adj., 2 term., *ignorant.*

ἀμαθία, subst. f., *ignorance, stupidity.*

ἅμαξα, subst. f., *wagon.*

ἁμαρτάνω (fut. ἁμαρτήσομαι, 2 aor. ἥμαρτον), verb, *miss, err, make a mistake,* governs gen. or (cog.) acc.

ἁμάρτημα (st. -ατ-), subst. n., *a slip, blunder.*

ἁμαρτία, subst. f., *error, mistake.*

ἀμελέω (fut. -ήσω), verb, *neglect, disregard.*

ἀμνημονέω (fut. -ήσω), verb, *to be unmindful of, forget.*

ἀμοιβή, subst. f., *recompense.*

ἄμοιρος, ον, adj. 2 term., *without share in.*

ἄμορφος, ον, adj. 2 term., *unshapely, unsightly.*

ἀμουσία, subst. f., *lack of skill* in music, etc.

ἄμπελος, subst. f., *vine.*

ἀμύνω (fut. ἀμυνῶ), verb, *keep off, aid;* (mid.) *defend oneself,* with acc., *defend oneself against.*

ἀμφιέννυμι (pass. 1 aor. ἠμφιέσθην), verb, *clothe.*

ἀμφότερος, α, ον, pronom. adj., *both.*

ἄμφω (gen. and dat. ἀμφοῖν), pronom. adj., *both.*

ἄν, a conditional particle, with *no* exact English equivalent. It is used: (a) with indicatives, optatives, and (in indirect statement) infinitives, to mark the apodosis of some kinds of conditional sentence. Thus ἔδωκεν = *he gave,* but ἔδωκεν ἄν = *he would have given.* (b) with subjunctive after relative pronouns and particles, making them general, like English *-ever* in "whoever" or "whatever." Thus ὅς = *who,* ὃς ἄν, *whoever, whosoever.*

ἀνά, prep., *up, along.*

ἀνα-βαίνω, verb, *go up, mount, ascend, embark.*

ἀνα-βιώσκομαι, verb, *revive.*

ἀνα-βλέπω, verb, *look up, raise the eyes.*

ἀνα-βοάω, verb, *cry out, lift up one's voice.*

ἀνα-γιγνώσκω, verb, *read.*

ἀναγκάζω (fut. -άσω), verb, *compel.*

ἀναγκασθ-, 1 aor. pass. stem of ἀναγκάζω.

ἀνάγκη, subst. f., *necessity.*

ἀνα-δέω, verb, *bind up;* mid., *take in tow* (of ships).

ἀνα-ζητέω, verb, *look up, search out, search.*

ἀναίδεια, subst. f., *effrontery, impudence.*

ἀναίρεσις (gen. -εως), subst. f., *burial.*

ἀν-αιρέω, verb, *take up, destroy, kill.* Also, *answer* (of oracles).

ἀναίτιος, ον, adj. 2 term., *free from guilt, not to blame.*

ἀνα-καλέω, verb, *call back, recall.* Mid., *call upon, appeal to, invoke.*

ἀνα-καλύπτω, verb, *uncover.*

ἀνάκλησις (gen. -εως), subst. f., *calling on, invocation of.*

ἀνα-κοινόω, verb, *communicate.*

ἀνα-κόπτω, verb, *beat back.*

ἀνα-κρεμάννυμι, verb, *hang up.*

ἀνάκρισις (gen. -εως), subst. f., *inquiry.*

ἀνα-λαμβάνω, verb, *take up, take, take back, regain.*

ἀναλίσκω (fut. ἀναλώσω), verb, *use up, spend, waste;* mid., *kill oneself.*

ἀνα-μένω, verb, *wait, await, abide.*

ἄνανδρος, ον, adj. 2 term., *cowardly,* as subst., *a coward.*

ἀνα-νεύω, verb, *refuse, deny*

ἀνάξιος, ον, adj. 2 term., *unworthy.*

ἀνα-παύω, verb, *stop, rest.*

ἀνα-πέμπω, verb, *send up, send back.*

ἀνα-πηδάω, verb, *spring up, leap up.*

ἀνα-πληρόω, verb, *fill up, refill.*

ἀν-αρπάζω, verb, *snatch up.*

ἀνα-ρ-ρήγνυμι, verb, *break open, burst.*

ἀνάστασις (gen. -εως), subst. f., *removal.*

ἀνα-σταυρόω (fut. -ώσω), verb, *impale.*

ἀνα-τείνω, verb, *stretch forth.*

ἀνα-χωρέω, verb, *withdraw, retreat.*

ἀνα-ψύχω (fut. ψύξω), verb, *refresh.*

ἀνδρ-, stem of ἀνήρ.

ἀνδρεῖος, α, ον, adj., *manly, brave.*

ἀνδρείως, adv., *like a man, bravely, manfully.*

ἀνδριαντ-, stem of ἀνδριάς.

ἀνδριαντοποιΐα, subst. f., *sculpture.*

ἀνδριαντοποιός, subst. m., *sculptor.*

ἀνδριάς, subst. m., *statue* (lit. figure of a man).

ἀν-ειλέω (fut. -ήσω), verb, *crowd together.*

ἀνέκπληκτος, ον, adj. 2 term., *dauntless.* τὸ ἀνέκπληκτον, *dauntlessness.*

ἀνεκτός, ον, adj. 2 term., *bearable, tolerable.*

ἀνελεύθερος, ον, adj. 2 term., *ungentlemanly, servile, not like a free person.*

ἀν-έλκω (fut. -έλξω), verb, *draw up.*

ἄνεμος, subst. m., *wind, breeze.*

ἀν-έρχομαι (fut. -ελεύσομαι), verb, *go up, return.*

ἄνευ, prep., *without.*

ἀνέῳξα, 1 aor. of ἀνοίγω.

ἀν-ήκεστος, ον, adj. 2 term., *irremediable.*

ἀνήλωσα, 1st aor. of ἀναλίσκω.

ἀνήρ (st. ἀνδρ-), subst. m., *man, husband.*

ἀνθ-ίστημι, verb, *oppose.*

ἀνθρώπινος, η, ον, adj., *human.*

ἄνθρωπος, subst. m., *person, human being.*

ἀνθ-υπ-άγω, verb, *prosecute in turn.*

ἀν-ίημι (fut. ἀνήσω), verb, *send forth.*

ἀν-ίστημι, verb, *raise up;* mid. and intrans. tenses, *rise, stand up, recover.*

ἀν-οίγω (aor. 1 ἀνέῳξα), verb, *open.*

ἀν-οικοδομέω (fut. -ήσω), verb, *rebuild.*

ἀνόμοιος, ον, adj. 2 term., *dissimilar, unlike.*

ἀνοσιότης (gen. -τητος), subst. f., *wickedness.*

ἀντ-αγωνίζομαι (fut. -ίσομαι), verb, *struggle.*

ἀντ-εῖπον, 2 aor., no present, verb, *answer.*

ἀντ-έχω (fut. ἀνθέξω), verb, *hold out, withstand.*

ἀντί, prep., *in return for, instead of.*

ἀντίδικος (gen. -ου), subst. m., *party to a suit.*

ἀντι-λέγω (fut. λέξω), verb, *say in answer, raise objections.*

ἀντίπαλος (gen. -ου), subst. m., *antagonist.*

ἀντι-πέμπω (fut. -ψω), verb, *send in return.*

ἀντι-πέρας, adv., *opposite.*

ἀντι-ποιέω (fut. -ήσω), verb, *lay claim to.* (Mid.)

ἀντ-ίσχω (form of ἀντ-έχω), *last.*

ἀντι-τάσσω (fut. -ταξω), verb, *draw up against.*

ἀντιτέχνησις (gen. -εως), subst. f., *counter-manoeuvring.*

ἀν-ύποπτος, ον, adj. 2 term., *unsuspected.*

ἀνύτω (fut. ἀνύσω), verb, *effect, accomplish, finish, make haste.*

ἄνω, adv., *up, above.*

ἀνώγεων, subst. n., *upper room, chamber.*

ἄνωθεν, adv., *from above.* τὸ ἄνωθεν, *the top part.*

ἀξιοθέατος, ον, adj. 2 term., *worth seeing.*

ἄξιος, α, ον, adj., *worth, worthy, deserving.*

ἀξιόω (fut. -ωσω), verb, *demand, require, claim, think fit to.*

ἀπ-αγγέλλω (fut. -ελῶ), verb, *report.*

ἀπ-αγορεύω, verb, *forbid.*

ἀπ-άγχω, verb, *hang.* In mid., *hang oneself.*

ἀπ-άγω, verb, *lead away, lead off, bring home.*

ἀπαίδευτος, ον, adj. 2 term., *ignorant.*

ἄπαις, adj., *childless.*

ἀπαλλαγή, subst. f., *release.*

ἀπαλλάσσω (fut. -ξω), verb, *release, send away.* Fut. and 1 aor. pass., ἀπαλλαχθήσομαι, ἀπηλλάχθην, *get rid off, go away, depart.*

ἀπ-αξιόω (fut. ώσω), verb, *disdain, disown.*

ἀπαράσκευος, ον, adj. 2 term., *unprepared, without preparation.*

ἅπας, ασα, αν, adj., *all, one and all.*

ἀπατάω (fut. -ήσω), verb, *outwit, deceive, cheat.*

ἀπάτη, subst. f., *trickery, trick, deception.*

ἄπεδος, ον, adj. 2 term., *level.*

ἀπ-εικάζω (fut. -άσω), verb, *liken to, compare.*

ἀπειλέω (fut. -ήσω), verb, *threaten.*

ἄπ-ειμι, verb, *be away, be absent* (Compound of εἰμί, *sum*).

ἄπ-ειμι, verb, *go away* (Pres. has fut. sense. Compound of εἶμι, *ibo*).

ἀπ-ειρηκ-, perf. stem without pres., *be worn out.*

ἄπειρος, ον, adj. 2 term., *ignorant of.*

ἀπ-ελαύνω, verb, *drive away.*

ἀπέραντος, ον, adj. 2 term., *boundless, immense.*

ἀπερίσκεπτος, ον, adj. 2 term., *inconsiderate.*

ἀπερισκέπτως, adv., *inconsiderately.*

ἀπ-έρχομαι, verb, *depart,* also *come back.*

ἀπ-έχω, verb, *keep off;* mid., *hold off from, spare, refrain from.* Act. also intrans., *be distant from.*

ἀπ-έωσμαι, pass. perf. (irregularly reduplicated) of ἀπ-ωθέω.

ἀπηλιώτης (gen. -ου), subst. m., *the east wind.*

ἀπιστέω (fut. -ήσω), verb, *disbelieve.*

ἁπλῶς, adv., *plainly, in a ward.*

ἀπό, prep. with gen., *from, away from, off.*

ἀποβάθρα, subst. f., *ladder* (for quitting a ship), *gangway.*

ἀπο-βαίνω, verb, *go forth, disembark.*

ἀπο-βάλλω, verb, *throw away, lose.*

ἀπο-γεύομαι, verb, *taste of.*

ἀπο-γίγνομαι, verb, *to be removed, die.*

ἀπο-δείκνυμι, verb, *show, produce, appoint.*

ἀποδημέω (fut. -ήσω), *go abroad.*

ἀπο-διδράσκω, verb, *run away.*

ἀπο-δίδωμι, verb, *give back, pay, give up.*

ἀπο-ζάω, verb, *live upon* (lit. *live off*).

ἀπο-θνήσκω, verb, *die, be put to death.*

ἀπο-κάμνω, verb, *break down with weariness.*

ἀπόκλησις (gen. -εως), subst. f., *closing.*

ἀπο-κλίνω, verb, *turn aside.*

ἀπο-κομίζω, verb, *carry away.* Pass., *take oneself off, depart.*

ἀπο-κρίνω, verb, *separate.* Mid. and pass., *answer, reply.*

ἀπο-κτείνω, verb, *kill.*

ἀπο-λαύω (fut. ἀπολαύσομαι), verb, *enjoy.*

ἀπ-όλλυμι, verb, *destroy, lose.* Mid., *perish.*

ἀπο-λογέομαι (fut. -ήσομαι), verb, *speak in defense, defend oneself.*

ἀπολογία, subst. f., *plea, defence.*

ἀπο-λύω, verb, *release, acquit.*

ἀπο-νοστέω, verb, *return home.*

ἀπόπειρα, subst. f., *trial, experiment.*

ἀπο-πέμπω, verb, *send away.*

ἀπο-πίπτω, verb, *fall off.*

ἀπο-πλέω, verb, *sail off, sail away.*

ἀπο-πνέω, verb, *blow from.*

ἀπο-πνίγω, verb, *choke.* Pass., *be drowned.*

ἀπορέω (fut. -ήσω), verb, *be at a loss.*

ἀπόρημα (st. -ατ-), subst. n., *difficulty.*

ἀπορία, subst. f., *difficulty, want.*

ἄπορος, ον. adj. 2 term., *impracticable.*

ἀπο-ρ-ρήγνυμι, verb, *snap off.*

ἀπο-ρ-ρίπτω, verb, *throw aside, throw away, blurt out.*

ἀπόσπασμα (st. -ατ-), subst. n., *shred.*

ἀπο-σπάω, verb, *drag away.* Pass. *be separated from.*

ἀπόστασις (gen. -εως), subst. f., *secession, revolt.*

ἀπο-στέλλω, verb, *send away, send on an errand or mission.*

ἀπο-στερέω, verb, *rob, deprive.*

ἀπο-στρέφω, verb, *avert.* Pass. *turn away.*

ἀπο-σφάζω, verb, *slay.*

ἀπο-τειχίζω, verb, *blockade.*

ἀπο-τελέω, verb, *finish, finish off.*

ἀπο-τίνω, verb, *pay.*

ἀπο-τρέχω, verb, *run off.*

ἀπο-τυγχάνω, verb, *miss* (a mark).

ἀπο-φαίνω, verb, *prove, show clearly.*

ἀπο-φέρω, verb, *carry off, obtain.*

ἀπο-φεύγω, verb, *escape.*

ἀπο-φραγνύω, verb, *block up.*

ἀπο-χωρέω, verb, *retreat, depart.*

ἀπο-ψηφίζομαι, verb, *vote not guilty, acquit.*

ἄπρακτος, ον, adj. 2 term., *without success.*

ἀπρεπής, ες, adj. 2 term., *unseemly.*

ἀπροσδόκητος, ον, adj. 2 term., *unexpected.*

ἀπροσδοκήτως, adv., *unexpectedly.*

ἅπτω (fut. ἅψω, 1 aor. ἧψα), verb, *light, set on fire.* Mid., *cling to, take up.*

ἄπωθεν, adv., *from afar, far off.*

ἀπ-ωθέω, verb, *thrust off, repel.*

ἄρα, conj., *therefore, then, so.*

ἆρα, interrogative participle, with no English equivalent. It turns a sentence into a question, often with the sense "really?"

ἀρα-, 1 aor. stem of αἴρω.

ἀράχνιον, subst. n., *spider's web.*

ἀργία, subst. f., *laziness.*

ἀργύριον, subst. n., *silver, money.*

ἄργυρος, subst. m., *silver.*

ἀρέσκω (fut. ἀρέσω), verb, *content, satisfy, please.*

ἀρετή, subst. f., *excellence, virtue, bravery.*

ἀριθμέω (fut. -ήσω), verb, *count, reckon.*

ἀριστεῖα, plur. subst. n., *prize of valor.*

ἀριστερός, ά, όν, adj., *left* (hand).

ἄριστον, subst. n., *breakfast.*

ἀριστοποιέομαι (fut. -ήσομαι), verb, *have breakfast.*

ἄριστος, η, ον, adj. (used as superl. of ἀγαθός), *best, bravest.*

ἀρκέω (fut. έσω, 1 aor. ἤρκεσα), verb, *avail, suffice.*

ἄρκτος, subst. c., *bear.*

ἁρμόζω (fut. ἁρμόσω), verb, *fit, adapt.*

ἁρπαγή, subst. f., *robbery.*

ἁρπάζω (fut. ἁρπάξω), verb, *carry off, snatch up, plunder.*

ἄρτι, adv., *just now, lately.*

ἀρτίως = ἄρτι.

ἄρτος, subst. m., *loaf.* In plural, *bread.*

ἀρύομαι, verb, *draw* (water).

ἀρχαῖος, α, ον, adj., *ancient.*

ἀρχή, subst. f., *beginning, sovereignty, office, government.*

ἄρχω (fut. ἄρξω), verb, *command.* Mid., *begin.*

ἄρχων (properly particip. of ἄρχω), subst. m., *magistrate, Archon.*

ἀσ-, fut. and 1 aor. stem of ᾄδω.

ἀσαφής, ές, adj. 2 term., *indistinct.*

ἀσεβέω (fut. -ήσω), verb, *act impiously.*

ἀσεβής, ές, adj. 2 term., *impious, wicked.*

ἀσθενής, ές, adj. 2 term., *weak, feeble.*

ἀσκός, subst. n., *skin* (of wine), *bottle.*

ᾆσμα (st. -ατ-), subst. n., *song.*

ἀσμένως, adv. *gladly.*

ἀσπάζομαι (fut. ἀσπάσομαι), verb, *embrace, greet, welcome,* or *bid farewell.*

ἀσπίς (st. -ῶ-), subst. f., *shield.*

ἀστέγαστος, ον, adj. 2 term., *without roof* or *cover.*

ἀστεῖος, ον, adj. 2 term., *jocular, humorous, witty.*

ἀστός, subst. m., *citizen, fellow-citizen.*

ἀστρονόμος, subst. m., *astronomer.*

ἄστυ (gen. -εος), subst. n., *city, town.*

ἀσύνετος, ον, adj. 2 term., *stupid.*

ἀσφάλεια, subst. f., *safety.*

ἀσφαλής, ές, adj. 2 term., *safe, secure.*

ἀσχήμων, ον, adj. 2 term., *unsightly, clumsy.*

ἀτακτέω (fut. -ήσω), verb, *live disorderly.*

ἄτακτος, ον, adj. 2 term., *out of order, disorderly.*

ἀτάκτως, adv., *without order.*

ἀτάρακτος, ον, adj. 2 term., *undisturbed.*

ἄτε (properly neut. plur. of ὅς τε), *as.*

ἀτείχιστος, ον, adj. 2 term., *unfortified.*

ἀτερπής, ές, adj. 2 term., *joyless, unpleasant, without delight.*

ἀτιμάζω (fut. ἀτιμάσω), verb, *dishonor, despise.*

ἄτιμος, ον, adj. 2 term., *disgraced, discredited.*

ἀτρεμία, subst. f., *quiet, tranquillity.*

αὖ, adv., *back, again, on the contrary.*

αὐθάδης, ες, adj. 2 term., *self-willed, obstinate, perverse.*

αὐθημερόν, adv., *the same day.*

αὖθις, adv., *again.*

αὐλή, subst. f., *court, hall.*

αὐλητική, used as subst. f. (properly fem. of adj.), *aulos-playing.*

αὐλίζομαι (fut. αὐλίσομαι), verb, *encamp.*

αὐλός, subst. m., *aulos, a wind instrument similar to a clarinet or oboe.*

αὐξάνω (fut. αὐξήσω), *grow, increase, rise.*

αὖος, η, ον, adj., *dry.*

αὐστηρός, ά, όν. adj., *rough, austere.*

αὐτίκα, adv., *immediately.*

αὐτοβοεί, adv., *without a blow* (lit. *by a mere shout*).

αὐτόθι, adv., *there, on the spot.*

αὐτομολέω (fut. -ήσω), verb, *run away, desert.*

αὐτόμολος, subst. m., *deserter.*

αὐτός, ή, ό, pron. *same; self; he* See Hints 1.4.

αὐτοῦ, adv., *there.*

αὐτοφυής, ές, adj. 2 term., *growing of itself, wild, indigenous.*

αὐτοχειρίᾳ, used as adv. (properly dat. of subst. f.), *with one's own hand.*

αὐχήν (st. αὐχεν-), subst. m., *neck.*

ἀφ-αιρέω, verb, *take, take away, bear off.*

ἀφανής, ές, adj. 2 term., *invisible.*

ἀφανίζω (fut. ἀφανίσω or ἀφανιῶ), verb, *make away with.* Pass., *vanish, disappear.*

ἀφεθη-, fut. and aor. pass. stem of ἀφίημι.

ἀφ-έλκω, verb, *drag away.*

ἀφ-ίημι, verb, *discharge, let go, give up.*

ἀφ-ικνέομαι (fut. ἀφίξομαι, aor. ἀφικόμην, perf. ἀφῖγμαι), verb, *arrive, come.*

ἄφιξις (gen. -εως), subst. f., *arrival.*

ἀφ-ίστημι, verb, *put away.* But, in perf., pluperf. 2 aor., and mid., and pass., *stand off, withdraw, revolt.*

ἀφοβία, subst. f., *fearlessness.*

ἀφ-ομοιόω, verb, *make like.*

ἀφ-ορμάομαι, verb, *start, set out.*

ἄφρων, ον, adj. 2 term., *foolish.*

ἀφυής, ές, adj. 2 term., *without talent.*

ἀφύλακτος, ον, adj. 2 term., *unguarded, off one's guard.*

ἀχαριστία, subst. f., *ingratitude.*

ἀχάριστος, ον, adj. 2 term., *ungrateful.*

ἄχθομαι (fut. ἀχθέσομαι), verb, *be vexed, object to.*

ἀχρεῖος, ον, adj. 2 term., *useless.*

ἄχρηστος, ον, adj. 2 term., *unserviceable.*

βαδίζω (1 aor. ἐβάδισα), verb, *walk.*

βαίνω (fut. βήσομαι, perf. βέβηκα, 2 aor. ἔβην), verb, *go.*

βακτηρία, subst. f., *staff, stick.*

βακχεύω, verb, *revel.*

βαλ-, fut. and 2 aor. stem of βάλλω.

βαλλάντιον, subst. n., *purse.*

βάλλω (fut. βαλῶ, 2 aor. ἔβαλον, perf. βέβληκα, 1 aor. pass. ἐβλήθην), verb, *throw, shoot, hurl, pelt.*

βάρβαρος, ον, adj. 2 term., *barbarous, foreign;* as subst. m., βάρβαρος, *a barbarian;* as subst. f., ἡ βάρβαρος, *foreign parts.*

βαρέως, adv., *heavily.* βαρέως φέρειν, *to take ill, be vexed at.*

βαρύνω, verb, *load, weigh down.*

βαρύς, εῖα, ύ, adj., *heavy.*

βάς, βᾶσα, βάν, 2 aor. part. of βαίνω.

βασιλεία, subst. f., *kingdom.*

βασίλεια, subst. f., *queen.*

βασίλεια, plur. subst. n., *palace.*

βασιλεύς (gen. -εως), subst. m., *king.*

βασιλεύω, verb, *reign, rule over.*

βασιλικός, ή, όν, adj., *royal.*

βάσις (gen. -εως), subst. f., *step, footing.* ἐκ τῆς βάσεως = *off his legs.*

βέβαιος, α, ον, adj., *sure, certain.*

βέβηκα, perf. of βαίνω.

βέβληκα, perf. of βάλλω.

βέλος (gen. -εος), subst. n., *arrow, dart.*

βέλτιστος, η, ον, superl. adj., *best.*

βελτίων, ον, comparat. adj. 2 term., *better.*

βη-, perf. fut. and aor. stem of βαίνω.

βῆμα (st. -ατ-), subst. n., *platform* or *pulpit* (for speaking).

βία, subst. f., *force.*

βιάζω (fut. βιάσω), verb, *force.* Mid., *force one's way.*

βιαίως, adv., *by force.* βιαίως ἀποθανεῖν, to die *by a violent death.*

βιβάζω (fut. βιβῶ, 1 aor. ἐβίβασα), vb., *make to go, embark* (troops, etc.)

βιβλίον, subst. n., *treatise, book.*

βίος, subst. m., *life.*

βιόω (2 aor. ἐβίων, inf. βιῶναι, part. βιούς), verb, *live.*

βλάπτω (fut. βλάψω, 2 aor. pass. ἐβλάβην), verb, *harm, hurt, damage, injure.*

βλέπω (fut. βλέψω), verb, *look, look at, see.*

βλη-, perf., and aor. and fut. stem of βάλλω.

βοάω (1 aor. ἐβόησα), verb, *shout, cry out, exclaim.*

βοή, subst. f., *shout, cry.*

βοηθέω (fut. -ήσω), verb, *come to the rescue, help.*

βορά, subst. f., *food.*

βορέας (gen. -ου), subst. m., *north wind.*

βόσκημα (st. -ατ-), *fatling, in plur. cattle.*

βουκόλος, subst. m., *herdsman.*

βούλευμα (st. -ατ-), subst. n., *plan.*

βουλευτήριον, subst. n., *council-room, senate-house.*

βουλευτής (gen. -ου), subst. m., *councillor.*

βουλεύω, verb, *determine, resolve.*

βουλη-, fut. aor., and perf. stem of βούλομαι.

βούλομαί (fut. βουλήσομαι, 1 aor. ἐβουλήθην, perf. βεβούλημαι), verb, *wish, will, agree to.*

βοῦς (st. βο-), subst. m., *ox,* f., *cow.*

βοῶν, ῶσα, ῶν, pres. part. of βοάω.

βραδύς, εῖα, ύ, adj., *slow.*

βραδύτερος, η, ον, comparat. of βραδύς.

βραχίων (st. -ον-), subst. m., *arm.*

βραχύς, εῖα, ύ, adj., *short, little,* neut., βραχύ, *a little while.*

βρέχω (fut. βρέξω, perf. pass. βέβρεγμαι), verb, *wet.*

βροντή, subst. f., *thunder.*

βρῶμα (st. -ατ-), subst. n., *food.*

βωμός, subst. m., *altar.*

γάλα (st. γαλακτ-), subst. n., *milk.*

γαλήνη, subst. f., *calm.*

γαμέω (1 aor. ἔγημα, perf. γεγάμηκα), verb, *marry.*

γάμος, subst. m., *wedding.*

γάρ, conj., *because, for.*

γαστήρ (gen. γαστέρος, contr. γαστρός), subst. f., *belly.*

γε, particle, *at least, at any rate.*

γεγάμηκα, perf. of γαμέω.

γεγένημαι, perf. of γίγνομαι.

γέγονα, perf. of γίγνομαι.

γελάω (1 aor. ἐγέλασα), verb, *laugh.*

γέλοιος, α, ον, adj., *absurd, ridiculous.*

γέλως (st. -ωτ-), subst. m., *laughter.*

γεν-, 2 aor., stem of γίγνομαι.

γενναῖος, α, ον, adj., *noble, glorious.*

γενναίως, adv., *nobly.*

γεννάω (fut. -ήσω), verb, *beget.*

γένος (gen. γένους), subst. n., *decent.*

γερουσία, subst. f., *council of elders, senate.*

γέρων (st. -οντ-), subst. m., *old man.*

γεύομαι, verb, *taste.*

γεωργία, subst. f., *husbandry.*

γεωργός, subst. m., *farmer.*

γῆ, subst. f., *earth, land, country.*

γήδιον, subst. n., *bit of ground, small farm.*

γημ-, 1 aor., stem of γαμέω.

γῆρας (gen. γήρως), subst. n., *old age.*

γηράσκω (1 aor. ἐγήρασα), verb, *grow old.*

γίγνομαι (fut. γενήσομαι, 2 aor. ἐγενόμην), verb, *be born, be, become, happen, occur.*

γιγνώσκω (2 aor. ἔγνων, part. γνούς), verb, *perceive, know.*

γλίσχρος, α, ον, adj., *stingy* (lit. *sticky*).

γλυκύς, εῖα, ύ, adj., *sweet, agreeable, palatable.*

γλῶσσα, subst. f., *tongue, language, pronunciation.*

γνάθος, subst. f., *jaw.*

γνούς, 2 aor. of γιγνώσκω.

γνώμη, subst. f., *mind, opinion.*

γνῶναι, 2 aor. inf. of γιγνώσκω.

γνώριμος, ον, adj., 2 term., *known;* as subst., *an acquaintance.*

γνώσομαι, fut. of γιγνώσκω.

γόνυ (st. γονατ-), subst. n., *knee.*

γοῦν, conj., *at all events, at any rate.*

γραμματεύς (gen. -έως), subst. m., *clerk.*

γραφή, subst. f., *picture, painting,* also *indictment, prosecution for anything* (the crime following in the genitive).

γράφω (fut. γράψω, perf. γέγραφα), verb, *draw, paint, write.*

γυμνάζομαι, verb, *exercise, practice gymnasties.*

γυμνός, ή, όν, adj., *stripped, undressed, naked.*

γυνή (st. γυναῖκ-), subst. f., *woman, lady, wife.*

γύψος, subst. f., *chalk.*

δαιμόνιος, α, ον, adj., *divine, supernatural;* in vocative mostly ironical, *my good creature!*

δάκνω (fut. δήξομαι, perf. δέδηχα, 2 aor. ἔδακον, pass. perf. δέδηγμαι, 1 aor. ἐδήχθην), verb, *bite.*

δάκρυον, subst. n., *tear.*

δακρύω, verb, *weep.*

δακτύλιος, subst. m., *ring.*

δάκτυλος, subst. m., *finger;* also, a measure of length nearly an inch.

δαλός, subst. m., *firebrand.*

δανείζω, verb, *lend,* mid. *borrow.*

δαπανάω (fut. -ήσω), *expend;* δαπ. εἰς, *expend upon.*

δαπανηρός, ά, όν, adj., *extravagant.*

δέ, conj., *but, and.*

δεδιώς, perf. part. of δείδω.

δέδοικα, perf. of δείδω.

δεη-, fut. and aor. stem of δέω, *need.*

δεθείς, aor. part. pass. of δέω, *bind.*

δείδω (1 aor. ἔδεισα, perf. with pres. sense, δέδοικα), verb, *fear.*

δείκνυμι (1 aor. ἔδειξα), verb, *show, point out.*

δείλη, subst. f., *afternoon, evening.*

δειλία, subst. f., *cowardice.*

δειλός, ή, όν, adj., *cowardly;* as subst., *a coward.*

δεῖμα (st. -ατ-), subst. n., *fright.*

δεινός, ή, όν, adj., *fearful, horrible,* also *clever.*

δεινῶς, adv., *terribly.*

δειξ-, fut. and 1 aor. stem of δείκνυμι.

δειπνέω (fut. -ήσω), verb, *dine.*

δεῖπνον, subst. n., *dinner.*

δειπνοποιέομαι, verb, *dine.*

δέκα, numeral, *ten.*

δέκατος, η, ον, numer. adj., *tenth.*

δελφίς (st. δελφιν-), subst. m., *dolphin.*

δένδρον, subst. n., *tree.*

δεξ-, fut. and 1 aor. stem of δέχομαι.

δεξιός, ά, όν, adj., *right* (hand); also, *skilful, clever.*

δέρμα (st. -ατ-), subst. n., *skin.*

δεσμός (plur. δεσμοί and δεσμά), subst. m., *fetter.*

δεσμωτήριον, subst. n., *prison.*

δεσπότης (gen. -ου), subst. m., *master, lord.*

δεύτερος, α, ον, numer. adj., *second, next.*

δέχομαι (fut. δέξομαι, aor. ἐδέχθην, perf. δέδεγμαι), verb, *accept, receive, entertain.*

δέω, 1. (fut. δήσω, pass. 1 aor. ἐδέθην), verb, *fetter, imprison, bind.*

δέω, 2. (fut. δεήσω, pass. 1 aor. ἐδεήθην), verb, *lack, need;* often, in 3d person δεῖ, impersonal, *it is necessary,* or *right.* δεῖ με ποιεῖν, *I must do,* etc. Mid. and pass. δέομαι, *want, ask, beseech, require.*

δή, particle, *indeed;* also (ironically) *forsooth,* αἱ δὴ γυναῖκες, *the women forsooth* (said of men dressed up as women); σὺ δὴ ταῦτα αἰτεῖς, *you forsooth ask this* (meaning, *a pretty person you are to ask it*)!

δηλονότι, adv., *manifestly, clearly.*

δῆλος, η, ον, adj., *clear, plain.*

δηλόω (fut. -ώσω), verb, *make clear, make known.*

δημηγορέω (fut. -ήσω), verb, *speak in public.*

δήμιος, subst. m., *executioner.*

δημοκρατία, subst. f., *popular government* (opposed to monarchy and aristocratical government).

δῆμος, subst. m., *the people, the public.*

δημόσιος, α, ον, adj., *public;* δημοσίᾳ (as adv.), *publicly, at the public expense.*

δηόω (fut. -ώσω), verb, *ravage, lay waste.*

δήπου, adv., *surely, doubtless, I imagine.*

δηχθείς, 1 aor. pass. part. of δάκνω.

διά, prep., 1. with gen., *through, by means of.* 2. with acc., *through, on account of, owing to, for the sake of.*

δια-βαίνω, verb, *cross, pass over.*

δια-βάλλω, verb, *slander.*

διάβασις (gen. -εως), subst. f., *passage.*

δι-αγγέλλω, verb, *announce, notify.*

δια-γιγνώσκω, vb., *determine, decide.*

δια-γράφω, verb, *cancel, strike out.*

δι-άγω, verb, *lead through,* also *pass, spend* (time).

δια-δίδωμι, verb, *spread abroad* (rumors, etc.).

δι-αιρέω, verb, *divide, distribute, determine.*

δίαιτα, subst. f., *way of living.*

διαιτάομαι, verb, *live.*

δια-καρτερέω (fut. -ήσω), *hold out.*

διά-κειμαι, verb, *be disposed, feel, be in such and such a state.*

διακελευσμός, subst. m., *cheering on, exhortation.*

διακομιδή, subst. f., *carrying across.*

δια-κομίζω, verb, *carry over.* Pass., *cross over.*

διακονία, subst. f., *service.*

διάκονος, subst. m., *servant.*

δια-κόπτω, verb, *cut through.*

διακόσιοι, αι, α, num. adj., *two hundred.*

δια-κοσμέω (fut. -ήσω), verb, *to marshal out, distribute and arrange.*

δια-κρίνω, verb, *distinguish, decide.*

δια-κωλύω, verb, *prevent.*

δια-λέγομαι, verb, *converse, talk.*

δια-λείπω, verb, *fall short of,* also (of time), *elapse.*

διάλογος, subst. m., *conversation, talk, discussion.*

δια-λύω, verb, *break up, destroy.*

δια-μάχομαι, verb, *fight it out.*

δια-μένω, verb, *remain, persevere.*

δια-μετρέω, verb, *measure out.*

δια-νοέομαι, verb, *purpose, be minded to.*

δια-πέμπω, verb, *send over.*

δια-πονέω, verb, *practice hard, labor at.*

δια-πορεύομαι, verb, *travel through, go through, go across.*

διαπρεπής, ες, adj. 2 term., *particularly conspicuous.*

δι-αρπάζω, verb, *plunder.*

δια-ρ-ρήγνυμι, verb, *break, break through.*

διαρρήδην, adv., *expressly.*

δια-σπαράσσω, verb, *rend in pieces.*

δια-σπάω, verb, *tear asunder, tear.*

δια-σπείρω, verb, *scatter, spread about.*

διάστημα (st. -ατ-), subst. n., *gap, distance.*

δια-σχίζω, verb, *cut apart, separate.*

δια-σώζω, verb, *preserve.* Pass., *come safe.*

δια-τελέω, verb, *continue.*

δια-τετραίνω, verb, *bore through.*

δια-τρησ-, fut. and 1 aor. stem of δια-τετραίνω.

δια-τρίβω, verb, *spend one's time, live.*

διαφερόντως, adv., *especially, extremely.*

δια-φέρω, verb, *differ, excel.* Pass., *be at variance, quarrel.*

δια-φεύγω, verb, *escape.*

διάφευξις (gen. -εως), subst. f., *means of escape.*

δια-φθείρω, verb, *destroy.*

διαφορά, subst. f., *difference, disagreement.*

διαφόρως, adv., *with diversities, variously.*

δια-φυλάσσω, verb, *maintain firmly.*

δια-χράομαι, verb, *make away with, destroy, kill.*

διδάσκω (fut. διδάξω, perf. δεδίδαχα, perf. pass. δεδίδαγμαι), verb, *teach, inform, tell;* also (of a play) *to bring out, produce* (because a Greek play-writer trained his actors in their parts). Pass., *learn.*

διδράσκω, verb, *run.*

δίδωμι (fut. δώσω, 1 aor. ἔδωκα, 2 aor. part. δούς, 2 aor. pass. ἐδόθην), verb, *give;* also in pres. and imperf., *offer.*

δι-έξ-ειμι, verb, *recount* (compound of εἶμι, ibo.)

δι-εξ-έρχομαι, verb, *go through.*

δι-έρχομαι, verb, *pass through, cross.*

δι-ηγέομαι, verb, *describe in full, explain, relate in detail.*

δι-ικνέομαι, verb, *reach.*

δι-ισχυρίζομαι, verb, *affirm constantly, stick to one's assertion.*

δικάζω (1 aor. ἐδίκασα, 1 aor. pass. ἐδικάσθην), verb, *judge, give sentence.*

δίκαιος, α, ον, *just, right,* δίκαιός εἰμι = *I deserve, or have a right to.*

δικανικός, ή, όν, adj., *legal, forensic.*

δικαστήριον, subst. n., *court, law-court.*

δικαστής, (gen. -οῦ), subst. m., *judge.*

δίκη, subst. f., *law, a law-suit, case;* also, *satisfaction, compensation.* In the accusative used as adv., *like.*

δίκτυον, subst. n., *net.*

δίοδος, subst. f., *passage.*

διόπερ, conj., *wherefore, and therefore.*

διότι, conj., *since, why.*

διπλοῦς, ῆ, οῦν, adj., *twofold.*

δίς, adv., *twice.*

δισμύριοι, αι α, num. adj., *twenty thousand.*

δίψα, subst. f., *thirst.*

διψάω (inf. διψῆν, imp. ἐδίψην, 1 aor. ἐδίψησα), verb, *be thirsty, thirst.*

διώκω (1 aor. ἐδίωξα), verb, *pursue;* also *prosecute.* ὁ διώκων, *the prosecutor.*

δίωξις (gen. -εως), subst. f., *pursuit.*

δοθ-, fut. and 1 aor., pass. stem of δίδωμι.

δοκέω (1 aor. ἔδοξα), verb, *seem;* also, *seem good.*

δόλος, subst. m., *trick, treachery, cunning.*

δόξα, subst. f., *opinion, reputation.*

δοράτιον, subst. n., *dart.*

δορυφόρος, subst. m., *guard, guardsman* (esp. of a king). Lit., *lancer.*

δουλεία, subst. f., *slavery.*

δοῦλος, subst. m., *slave.*

δουλόω (fut. -ώσω), verb, *enslave.*

δοῦναι, δούς, 2 aor. inf., and part. of δίδωμι.

δράκων (st. δρακοντ-), subst. m., *dragon, serpent.*

δραμ-, 2 aor. stem of τρέχω.

δρᾶναι, δράς, 2 aor. inf., and part. of διδράσκω.

δραπέτης (gen. -ου), subst. m., *runaway, fugitive.*

δραχμή, subst. f., *drachma,* unit of money worth six obols. A skilled laborer in 5th-century Athens might earn a drachma a day.

δράω (1 aor. ἔδρασα), verb, *do.*

δρόμος, subst. m., *course.* δρόμῳ, = *at full speed, at a run.*

δροσερός, ά, όν, adj., *dewy.*

δύναμαι (imp. ἐδυνάμην, fut. δυνήσομαι), verb, *be able, prevail.*

δύναμις (gen. -εως), subst. f., *power, strength.*

δυνατός, ή, όν, adj., *powerful, able, possible.*

δυνησ-, fut., 1 aor., and perf. stem of δύναμαι.

δύο, num. adj. 1 term., *two.*

δύσις (gen. -εως), subst. f., *setting* (of the sun).

δύσκολος, ον, adj. 2 term., *discontented, ill-tempered.*

δυστυχής, ες, adj. 2 term., *unfortunate.*

δυσχεραίνω, verb, *be disgusted at.*

δυσχερής, ες, adj. 2 term., *troublesome.*

δώδεκα, num. adj. indecl., *twelve.*

δωμάτιον, subst. n., *room.*

δωρεά, subst. f., *present, gift.*

δωρέομαι (fut. δωρήσομαι), verb, *present.*

δῶρον = δωρεά.

δωροφορέω, verb, *bring presents.*

ἑάλωκα, ἑάλων, perf. and 2 aor. of ἁλίσκομαι.

ἐάν, conj., *if.*

ἑαυτοῦ, ῆς, οῦ, pron. (reflexive, without nom.), *of himself,* etc.

ἐάω (imp. εἴων, 1 aor. εἴασα), verb, *allow.*

ἑβδομήκοντα, num. adj. indecl., *seventy.*

ἐγ-γράφω, verb, *inscribe, write on.*

ἐγγύς, adv., *near.*

ἐγ-καθ-ίστημι, verb, *set up in.*

ἐγ-καλέω, verb, *complain again, indict.*

ἐγ-καταλείπω, verb, *leave behind.*

ἔγ-κειμαι, verb, *press hard upon, attack.*

ἐγκρατής, ές, adj. 2 term., *controlling, master of.*

ἐγ-κύπτω, verb, *peep down into, peep in.*

ἐγ-κωμιάζω, verb, *praise.*

ἐγρήγορα, verb (perfect of ἐγείρω, *to waken*), *be awake.*

ἐγχειρίδιον, subst. n., *dagger.*

ἐγώ (gen. ἐμοῦ or μοῦ), pron., *I.* ἔγωγε, *I for my part.*

ἔδεσμα (st. -ατ-), subst. n., *food.*

ἔδωκα, 1 aor. of δίδωμι.

ἐθέλω (imp. ἤθελον), *be willing.*

εἰ, conj., *if;* sometimes = ὅτι, *that.*

εἶ, 2d pers. sing. of εἰμί *(sum);* also of εἶμι *(ibo).*

εἶα, interj., *Hey! come on then!*

εἴασα, etc., see ἐάω.

εἰδέναι, inf. of οἶδα.

εἶδος (gen. -ους), subst. n., *form.*

εἶδον (2 aor. with no present), verb, *saw, perceived.*

εἰκάζω (fut. εἰκάσω), verb, *make like to;* also *infer, guess.* Pass. *resemble, take the form of.*

εἰκός, neut. adj., *probable.*

εἴκοσι, num. adj. indecl., *twenty.*

εἰκότως, adv., *naturally.*

εἰληφ-, perf. stem (irregularly reduplicated), of λαμβάνω.

εἵλκυσα, 1 aor. of ἕλκω.

εἷλον, 2 aor. of αἱρέω.

εἰμί *be,* the substantive verb. Often glossed with Latin *sum.*

εἶμι verb, *will go* (fut. in meaning), (imperf. ᾔειν, *went*) Often glossed with Latin *ibo.*

εἶπον (2 aor. with no present), verb, *said, spoke.*

εἴρηκα (perf. with no present), verb, *said.*

εἰρήνη, subst. f., *peace.*

εἰρηνικός, ή, όν, adj., *peaceable, peaceful.*

εἰρκτή, subst. f., *prison.*

εἰς, prep., *into, to, towards, in reference to, for, at* (with verbs of motion), *up to* (of numbers).

εἷς, μία, ἕν (st. ἑν-), numeral adj., *one.*

εἰσ-αγγέλλω, verb, *impeach, denounce.*

εἰσ-άγω, verb, *lead in, introduce, bring before.*

εἰσ-βαίνω, verb, *go into, embark.*

εἰσ-βάλλω, verb, *throw into,* also *invade.*

εἴσ-ειμι, verb, *go into, enter* (compound of εἶμι, *ibo*).

εἰσ-έρχομαι, verb, *enter.*

εἰσί, 3d pers. plur. of εἰμί *(sum).*

εἴσι, 3d pers. sing. of εἶμι *(ibo).*

εἰσ-πέμπω, verb, *send in.*

εἰσ-πίπτω, verb, *fall in* or *on, throw oneself on* or *into, be thrown into.*

εἰσ-τίθημι, verb, *put into.*

εἶτα, conj., *then, thereupon, afterwards.*

εἴτε, conj., *whether, or, either.*

εἴωθα, εἰώθειν (perf. and pluperf. with no present), verb, *be accustomed.*

εἰωθός, used with article as subst. n., τὸ εἰωθός, *one's custom.* (Properly participle n. of εἴωθα.)

εἴων, imperf. of ἐάω.

ἐκ, prep., *out of, from,* (hanging) *on, after.*

ἑκασταχοῦ, adv., *everywhere, under all circumstances.*

ἕκαστος, η, ον, adj., *every, each.* καθ᾽ ἑκάστην ἡμέραν, *daily.*

ἑκάτερος, η, ον, adj., *each* (of two).

ἑκατέρωθεν, adv., *from either side, on either side.*

ἑκατόν, numeral adj. indecl., *a hundred.*

ἐκ-βαίνω, verb, *go out, disembark, turn out* (i.e. *prove to be*).

ἐκ-βάλλω, verb, *cast out.*

ἐκ-βιβάζω, verb, *put on shore, make to disembark, land.*

ἐκ-διδράσκω, verb, *escape.*

ἐκ-δίδωμι, verb, *give out, give away* (esp. in marriage).

ἐκεῖ, adv., *there.*

ἐκεῖθεν, adv., *from there, thence.*

ἐκεῖνος, η, ον, *that, he, the other.*

ἐκεῖσε, *to there, thither.*

ἐκκλησία, subst. f., *assembly.*

ἐκ-κόπτω, verb, *knock out.*

ἐκ-κρούω, verb, *dash out.*

ἐκ-λέγω, verb, *pick out, choose.*

ἐκ-λείπω, verb, *come to an end.*

ἐκ-πηδάω, verb, *leap out.*

ἐκ-πλαγείς, 2 aor. participle pass. of ἐκ-πλήσσω.

ἐκ-πλέω, verb, *sail out.*

ἔκπληξις (gen. -εως), subst. f., *dismay.*

ἐκ-πλήσσω (fut. ἐκπλήξω), verb, *astound, dismay.*

ἔκπλους (gen. -οῦ), subst. m., *passage out,* also *expedition.*

ἐκπρεπής, ές, adj. 2 term., *pre-eminent.*

ἔκπυστος, ον, adj. 2 term., *known.*

ἐκ-ρήγνυμι, verb, *burst out.*

ἐκ-τείνω, verb, *stretch out.*

ἐκ-τρέφω, verb, *rear up.*

ἐκ-φέρω, verb, *carry out* (for burial), *bury.*

ἐκφορά, subst. f., *funeral.*

ἑκών, οὖσα, όν (st. ἑκοντ-), adj., *willingly.*

ἔλαιον, subst. n., *oil.*

ἐλασ-, fut. and 1 aor. stem of ἐλαύνω.

ἐλασσόω (1 aor. pass. ἠλασσώθην), verb, *lessen,* pass., *be worsted.*

ἐλάσσων, ον (st. -ον-), adj., *smaller, less.*

ἐλαύνω (fut. ἐλῶ, 1 aor. ἤλασα), verb, *drive.*

ἔλαφος, subst. c., *deer.*

ἐλεγεῖον, subst. n., *elegy, elegiac verse.*

ἐλέγχω (fut. ἐλέγξω, 1 aor. pass. ἠλέγχθην), verb, *refute, convict, prove.*

ἐλεεινός, ή, όν, adj., *pitiable, piteous.*

ἐλεέω (fut. ἐλεήσω), verb, *pity.*

ἐλεῖν, 2 aor. inf. of αἱρέω.

ἐλέσθαι, 2 aor. mid. inf. of αἱρέω.

ἐλευθερία, subst. f., *freedom.*

ἐλευθέριος, ον, adj. 2 term., *generous, acting like a free person*

ἐλευθεριότης (st. -ητ-), subst. f., *generosity.*

ἐλεύθερος, α, ον, adj., *free, noble, generous.*

ἐλέφας (st. -αντ-), subst. m., *elephant.*

ἐλήλυθα, perf. of ἔρχομαι.

ἐλθ-, 2 aor. stem of ἔρχομαι.

ἑλκυσ-, irreg. fut., and 1 aor. stem of ἕλκω.

ἕλκω (1 aor. εἵλκυσα), *draw.*

ἐλ-λοχάω (fut. -ήσω), verb, *waylay.*

ἐλπίζω (1 aor. ἤλπισα), verb, *expect, hope.*

ἑλών, οὖσα, όν, 2 aor. part. of αἱρέω.

ἐμαυτοῦ, ῆς, pron. (reflex. with no nom.), *of myself, my own.*

ἐμ-βάλλω, verb, *throw in, inflict;* also *attack.*

ἐμ-βιβάζω, verb, *put on board.*

ἐμ-βολή, subst. f., *assault, attack, charge.*

ἐμέ, acc. of ἐγώ.

ἐμ-μένω, verb, *abide by.*

ἐμοί, dat. of ἐγώ.

ἐμός, ή, όν, pron. (possessive), *my, mine.*

ἐμ-παλάσσω, verb, *entangle together.*

ἔμπειρος, ον, adj. 2 term., *skilful, experienced in.*

ἐμ-πίπλημι (1 aor. ἐνέπλησα), verb, *fill.*

ἐμ-πίπρημι (1 aor. ἐνέπρησα), verb, *set on fire.*

ἐμ-πίπτω (2 aor. ἐνέπεσον), verb, *fall upon, rush in.*

ἐμ-πλέω, verb, *sail in.* οἱ ἐμπλέοντες, *the crew,* or *crews.*

ἐμπορία, subst. f., *trade.*

ἐμπορικός, ή, όν, adj., *of commerce, mercantile.*

ἐμπόριον, subst. n., *mart.*

ἔμπορος, subst. m., *merchant.*

ἔμπροσθεν, adv., *before, in front.*

ἐμ-φύω, verb, *implant.* Mid. and perf., and 2 aor. act., *grow on to.*

ἐν, prep., *in, at, upon, among, amongst.*

ἐν-, stem of εἰς.

ἐναντίος, α, ον, adj., *opposite:* as subst., *opponent, adversary.*

ἐναντίως, adv., *contrariwise.*

ἐνδεής, ές, adj. 2 term., *deficient, defective, wanting in.*

ἐν-δίδωμι, verb, *give in.*

ἔνδοθεν, adv., *from within.*

ἔνδον, adv., *within, inside.*

ἔνδοξος, ον, adj. 2 term., *in repute, distinguished.*

ἐν-δύω, verb, *clothe.* Mid. and perf., and 2 aor. act., *put on, wear, be dressed.*

ἐνεγκ-, aor. stem of φέρω.

ἐνέδρα, subst. f., *ambush.*

ἔν-ειμι, verb, *be in.* (Compound of εἰμί, *sum.*)

ἕνεκα, prep., *on account of, as far as regards, as for.*

ἐνενήκοντα, numeral adj. (indecl.), *ninety.*

ἐν-έχω, verb, *hold fast, catch.*

ἔνθα, adv., *where.*

ἐνθάδε, adv., *here.*

ἐνιαυτός, subst. m., *year.*

ἔνιοι, αι, α, pronom. adj., *some.*

ἐννέα, numeral adj. (indecl.) *nine.*

ἐν-οικέω, verb, *dwell in, inhabit.*

ἐν-οικοδομέω, verb, *build in.*

ἐνταῦθα, adv., *there, thereupon.*

ἐντεῦθεν, adv., *thence, thenceforth.*

ἐν-τίθημι, verb, *put in.*

ἔντιμος, ον, adj. 2 term., *honored, distinguished.*

ἐν-τυγχάνω (2 aor. ἐνέτυχον), verb, *fall in with, light on.*

ἐξ = ἐκ.

ἕξ, numeral adj. (indecl.), *six.*

ἐξ-αγγέλλω, verb, *tell, report.*

ἐξ-άγω, verb, *lead out.*

ἐξ-αιρέω, verb, *take out.*

ἐξαίφνης, adv. *of a sudden, suddenly.*

ἐξ-απατάω, verb, *thoroughly deceive, cheat.*

ἐξαπιναίως, adv., *suddenly.*

ἔξ-ειμι, verb, *go out.* (Compound of εἶμι, *ibo.*)

ἐξ-έλκω, verb, *drag out, draw out.*

ἔξ-εστι (imp. ἐξῆν), verb (impers.), *it is permissible, one may.* (Compound of εἰμί, *sum.*)

ἐξ-ετάζω, verb, *examine, sift.*

ἐξ-ευρίσκω, verb, *invent, discover.*

ἐξ-έχω, verb, *project from, jut out.*

ἐξήκοντα, num. adj. (indecl.), *sixty.*

ἔξω, adv. and prep., *outside.*

ἔοικα (defective perfect), verb, *seem, befit.* ὡς ἔοικε, *as it appears.*

ἑόρακα, perf. of ὁράω.

ἑορτή, subst. f., *festival.*

ἐπ-αγγέλλω, verb, *proclaim.* Mid., *offer, promise.*

ἐπ-άγω, verb, *apply, bring to bear.*

ἐπ-αινέω (fut. -εσω), verb, *approve, recommend.*

ἔπαινος, subst. m., *praise, laudatory speech, commendation.*

ἐπ-αιτέω, verb, *ask further.*

ἐπ-ακολουθέω, verb, *follow after.*

ἐπ-αμύνω, verb, *assist.*

ἐπ-άν-ειμι, verb, *return, come up again.*
(Compound of εἶμι, *ibo.*)

ἐπ-αν-έρχομαι, verb, *return.*

ἐπ-αν-ίστημι, verb, *set up again;* but in
Pass. and perf., and 2 aor. act., *stand up.*

ἐπεί, conj., *since, when.*

ἐπείγω, verb, *urge on, hasten.* Mid., *hasten,
push on.*

ἐπειδάν, conj., *whenever.*

ἐπειδή, conj., *when, since, after that.*

ἔπ-ειμι, verb, *be upon.* (Compound of εἰμί,
sum.)

ἔπ-ειμι, verb, *follow.* (Compound of εἶμι,
ibo.)

ἐπ-εῖπον (2 aor. with no pres.), verb, *said
besides, added.*

ἔπειτα, adv., *thereupon, afterwards, then.*

ἐπ-ελπίζω, verb, *raise one's hopes.*

ἐπ-έρχομαι, verb, *attack, come on.*

ἐπ-ερωτάω, verb, *question.*

ἐπ-έχω, verb, *stop.*

ἐπί, prep. with three cases: 1. with gen.,
upon, towards, in the time of. 2. with
dat., *for, at, on the strength of, on,
besides.* 3. with acc., *to, on to, against,
up to.*

ἐπι-βαίνω, verb, *mount, ascend, go up on to.*

ἐπι-βάλλω, verb, *throw at* or *upon, impose.*

ἐπιβάτης (gen. -ου), subst. m., *passenger,
marine.*

ἐπι-βοηθέω, verb, *come to the rescue.*

ἐπι-βουλεύω, verb, *plot against.*

ἐπι-γίγνομαι, verb, *come on, follow.*

ἐπι-γράφω, verb, *inscribe, write on.*

ἐπι-δείκνυμι, verb, *prove, show.*

ἐπι-δίδωμι, verb, *give besides.*

ἐπιδρομή, subst. f., *inroad, attack, foray.*

ἐπιείκεια, subst. f., *equitable conduct,
moderation.*

ἐπι-θαρσύνω, verb, *cheer on.*

ἐπι-θορυβέω, verb, *shout approval.*

ἐπι-θυμέω, verb, *take a fancy to, desire,
covet.*

ἐπιθυμία, subst. f., *desire, longing.*

ἐπι-κάθ-ημαι, verb, *sit on, be mounted on.*

ἐπι-καλέω, verb, *surname.* Mid., *call to aid,
invite, appeal to.*

ἐπί-κειμαι, verb, *press hard upon.*

ἐπικίνδυνος, ον, adj. 2 term., *hazardous,
dangerous.*

ἐπίκλησις (gen. -εως), subst. f., *additional
name.*

ἐπίκουρος, subst. m., *auxiliary.*

ἐπι-κύπτω, verb, *stoop down.*

ἐπι-λανθάνομαι, verb, *forget.*

ἐπίλεκτος, ον, adj. 2 term., *chosen, picked.*

ἐπίλοιπος, ον, adj. 2 term., *remaining.*

ἐπιμέλεια, subst. f., *care.*

ἐπι-μελέομαι, verb, *take care of.*

ἐπι-μελής, ές, adj. 2 term., *careful.*

ἐπι-μένω, verb, *wait for, abide.*

ἐπι-νοέω, verb, *intend, devise.*

ἐπι-ορκέω, verb, *perjure oneself.*

ἐπι-πίπτω, verb, *fall upon.*

ἐπι-πλέω, verb, *sail up,* also *sail with.*

ἐπίπλους (gen. -οῦ), subst. m., *attack,
expedition* (by sea).

ἐπι-ρώννυμι (1 aor. ἐπέρρωσα), verb,
encourage.

ἐπι-σκοπέω, verb, *inspect.*

ἐπι-σκώπτω, verb, *jeer, make fun of.*

ἐπι-σπάω (1 aor. ἐπέσπασα), verb, *pull.*

ἐπίσταμαι (imp. ἠπιστάμην), verb, *know,
understand.*

ἐπιστήμη, subst. f., *knowledge, science, art.*

ἐπιστολή, subst. f., *letter.*

ἐπι-στρατεύω, verb, *march against.*

ἐπι-στρέφω (1 aor. ἐπέστρεψα), verb, *turn
about.*

ἐπι-τάσσω, verb, *enjoin, order.*

ἐπι-ταχύνω, verb, *urge forward.*

ἐπι-τείνω, verb, *stretch, raise* (the voice).

ἐπι-τειχίζω, verb, *build a fort against.*

ἐπι-τελέω, verb, *accomplish, fulfil.*

ἐπιτήδειος, α, ον, adj., *fit, necessary,* also *friendly.*

ἐπιτήδευμα (st. -ατ-), subst. n., *pursuit, occupation.*

ἐπι-τίθημι, verb, *put upon.* Mid., *set upon, attack.*

ἐπι-τιμάω, verb, *cast in one's teeth, reproach with.*

ἐπι-τρέπω, verb, *entrust, permit.*

ἐπι-τυγχάνω, verb, *light upon, meet with.*

ἐπι-φαίνω, verb, *display.* Mid. and pass., *appear, present oneself.*

ἐπι-φέρω, verb, *bring, apply, bring to bear.* Pass., *rush upon, attack.*

ἐπίφορος, ον, adj. 2 term., *carrying towards.*

ἐπι-χειρέω (fut. -ήσω), verb, *set to work, make an attempt, have a try at.*

ἐπι-χέω, verb, *pour, pour on to.*

ἐπιχώριος, α, ον, adj., *native.*

ἔποικος, subst. m., *settler, colonist.*

ἕπομαι (fut. ἕψομαι, 2 aor. ἑσπόμην, imp. εἱπόμην). verb, *follow.*

ἔπος (gen. -ους), subst. n., *word, verse;* ὡς ἔπος εἰπεῖν, *so to speak.*

ἐπ-οτρύνω, verb, *stir up.*

ἑπτά, numeral adj. (indecl.), *seven.*

ἑπτακόσιοι, αι, α, numeral adj., *seven hundred.*

ἐργάζομαι (fut. -άσομαι, perf. εἴργασμαι), verb, *work at.*

ἐργασία, subst. f., *business.*

ἔργον, subst. n., *work.*

ἐρευνάω, verb, *search.*

ἐρημία, subst. f., *wilderness.*

ἔρημος, η, ον, adj., *lonely.*

ἔρις (st. ἐριδ-), subst. f., *contention, rivalry, contest.*

ἔρομαι, verb, *ask.*

ἐρράγην, 2 aor. pass. of ῥήγνυμι.

ἔρριμμαι, ἔρριψα, perf. pass. and 1 aor. act. of ῥίπτω.

ἐρυθριάω (fut. -άσω), verb, *blush.*

ἔρυμα (st. ἐρυματ-), subst. n., *fort.*

ἔρχομαι (2 aor. ἦλθον, perf. ἐλήλυθα), verb, *come, go.*

ἐρωτάω (1 aor. ἠρώτησα), verb, *ask.*

ἐς = εἰς.

ἐσθής (st. -ητ-), subst. f., *dress, clothes.*

ἐσθίω, verb, *eat.*

ἔσπαρμαι, perf. pass. of σπείρω.

ἑσπέρα, subst. f., *evening.* Gen. ἑσπέρας, *at evening.*

ἑσπόμην, 2 aor. of ἕπομαι.

ἕστηκα, ἔστην, perf. and 2 aor. of ἵστημι.

ἑστία, subst. f., *hearth.*

ἑστίασις (gen. -εως), subst. f., *entertainment.*

ἑστιάω (fut. -άσω), verb, *entertain.*

ἔστρωμαι, perf. pass. of στορέννυμι.

ἑστώς, ῶσα, perf. part. of ἵστημι.

ἐσχάρα = ἑστία.

ἔσχατος, η, ον, adj., *extreme,* also, as subst., *the extreme, the last extremity.*

ἔσχον, 2 aor. of ἔχω.

ἔσω, adv., *inside, within.*

ἑταῖρος, subst. m., *companion, comrade.*

ἕτερος, α, ον, adj., *different, other, the other, the one* (of two).

ἔτι, adv., *still, yet, moreover.*

ἑτοιμάζω, verb, *make ready, prepare.* Mid. and perf. pass., ἡτοίμασμαι, *get ready.*

ἕτοιμος, η, ον, adj., *ready.*

ἔτος (gen. -ους), subst. n., *year.*

εὖ, adv., *well.*

εὐγενής, ές, adj. 2 term., *well-born, noble, generous.*

εὐγνώμων, ον, adj. 2 term., *kind, sensible.*

εὐδαιμονία, subst. f., *happiness.*

εὐδαίμων, ον, adj. 2 term., *prosperous.*

εὐδόκιμος, ον, adj. 2 term., *highly esteemed.*

εὐειδής, ές, adj. 2 term., *fair, graceful.*

εὐεργεσία, subst. f., *service, kindness, benefit.*

εὐεργετέω (fut. -ήσω), verb, *benefit.*

εὐεργέτης (gen. -ου), subst. m., *benefactor.*

εὐήθης, ες, adj. 2 term., *silly, foolish.*

εὐθύ = εὐθύς.

εὔθυμος, ον, adj. 2 term., *cheerful.*

εὐθύς, adv., *immediately, straightway, right towards.*

εὔκοσμος, ον, adj. 2 term., *in good order, orderly.*

εὐνή, subst. f., *bed.*

εὔνοια, subst. f., *goodwill.*

εὔνους, ουν, adj. 2 term., *well-disposed, affectionate.*

εὑρίσκω (fut- εὑρήσω, perf. εὕρηκα, 2 aor. εὗρον, pass. 1 aor. εὑρέθην), verb, *find.* Mid., *procure.*

εὔστροφος, ον, adj. 2 term., *nimble.*

εὐσχήμων, ον, adj. 2 term., *graceful, good-looking.*

εὐτέλεια, subst. f., *economy.*

εὐτελής, ες, adj. 2 term., *cheap.*

εὐτελῶς, adv., *cheaply.*

εὔτολμος, ον, adj. 2 term., *courageous.*

εὐτύχημα (st. -ατ-), subst. n., *piece of good luck, success.*

εὐτυχία, subst. f., *good luck.*

εὔχομαι (fut. εὔξομαι), verb, *pray, boast oneself, profess to.*

εὐωδία, subst. f., *fragrance.*

εὐώνυμος, ον, adj. 2 term., *left hand, left.*

ἔφηβος, ον, adj. 2 term., *grown up, a young man.*

ἐφ-ίημι (1 aor. ἐφῆκα), verb, *shoot, launch at.*

ἐφ-ικνέομαι, verb, *come up to, reach.*

ἐφ-ίστημι, verb; *set over,* also *halt.*

ἔφοδος, subst. f., *access, approach, attack.*

ἔφορος, subst. m., *Ephor* (Spartan magistrate. Lit., *surveyor*).

ἔχθος (gen. -ους), subst. n., *hatred, spite.*

ἐχθρός, ά, όν, adj., *hostile;* as subst., *enemy.*

ἔχω (fut. ἕξω, 2 aor. ἔσχον, imp. εἶχον), verb, *have, possess, keep, be able to.* With adv., *to be* in a certain state; thus εὖ ἔχειν, *to be well off, to be all right;* κακῶς ἔχειν, *to be ill off,* etc. Mid., *catch hold of, cling to.*

ἑώρακα, ἑώρων, perf. and imperf. of ὁράω.

ἕως (gen. ἕω), subst. f., *morning.*

ἕως, conj., *until, as long as, up to.*

ἔωσα, ἔωσμαι, 1 aor. act. and perf. pass. of ὠθέω.

ζάω (pres. contr. ζῶ, ζῇς, ζῇ, imp. ἔζων), verb, *live.*

ζεῦγμα (st. -ατ-), subst. n., *band, something that joins.*

ζέφυρος, subst. m., *west wind.*

ζημία, subst. f., *penalty.*

ζημιόω (fut. -ώσω), verb, *punish, fine.*

ζητέω (fut. -ήσω), verb, *seek.*

ζήτησις (gen. -εως), subst. f., *search, investigation.*

ζωγράφημα (st. -ατ-), subst. n., *painting.*

ζωγράφος, subst. m., *painter.*

ζωγρέω (fut. -ήσω), verb, *capture, take alive.*

ζωμός, subst. m., *broth.*

ζῷον, subst. n., *animal, beast, living creature.*

ἤ, conj., *either, or, than.*

ἤ = ἔ-φη. ἤ δ' ὅς, *said he.*

ᾗ, adv., *as, how, in what way.*

ἡβάω (fut. -ήσω), verb, *be grown up, be in one's prime.*

ἤγαγον, 2 aor. of ἄγω.

ἤγγειλα, ἠγγέλθην, 1 aor. act., and 1 aor. pass. of ἀγγέλλω.

ἡγεμών (st. -ον-), subst. m., *leader, guide.*

ἡγέομαι (fut. ἡγήσομαι), verb, *lead;* also, *consider, believe.*

ἠγνόουν, imperf. of ἀγνοέω.

ἦγξα, 1 aor. of ἄγχω.

ἡδέως, adv., *gladly, pleasantly.*

ἤδη, adv., *already.*

ἡδίων, ἥδιστος, compar. and superlative of ἡδύς.

ἥδομαι (1 aor. ἥσθην), verb, *enjoy, be pleased.*

ἡδονή, subst. f., *delight, pleasure.*

ἡδύς, εῖα, ύ, adj., *pleasant, agreeable.*

ᾔειν, imp. of εἶμι, *ibo.*

ἤθελον, imp. of ἐθέλω.

ἦθος (gen. -ους), subst. n., *habit, character;* also, *haunt.*

ἠθροίσθην, ἤθροισμαι, 1 aor. and perf. pass. of ἀθροίζω.

ἧκα, 1 aor. of ἵημι.

ἥκω (imp. ἧκον), verb, *have come, arrive.*

ἤλασα, 1 aor. of ἐλαύνω.

ἦλθον, 2 aor. of ἔρχομαι.

ἠλίθιος, α, ον, adj., *silly.*

ἡλικία, subst. f., *prime of life, full vigor.*

ἡλικιώτης (gen. -ου), subst. m., *equal in age, contemporary.*

ἥλιος, subst. m., *sun.*

ἤλπισα, 1 aor. of ἐλπίζω.

ἡμάρτηκα, perf. of ἁμαρτάνω.

ἡμεῖς, plur. of ἐγώ, *we.*

ἡμέρα, subst. f., *day.* καθ' ἡμέραν, *daily.*

ἥμερος, α, ον, adj., *tame, gentle.*

ἡμέτερος, α, ον, pronoun adj. (possessive), *our, ours.*

ἥμισυς, εια, υ, adj., *half.*

ἠμφίεσμαι, perf. pass. of ἀμφιέννυμι.

ἤν = ἐάν, conj., *if.*

ἦν, imp. of εἰμί, *sum.*

ἤνεγκα, ἤνεγκον, 1 and 2 aor. of φέρω.

ᾔνεσα, 1 aor. of αἰνέω.

ἡνίκα, conj., *when.*

ἧπαρ (st. ἥπατ-), subst. n., *liver.*

ἠπείλησα, 1 aor. of ἀπειλέω.

ἤπειρος, subst. f., *mainland;* also, *united to the mainland.*

ᾗπερ, adv., *just as.*

ἦρα, 1 aor. of αἴρω.

ᾕρημαι, perf. pass. of αἱρέω.

ἤρθην, 1 aor. pass. of αἴρω.

ἥρπασα, 1 aor. of ἁρπάζω.

ἡρωικός, ή, όν, adj., *heroic.*

ἡρῷον, subst. n., *shrine* (of a hero).

ἥρως, (st. ἥρω-), subst. m., *hero.*

ᾖσα, 1 aor. of ᾄδω.

ἦσαν, 3 pers. plur. of ἦν.

ᾔσθην, 1 aor. of ἥδομαι (particip. ἡσθείς).

ᾐσθόμην, 2 aor. of αἰσθάνομαι.

ἡσσάομαι (1 aor. ἡσσήθην), verb, *be defeated, be worsted.*

ἥσσων, ον, comparat. adj., *weaker, less.*

ἧσσον, adv., *less.*

ἡσυχάζω (fut. -άσω), verb, *keep quiet, rest.*

ἡσυχῇ, adv., *quietly.*

ἡσυχία, subst., *quiet, rest.*

ᾔσχυνα, 1 aor. of αἰσχύνω.

ἤσω, fut. of ἵημι.

ηὔξανον, imp. of αὐξάνω.

ηὐχόμην, imp. of εὔχομαι.

ἤχθην, 1 aor. pass. of ἄγω.

ἦψα, 1 aor. of ἅπτω.

θάλασσα, subst. f., *sea.*

θαλάσσιος, α, ον, adj., *marine, naval.*

θάνατος, subst. m., *death.*

θανατόω (fut. -ώσω), verb, *put to death.*

θαν-, 2 aor. stem of θνήσκω.

θάπτω (fut. pass. ταφήσομαι), verb, *bury.*

θαρσέω (or θαρρέω), verb, *take courage.*

θαρσύνω, verb, *encourage.*

θᾶσσον, adv., *more quickly.*

θάσσων, ον, comparat. of ταχύς, *quicker.*

θαῦμα (st. -ατ-), subst. n., *wonder.*

θαυμάζω (1 aor. ἐθαύμασα), verb, *wonder, marvel at, admire*; also *be surprised.*

θαυμάσιος, α, ον, adj., *wonderful, marvellous.*

θαυμασίως, adv., *wonderfully.*

θαυμαστός, ή, όν, = θαυμάσιος.

θέα, subst. f., *spectacle.*

θέαμα (st. -ατ-), subst. n., *sight, spectacle.*

θεάομαι (fut. -άσομαι), verb, *see, behold, look at.*

θεατής (gen. -οῦ), subst. m., *spectator.*

θέατρον, subst. n., *theatre.*

θεῖναι, 2 aor. inf. of τίθημι.

θεῖος, α, ον, adj., *divine, supernatural.*

θείς, θεῖσα (st. θεντ-), 2 aor. part. of τίθημι.

θέλω (fut. θελήσω), verb, *be willing, wish, agree to.*

θεομαχία, subst. f., *combat of gods.*

θεός, subst. m., *god,* f., *goddess.*

θεραπεύω, verb, *serve, attend to.*

θεράπων (st. -οντ-), subst. m., *attendant.*

θέρος (gen. -ους), subst. n., *summer.*

θέσθαι, θέμενος, 2 aor. inf., and part. mid. of τίθημι.

θέω (fut. θεύσομαι), verb, *run.*

θήγω (fut. θήξω), verb, *whet, sharpen.*

θήρα, subst. f., *hunting, the chase.*

θηράω, verb, *hunt, chase.*

θηρευτής (gen. -οῦ), subst. m., *hunter.*

θηρεύω = θηράω.

θηρίον, subst. n., *beast, wild animal.*

θηριώδης, ες, adj. 2 term., *beast-like, savage.*

θησαυρός, subst. m., *treasury, treasure.*

θήσω, fut. of τίθημι.

θητεύω, verb, *serve* (for hire).

θνήσκω (fut. θανοῦμαι, 2 aor. ἔθανον, perf. τέθνηκα), verb, *die.*

θνητός, ή, όν, adj., *mortal.*

θορυβέω (fut. -ήσω), verb, *clamor, make an uproar.*

θόρυβος, subst. m., *confusion, uproar.*

θρασύνω, verb, *encourage.*

θραύω (1 aor. ἔθραυσα), verb, *break.*

θρεψ-, fut. and 1 aor. stem of τρέφω.

θρίξ (st. τριχ-), subst. f., *hair.*

θρόνος, subst. m., *chair, throne.*

θυγάτηρ (gen. θυγατρός), subst. f., *daughter.*

θυμίαμα (st. -ατ-), subst. n., *incense, spice.*

θυμιατήριον, subst. n., *censer.*

θυμοειδής, ές, adj. 2 term., *passionate.*

θυμόω, verb, *anger, make angry.*

θύρα, subst. f., *door.*

θυρίς (st. -ιδ-), subst. f., *window.*

θυσία, subst. f., *sacrifice.*

θύω (fut. θύσω), verb, *sacrifice, offer up.*

θῶ, 2 aor. subj. of τίθημι.

θῶμιγξ (st. θωμιγγ-), subst. m., *string, cord.*

θώραξ (st. θωρακ-), subst. m., *breast-plate, cuirass.*

ἰάομαι (fut. ἰάσομαι), verb, *cure, remedy.*

ἰατρικός, ή, όν, adj., *medical.* ἰατρική, as subst., *medicine.*

ἰατρός, subst. m., *physician.*

ἰδέα, subst. f., *form.*

ἰδ-, 2 aor. stem of εἶδον.

ἴδιος, α, ον, adj., *one's own, private.* ἰδίᾳ, as adv., *privately.*

ἰδιώτης (gen. -ου), subst. m., *private person.*

ἰδού, interj., *see! lo! look!*

ἱδρύω (fut. -ύσω), verb, *settle.* Mid. *set up.* Pass. *be placed, be situated.*

ἱείς (st. ἱεντ-), pres. part. of ἵημι.

ἰέναι, inf. of εἶμι, *ibo.*

ἰέναι, inf. of ἵημι.

ἱερεύς (gen. -έως), subst. m., *priest.*

ἱερόν, subst. n., *temple, sanctuary.*

ἱερός, ά, όν, adj., *sacred.*

ἱερόσυλος, ον, adj. 2 term, *sacrilegious, guilty of sacrilege.*

ἵημι (fut. ἥσω, 1 aor. ἧκα, perf. εἷκα, 1 aor. pass. ἕθην), verb, *send, discharge.*

ἱκανός, ή, όν, adj., *sufficient, considerable.*

ἱκανῶς, adv., *sufficiently.*

ἱκέτης (gen. -ου), subst. m., *suppliant.*

ἱκνέομαι, verb, *come.*

ἱκόμην, 2 aor. of ἱκνέομαι.

ἱμάτιον, subst. n., *cloak, coat.* In plur., *clothes.*

ἵνα, conj., *so that, in order that, that,* adv. *where.*

ἵξομαι, fut. of ἱκνέομαι.

ἰοντ-, stem of ἰών.

ἱππεύς (gen. -έως), subst. m., *horseman.* In plur. *cavalry.*

ἵππος, subst. m., *horse.*

ἰσθμός, subst. m., *isthmus.*

ἰσόρροπος, ον, adj. 2 term., *equally balanced, even.*

ἴσος, η, ον, adj., *equal.* ἐξ ἴσου, *on an equality.*

ἴστε, 2 pers. plur. of οἶδα.

ἵστημι (fut. στήσω, 1 aor. ἔστησα), verb, *set, place, set up.* But in 2 aor. (ἔστην), perf. (ἔστηκα), plup. (ἑστήκειν), and in the passive, it is intransitive, *stand, stand up, be set up.*

ἱστορέω (fut. -ήσω), verb, *question.*

ἱστός, subst. m., *mast* (of a ship).

ἰσχυρός, ά, όν, adj., *strong, mighty,* also *violent, severe.*

ἰσχύς (st. ἰσχυ-), subst. f., *strength.*

ἰσχύω, verb, *be strong, prevail.*

ἴσως, adv., *equally,* also *perhaps.*

ἰχθυοπώλης (gen. ου-), subst. m., *fishmonger.*

ἰχθύς (st. ἰχθυ-), subst. m., *fish.*

ἰών, ἰοῦσα, ἰόν (st. ἰοντ-), part. pres. of εἶμι, *ibo.*

καθ-αιρέω, verb, *remove, destroy.*

καθάπερ, adv., *just as, as, as if.*

καθέζομαι (imp. ἐκαθεζόμην), verb, *sit down.*

καθ-είργω, verb, *shut up.*

καθ-έλκω, verb, *draw down, launch.*

κάθ-ημαι (inf. καθῆσθαι, part. καθήμενος), verb, *sit, be seated,* also, *lie in wait.*

καθ-ιδρύω, verb, *settle, found.*

καθ-ιερόω, verb, *consecrate.*

καθίζω, verb, *sit down, sit.*

καθ-ίημι, verb, *let down, drive into.*

καθ-ίστημι, verb, *appoint, establish.* But in 2 aor. (κατέστην), perf. (καθέστηκα), and passive, it is intransitive; *be established,* also *be reduced to, become.*

κάθοδος, subst. f., *opportunity returning.*

καθ-οράω (2 aor. κατεῖδον), verb, *observe, notice.*

καθ-υβρίζω, verb, *insult.*

καί, conj., *both, and,* joining sentence, phrases, or clauses. As adverb, *even, also, too,* emphasizing the following word: καὶ αὐτός, *himself also;* καὶ μᾶλλον, *even more;* καὶ γάρ, *for indeed;* καὶ ἡμεῖς, *we too,* etc.

καινός, ή, όν, adj., *new, recent.*

καίπερ, conj., *though.*

καίριος, α, ον, *seasonable, timely, suitable.*

καιρός, subst. m., *time, the right time, the nick of time.*

καίω (1 aor. ἔκαυσα, 1 aor. pass. ἐκαύθην), verb, *burn, kindle, set on fire.* Pass. *be on fire, burn.*

κακοπαθέω, verb, *suffer ill.*

κακός, ή, όν, adj., *bad, evil;* also, *abusive.*

κακοῦργος, ον, adj. 2 term., *wicked;* as subst., *criminal.*

κάλαμος, subst. m., *reed.*

καλέω (1 aor. ἐκάλεσα, 1 aor. pass. ἐκλήθην), verb, *call, invite, name.*

καλινδέομαι, verb, *roll, tumble.*

καλλίπαις, adj. 1 term., *having beautiful children.*

κάλλιστος, η, ον, superl. of καλός.

καλλίων, ον, comp. of καλός.

κάλλος (gen. -ους), subst. n., *beauty.*

καλλωπίζω, verb, *smarten up, improve the appearance of.*

καλός, ή, όν, adj. *beautiful, fine, good.*

καλύβη, subst. f., *hut, cottage.*

καλῶς, adv., *well.*

κάμνω (2 aor. ἔκαμον), verb, *be tired.*

καπηλεύω, verb, *retail, sell by retail.*

κάπηλος, subst. m., *peddler, salesman.*

καρίς (st. καριδ-), subst. f., *shrimp, prawn.*

καρκίνος, subst. m., *crab.*

καρπός, subst. m., *fruit.*

καρτερέω (fut. -ήσω), verb, *hold out, bear up.*

καρτερός, ή, όν, adj., *strong.*

καρτερῶς, adv., *stoutly, vigorously.*

κατά, prep. with gen. or acc.: 1. with gen., *down from, down on, against.* 2. with acc., *along, by, according to, for, concerning.*

κατα-βαίνω, verb, *descend.*

κατα-βάλλω, verb, *throw down.*

κατα-βιβάζω, verb, *bring down.*

καταγέλαστος, ον, adj. 2 term. *ridiculous.*

κατα-γελάω, verb, *mock, laugh down, ridicule.*

κατα-γηράσκω, verb, *grow old.*

κατα-γιγνώσκω, verb, *pass sentence upon, condemn.*

κατα-δικάζω, verb, *condemn.*

κατα-δουλόω, verb, *enslave.*

κατα-δύω, verb, *sink,* or *disable* (a ship).

κατα-θραύω, verb, *shatter, smash.*

κατα-καίω, verb, *burn down, burn, consume.*

κατά-κειμαι, verb, *lie, lie down.*

κατα-κλείω, verb, *shut up.*

κατα-κλίνομαι, verb, *lie down, recline.*

κατα-κόπτω, verb, *chop up, cut down.*

κατα-κρίνω, verb, *condemn.*

κατα-λαμβάνω, verb, *seize, catch.*

κατα-λάμπω, verb, *shine upon.*

κατα-λείπω, verb, *leave, leave behind.*

κατάλογος, subst. m., *list, muster-roll.*

κατα-λύω, verb, *make an end of,* also, *halt, lodge.*

κατα-νοέω, verb, *perceive.*

κατα-πατέω, verb, *trample down.*

κατα-παύω, verb, *stop.*

κατα-πηδάω, verb, *leap down.*

κατα-πίνω, verb, *drink down, swallow.*

κατα-πίπτω, verb, *fall down, sink.*

κατα-πλέω, verb, *sail, sail back.*

κατάρα, subst. f., *curse.*

κατ-αράομαι, verb, *curse.*

κατα-σκευάζω, verb, *prepare.*

κατάσκοπος, ον, adj. 2 term., *spying.* As subst. m., *spy.*

κατα-σπείρω, verb, *spread abroad.*

κατα-στρέφω, verb, *subdue.*

κατα-σφραγίζω, verb, *seal up.*

κατα-τήκω, verb, *dissolve, melt.*

κατα-τίθημι, verb, *lay down, set down.*

κατα-τοξεύω, verb, *shoot down.*

κατα-τραυματίζω, verb, *cover with wounds.*

κατα-φεύγω, verb, *flee.*

κατα-φρονέω, verb, *despise.*

καταφρονητέον, verbal adj., *one should despise.*

κατα-χαλκόω, verb, *cover with brass.*

κατα-χέω, verb, *pour down, pour over.*

κατα-χώννυμι, verb, *overwhelm, bury.*

κατα-ψηφίζομαι, verb, *vote guilty of.*

κατ-εῖδον (inf. κατιδεῖν), 2 aor. of καθοράω.

κάτ-ειμι, verb, *go down, come down, return.* (Compound of εἶμι, *ibo.*)

κατ-έρχομαι, verb, *go down.*

κατ-εσθίω, verb, *eat up.*

κατ-έχω, verb, *keep, occupy, seize, hold, restrain, take.*

κατηγορέω, verb, *accuse.*

κατηγορία, subst. f., *accusation.*

κατήγορος, subst. m., *accuser.*

κατ-οικίζω, verb, *set up,* or *establish* (as colonists).

κάτω, adv., *down.*

κάτωθεν, adv., *from below;* τὸ κάτωθεν, *the bottom.*

κατωτέρω, compar. of κάτω, *lower.*

καυθ-, 1 aor. pass. stem of καίω.

καυλός, subst. m., *stalk.*

καυσ-, fut. and 1 aor. stem of καίω.

καυχάομαι, verb, *boast oneself.*

κέδρος, subst. f., *cedar.*

κεῖμαι, verb, *lie down, lie, lie sleeping.*

κέκληκα, perf. of καλέω.

κέκμηκα, perf. of κάμνω.

κέκτημαι, perf. of κτάομαι.

κελευστής (gen. -οῦ), subst. m., *boatswain.*

κελεύω, verb, *bid, command.*

κενός, ή, όν, adj., *empty.*

κεντέω (fut. -ήσω), verb, *goad.*

κεραμεύς (gen. -έως), subst. m., *potter.*

κεράμιον, subst. n., *jar.*

κέραμος, subst. m., *tiles.*

κεράννυμι (1 aor. ἐκέρασα), verb, *mix.*

κέρας (gen. κέρως), subst. n., *horn,* also *wing* (of an army or fleet).

κερασ-, fut. and 1 aor. stem of κεράννυμι.

κερασφόρος, ον, adj. 2 term., *horned.*

κερδαίνω, verb, *gain.*

κέρδος (gen. -ους), *profit.*

κεφαλή, subst. f., *head.*

κῆπος, subst. m., *garden.*

κήρυγμα (st. -ατ-), subst. n., *proclamation.*

κῆρυξ (st. κηρυκ-), subst. m., *crier, herald.*

κηρύσσω (1 aor. ἐκήρυξα), verb, *make proclamation, announce.*

κιθάρα, subst. f., *harp.*

κιθαρῳδός, subst. m., *harper.*

κιθαρίζω, verb, *play the harp.*

κινδυνεύω, verb, *venture, run a risk.*

κίνδυνος, subst. m., *danger, risk.*

κινέω (fut. -ήσω), verb, *move.*

κίνησις (gen. -εως), subst. f., *motion, gesture, movement.*

κισσός, subst. m., *ivy.*

κίστη, subst. f., *box, chest.*

κλάδος, subst. m., *branch.*

κλαίω (1 aor. ἔκλαυσα), verb, *weep.*

κλέπτω (fut. κλέψω, 1 aor. pass. ἐκλέφθην), verb, *steal.*

κληθ-, 1 aor. pass. stem of καλέω.

κλῆθρον, subst. m., *bar.*

κληρονομία, subst. f., *inheritance.*

κληρονόμος, subst. m., *heir.*

κλῆσις (gen. -εως), subst. f., *barrier.*

κλήω (fut. κλήσω), verb, *shut, close.*

κλιθ-, 1 aor. pass. stem of κλίνω.

κλίνη, subst. f., *bed, couch, bier.*

κλίνω, verb, *incline.* Pass. *lie.*

κλοπή, subst. f., *theft.*

κοιλία, subst. f., *belly.*

κοῖλος, η, ον, adj., *hollow.*

κοινῇ, adv., *in common, bctween them.*

κοινός, ή, όν,adj., *common.* **τὸ κοινόν,** *the commonwealth,* also *the public treasury.*

κοινωνέω (fut. -ήσω), verb, *share.*

κοινωνός, subst. c., *sharer, associate.*

κολάζω (1 aor. ἐκόλασα, 1 aor. pass. **ἐκολάσθην**), verb, *punish.*

κολακεία, subst. f., *flattery.*

κολακεύω, verb, *flatter.*

κόλαξ (st. κολακ-), subst. m., *flatterer.*

κόλασις (gen. -εως), subst. f., *punishment, correction.*

κόλπος, subst. m., *bosom, lap,* also *bay, creek.*

κολυμβάω (fut. -ήσω), verb, *dive.*

κόμη, subst. f., *hair.*

κομίζω (1 aor. ἐκόμισα), verb, *bring, carry.* Mid. *get,* pass. *betake oneself, journey.*

κοπ-, 2 aor. stem of κόπτω.

κόπος, subst. m., *fatigue, toil.*

κόπτω (1 aor. ἔκοψα, 2 aor. pass. ἐκόπην), *cut,* also *knock at* (a door).

κόραξ (st. κορακ-), subst. m., *crow.*

κοσμέω (fut. -ήσω), verb, *arrange, adorn.*

κόσμος, subst. m., *order, honor, credit.*

κοτύλη, subst. f., a liquid measure, about a cup, or a quarter of a liter.

κράνος, (gen. -ους), subst. n., *helmet.*

κρατερός, κρατερῶς, = **καρτερός, καρτερῶς.**

κρατέω (fut. -ήσω), verb, *seize, become master of, conquer.* Governs gen., sometimes acc.

κρατήρ (st. -ηρ-), subst. m., large *bowl* (for wine).

κράτιστος, η, ον, superl. adj., *best, strongest.*

κράτος (gen. ους), subst. n., *strength, force.*

κραυγή, subst. f., *clamor.*

κρείσσων, ον, comp. adj., *stronger, better, superior.*

κρέμαμαι (1 aor. ἐκρεμάσθην), verb, *hang.* (intransitive,) serving as passive to **κρεμάννυμι.**

κρεμάννυμι, verb, *hang up* (transitive).

κρημνός, subst. m., *crag, cliff.*

κρημνώδης, ες, adj. 2 term., *steep.*

κριθ-, 1 aor. pass. stem of κρίνω.

κρίνω (1 aor. ἔκρινα, 1 aor. pass. ἐκρίθην), verb, *judge, determine.*

κρίσις (gen. -εως), subst. f., *judgement, trial.*

κρούω, verb, *beat;* but Mid., **κρούεσθαι πρύμναν,** *to back, i.e. retire stern first* (of a ship).

κρύβδην, adv., *secretly.*

κρυπτεύω, verb, *hide oneself.*

κρυπτός, ή, όν, adj., *hidden.*

κρύπτω (1 aor. ἔκρυψα), verb, *hide.* Mid., *sheathe one's sword.*

κρύσταλλος, subst. m., *ice.*

κρύφα, adv., *without the knowledge of.*

κρυφθ-, 1 aor. pass. stem of κρύπτω.

κρυψ-, fut. and 1 aor. stem of κρύπτω.

κτάομαι (fut. κτήσομαι), verb, *gain;* also (in Perfect), *possess, have, own.*

κτείνω (1 aor. ἔκτεινα), verb, *kill.*

κτῆμα (st. -ατ-), subst. n., *possession.*

κτησ-, fut. and 1 aor. stem of κτάομαι.

κτίζω (1 aor. ἔκτισα), verb, *found, build.*

κτύπος, subst. m., *noise.*

κύαθος, subst. m., *cup;* also, a small liquid measure, a bit more than an ounce.

κυβερνάω, verb, *steer.*

κυβερνήτης (gen. -ου), subst. m., *steersman.*

κύκλῳ, used as adv., *round about.*

κυκλόω (fut. -ώσω), verb, *surround.*

κύκνος, subst. m., *swan.*

κύλιξ (st. κυλικ-), subst. f., *cup.*

κυν-, stem of κύων.

κυνίδιον, subst. n., *little dog.*

κυπαρίσσινος, η, ον, adj., *of cypress-wood.*

κύριος, subst. m., *lord.*

κύων (st. κυν-), subst. c., *dog, hound.*

κώδων (st. -ων-), subst. m., *bell.*

κωλύω, verb, *hinder.*

κώνειον, subst. n., *hemlock* (used to poison criminals at Athens).

κώπη, subst. f., *oar.*

λαβ-, 2 aor. stem of λαμβάνω.

λαγχάνω (fut. λήξομαι, 2 aor., ἔλαχον), verb, *obtain* (properly, by lot).

λαγώς (gen. λαγώ), subst. m., *hare.*

λαθ-, 2 aor. stem of λανθάνω.

λάθρᾳ, adv., *by stealth, without the knowledge of.*

λαιμαργία, subst. f., *voracity, greediness.*

λαλέω (fut. -ήσω), verb, *talk.*

λαμβάνω (fut. λήψομαι, 2 aor. ἔλαβον, perf. εἴληφα, 1 aor. pass. ἐλήφθην), verb, *take, catch, get, receive.*

λαμπρός, ά, όν, adj., *splendid, brilliant, bright.*

λαμπρύνομαι, verb, *pride oneself, boast.*

λαμπρῶς, adv., *brilliantly.*

λανθάνω (fut. λήσω, 2 aor. ἔλαθον, perf. λέληθα), verb, *escape notice, avoid detection.*

λάρναξ (st. λαρνακ-), subst. f., *chest, coffin.*

λαχ-, 2 aor. stem of λαγχάνω.

λάχανον, subst. n., *cabbage.*

λέγω (fut. λέξω), verb, *speak, say.*

λεία, subst. f., *booty, spoils.*

λειμών (st. -ων-), subst. m., *meadow.*

λείπω (fut. λείψω, 2 aor. ἔλιπον, perf. λέλοιπα), verb, *leave;* also, *come short of.*

λειτουργία, subst. f., *public service.*

λέληθα, perf. of λανθάνω.

λέλοιπα, perf. of λείπω.

λέξις (gen. -εως), subst. f., *speech, style, language.*

λέπας, subst. n., *crag.*

λεπτός, ή, όν, adj., *slender, slight, small.*

λέσχη, subst. f., *conversation, talk, discussion.*

λευκός, ή, όν, adj., *white.*

λέων (st. λεοντ-), subst. m., *lion.*

λήζομαι, verb, *ravage, plunder.*

ληρέω (fut. -ήσω), verb, *talk nonsense, prate.*

ληστεία, subst. f., *piracy.*

ληστής (gen. -ου), subst. m., *robber, pirate.*

ληστρικός, ή, όν, adj., *piratical;* ἡ ληστρική, *piracy.*

λησ-, fut. and 1 aor. stem of λανθάνω.

ληφθ-, 1 aor. pass. stem of λαμβάνω.

ληψ-, fut. stem of λαμβάνω.

λίαν, adv., *too much, too, excessively.*

λίθινος, η, ον, adj., *of stone.*

λίθος, subst. m., *stone.*

λιθοτομία, subst. f., *stone-quarry.*

λιμήν (st. λιμεν-), subst. m., *harbor.*

λιμός, subst. m., *famine, hunger.*

λιπ-, 2 aor. stem of λείπω.

λιποψυχέω (fut. -ήσω), verb, *faint.*

λογίζομαι (1 aor. ἐλογισάμην), verb, *calculate, reckon.*

λογογράφος, subst. m., *historian.*

λόγος, subst. m., *word, talk, story, rumor, pretence, speech.*

λόγχη, subst. f., *lance, spear.*

λοιδορέω (fut. -ήσω), verb, *abuse, revile, rail.*

λοιδορία, subst. f., *railing, abuse.*

λοιπός, ή, όν, adj., *rest, remaining, remainder.* τὸ λοιπόν, *for the future.*

λόφος, subst. m., *hill.*

λυγίζομαι, verb, *writhe, wriggle.*

λυμαίνομαι, verb, *ravage, spoil.*

λυπέω (fut. -ήσω), verb, *pain, vex, distress.* Pass., *be in pain.*

λύπη, subst. f., *pain.*

λύσις (gen. -εως), subst. f., *loosing, solution.*

λυσιτελέω, verb, *profit, be better for one to* —.

λύω, verb, *loose, set free; also, break up, dissolve.*

μά, particle, used in oaths, *by.* μὰ Δία, *no! by Zeus.*

μάγειρος, subst. m., *cook.*

μαθ-, 2 aor. stem of μανθάνω.

μαίνομαι (2 aor. ἐμάνην), verb, *be mad, be driven mad.*

μάκαρες, plur. adj., used as subst., *The Blessed, i.e. the righteous Dead.*

μακάριος, α, ον, adj., *happy.*

μακαρίως, adv., *happily.*

μακρός, ά, όν, adj., *long, far.*

μάλα, adv., *very.*

μαλακός, ή, όν, adj., *soft, weak, effeminate.*

μάλη, subst. f., *arm.* (Lit., *armpit*).

μάλιστα, superl. of μάλα, *most, especially; also*, with numerals, *about.*

μᾶλλον, comparat. of μάλα, *more.*

μαν-, 2 aor. stem of μαίνομαι.

μανθάνω (2 aor. ἔμαθον, perf. μεμάθηκα), verb, *learn, discover.*

μανία, subst. f., *madness.*

μαντεῖον, subst. n., *shrine* (of an oracle), *oracle.*

μάντις (gen. -εως), subst. m., *prophet.*

μαρτύριον, subst. n., *proof.*

μαρτύρομαι, verb, *call to witness.*

μάρτυς (st. μαρτυρ-), subst. c., *witness.*

μαστιγοφόρος, ον, adj. 2 term., *carrying whips.*

μάτην, adv., *in vain.*

μάχαιρα, subst. f., *knife, sword.*

μάχη, subst. f., *battle, quarrel, strife, fighting.*

μάχομαι (fut. -οῦμαι, 1 aor. ἐμαχεσάμην), verb, *fight.*

μεγαλαυχέω, verb, *boast.*

μεγαλοπρεπής, ές, adj. 2 term., *magnificent, splendid.*

μεγαλύνομαι, verb, *exalt oneself, give oneself airs.*

μέγας, μεγάλη, μέγα, adj., *great, large, big.*

μέγεθος (gen. -ους), subst. n., *greatness, size.*

μέθη, subst. f., *drinking, drunkenness.*

μεθ-ίημι, verb, *let go, let loose, let drop.*

μεθ-ίστημι, verb, *remove.*

μεθύσκω (fut. μεθύσω, 1 aor. pass. ἐμεθύσθην), verb, *intoxicate.*

μειδιάω (fut. -άσω), verb, *smile.*

μείζων, ον, comparat. of μέγας, *greater.*

μειν-, 1 aor. stem of μένω.

μέλας, μέλαινα, μέλαν, adj., *black.*

μελετάω (fut. -ήσω), verb, *study.*

μέλλω, verb, *be about to, intend, be likely to* (often with future infinitive), also *delay* (usually with present infinitive).

μέλος (gen. -ους), subst. n., *limb.*

μέλω, verb (often impersonal), *matter, signify, be a care to.* Fut., **μελήσει αὐτῷ**, *he will see to it.*

μεμάθηκα, perf. of μανθάνω.

μέμνημαι, perf. pass. of μιμνήσκω.

μέν, particle, usually co-ordinated with a δέ in the next clause, *on the one hand, indeed.* ἐγὼ μέν, *I for my part.*

μένω (1 aor., ἔμεινα), verb, *remain.*

μέντοι, conj., *however.*

μέρος (gen. -ους), subst. n., *part, share.*

μεσογεία, subst. f., *interior* (of a country).

μέσος, η, ον, adj., *mid, in the middle of, midway between, in the midst of.* διὰ μέσου, *between.*

μετά, prep., 1. with gen., *with, along with.* 2. with acc., *after.*

μετα-βάλλω, verb, *change.*

μετα-δίδωμι, verb, *give a share.*

μετ-αλλάσσω, verb, *change.*

μέταλλον, subst. n., *mine.*

μετα-μέλομαι, verb, *repent, regret, be sorry for.*

μετάνοια, subst. f., *repentance.*

μεταξύ, adv., *between, betwixt,* also of time, *during, meantime, while.*

μετα-πέμπω, verb, *send for, send after.*

μετα-πλάσσω, verb, *convert.*

μετάστασις (gen. -εως), *departure.*

μετα-στρέφω, verb, *turn round.*

μετα-χειρίζω, verb, *handle, treat.*

μετ-έχω, verb, *partake, share.*

μετέωρος, ον, adj. 2 term., *high, on high,* also *out at sea.*

μέτριος, α, ον, adj., *moderate.*

μέτρον, subst. n., *measure.*

μέτωπον, subst. n., *front.*

μέχρι, prep., *until, up to, as far as.*

μή, negative particle, *not, lest.*

μηδαμῶς, adv., *by no means.*

μηδέ, conj., *neither, nor, not even, and not.*

μηδείς, μηδεμία, μηδέν, adj., *none, no, no one.*

μηκέτι, adv., *no longer.*

μῆκος (gen. -ους), subst. n., *length.*

μηκύνω, verb, *prolong.*

μῆλον, subst. n., *apple.*

μήν, particle, *indeed, yet.*

μήν (gen. μηνός), subst. m., *month.*

μηνύω (1 aor. ἐμήνυσα), verb, *make known, lay information against.*

μήποτε, adv., *never, lest ever.*

μήτε, conj., *neither, nor.*

μήτηρ (gen. μητρός, acc. μητέρα), subst. f., *mother.*

μηχανάομαι (fut. μηχανήσομαι), verb, *contrive, devise.*

μηχανή, subst. f., *device, plan.*

μία, fem. of εἷς.

μιαίνω, verb, *soil, stain.*

μιαιφονία, subst. f., *bloodthirsty cruelty.*

μιαρός, ά, όν, adj., *dirty, disgusting, abominable.*

μικρός, ά, όν, adj., *small, little.*

μικρότης (st. -ητ-), subst. f., *littleness.*

μιμέομαι (fut. -ήσομαι), verb, *mimic, imitate.*

μιμνήσκω, verb, *remind.* In pass. (1 aor. ἐμνήσθην, perf. μέμνημαι), and mid., *remember.*

μισέω (fut. -ήσω), verb, *hate.*

μισθαρνέω, verb, *work for hire.*

μισθός, subst. m., *pay, reward, hire.*

μισθόω (fut. -ώσω), verb, *let.* In mid., *hire.*

μνῆμα (st. -ατ-), subst. n., *monument.*

μνημεῖον, subst. n., *memorial.*

μνημονεύω, verb, *remember, record.*

μνησθ-, 1 aor. pass. stem of μιμνήσκω.

μνηστεύω, verb, *court, woo.*

μονομαχέω (fut. -ήσω), verb, *fight* (in single combat), *fight a duel.*

μόνος, η, ον, adj., *alone, only.* **μόνον,** as adv., *only.*

μονόω (1 aor. pass. ἐμονώθην), verb, *leave alone.*

μορφή, subst. f., *shape, form.*

μόσχος, subst. m. or f., *calf, heifer.*

μουσική, adj. used as subst. f., *music, poetry,* etc.

μυθολόγος, subst. m., *fabulist, mythologist.*

μῦθος, subst. m., *story.*

μυκτήρ, subst. m., *snout.*

μυριάς (st. -αδ-), subst. f., *myriad,* i.e. 10,000.

μυρίος, α, ον, adj., *numberless, infinite.* In plur., μύριοι, αι, α, *ten thousand.*

μυρσίνη, subst. f., *myrtle.*

μῦς (st. μυ-), subst. m., *mouse.*

μυχός, subst. m., *corner.*

μύω (1 aor. ἔμυσα), verb, *keep one's eyes shut.*

μωρός, ά, όν, *stupid, foolish,* As subst. m., μωρός, *a fool.*

ναί, adv., *yes.*

ναός, subst. m., *temple.*

νάρθηξ (st. ναρθηκ-), subst. m., *fennel-stalk.*

ναυαγία, subst. f., *shipwreck.* ναυαγίᾳ χρῆσθαι, *to suffer shipwreck.*

ναυάγιον, subst. n., *wreckage, wreck.*

ναύαρχος, subst. m., *admiral.*

ναυκρατέω (fut. -ήσω), verb, *have mastery at sea.*

ναυμαχέω, verb, *fight* (by sea).

ναυμαχία, subst. f., *sea-fight.*

ναῦς (gen. νεώς, dat. νηΐ), subst. f., *ship.*

ναύτης (gen. -ου), subst. m., *sailor.*

ναυτικός, ή, όν, adj., *naval.* As subst., ναυτικόν, *fleet.*

νεαλής, ές, adj. 2 term., *fresh.*

νεανίσκος, subst. m., *youth, young man.*

νεκρός, subst. m., *dead body, corpse;* in plur., *the dead.*

νέμω, verb, 1. *allot,* 2. *feed flocks,* in mid., *graze.*

νεογενής, ές, adj. 2 term., *newborn.*

νέος, α, ον, adj., *young, new.*

νεοσσός, subst. m., *young* (of birds).

νέω (1 aor. ἔνευσα), verb, *swim.*

νέω (fut. νήσω), verb, *heap up, rear.*

νεώς, subst. m., = ναός.

νεωστί, adv., *recently.*

νεωτερίζω, verb, *make revolutionary movements.*

νεώτερος, comp. of νέος.

νή, particle used in oaths. νὴ τὸν Δία, *yes, by Zeus.*

νῆες, plur. of ναῦς.

νησιώτης (gen. -ου), subst. m., *islander.*

νῆσος, subst. f., *island.*

νήφω, verb, *be sober.*

νικάω (1 aor. ἐνίκησα, perf. νενίκηκα), verb, *conquer, win.*

νίκη, subst. f., *victory.*

νοέω (1 aor. ἐνόησα), verb, *notice.*

νομή, subst. f., *pasture.*

νομίζω (1 aor. ἐνόμισα), verb, *consider, think.*

νομοθεσία, subst. f., *law-making, legislation.*

νομοθέτης (gen. -ου), *law-giver.*

νόμος, subst. m., *custom, law.*

νοσέω (fut. -ήσω), verb, *be sick, fall ill.*

νόσος, subst. f., *disease, sickness.*

νότος, subst. m., *south wind.*

νουθετέω (fut. -ήσω), verb, *admonish, give a lesson.*

νοῦς (gen. νοῦ), subst. m., *mind.* ἐν νῷ ἔχειν, *be minded to, intend, have in mind to.*

νύκτωρ, adv., *by night.*

νύμφη, subst. f., *bride.*

νῦν, adv., *now.*

νύξ (st. νυκτ-), subst. f., *night.*

νυός, subst. f., *daughter-in-law.*

νῷ, dat. of νοῦς.

νῶτον, subst. n., *back.*

ξενίζω (1 aor. ἐξένισα), verb, *entertain.*

ξένισις (gen. -εως), subst. f., *entertainment.*

ξένος, subst. m., *stranger, friend, guest, host.*

ξηραίνω (1 aor. ἐξήρανα), verb, *dry up, drain off.*

ξηρός, ά, όν, adj., *dry.* τὸ ξηρόν, *dry land.*

ξίφος (gen. -ους), subst. n., *sword.*

ξύλινος, η, ον, adj., *of wood, wooden.*

ξύλον, subst. n., *wood, timber.*

ὁ, ἡ, τό, 1. article, *the*; 2. pronoun, *he, she, it* (with μέν and δέ, almost never else).

ὅ, neuter of ὅς.

ὀβολός, subst. m., *obol,* the smallest Athenian coin, worth one sixth of a drachma.

ὅδε, ἥδε, τόδε, pron., *this here, this.*

ὀδοντ-, stem of ὀδούς.

ὁδοποιέομαι, verb, *advance, move forward, go on.*

ὁδός, subst. f., *way, road.*

ὀδούς (st. ὀδοντ-), subst. m., *tooth, tusk.*

ὀδύρομαι, verb, *lament, complain.*

ὄζος, subst. m., *branch.*

ὅθεν, adv., *whence.*

οἷ, adv., *whither, to where.*

οἶδα, οἶσθα, οἶδε, etc. (defective) perfect verb, *I know.*

οἴκαδε, adv., *home.*

οἰκεῖος, α, ον, adj., *one's own;* as subst. m., οἰκεῖοι, *friends, relations.*

οἰκέτης (gen. -ου), subst. m., *slave, domestic.*

οἰκέω (fut. -ήσω), verb, *dwell, inhabit.*

οἴκημα (st. -ατ-), subst. n., *house.*

οἴκησις (gen. -εως), subst. f., *dwelling.*

οἰκήτωρ (st. οἰκητορ-), subst. m., *settler, inhabitant.*

οἰκία, subst. f., *house.*

οἰκίζω (1 aor. ᾤκισα), verb, *colonize.* In Pass. *settle* (in a place).

οἰκίσκος, subst. m., *room.*

οἰκιστής (gen. -ου), subst. m., *colonizer, founder* (of a colony).

οἰκοδομέω (fut. -ήσω), verb, *build.*

οἴκοθεν, adv., *from home.*

οἴκοι, adv., *at home.*

οἶκος, subst. m., *house.* κατ᾿ οἶκον, *at home.*

οἰκτείρω (1 aor. ᾤκτειρα), verb, *pity.*

οἶμαι (imp. ᾤμην), verb, *think* (contracted form of οἴομαι).

οἶνος, subst. m., *wine.*

οἴομαι = οἶμαι.

οἷος, α, ον, adj., *what, what kind of, (such) as;* οἷός τε εἰμί, *I am the man to, I am able to;* ὡς οἷόν τε μάλιστα, *as much as possible,* like Latin *quam maxime.*

οἰστός, subst. m., *arrow.*

οἴχομαι (imp. ᾠχόμην), verb, *be off, be gone, make oneself scarce.*

ὀκέλλω (1 aor. ὤκειλα), verb, *run ashore.*

ὄλεθρος, subst. m., *destruction, ruin.*

ὀλεσ-, 1 aor. stem of ὄλλυμι.

ὀλιγαρχικός, ή, όν, adj., *oligarchical.*

ὀλίγος, η, ον, adj., *few, little.* οἱ ὀλίγοι, *the oligarchs.*

ὀλιγωρία, subst. f., *little account, scorn.*

ὄλλυμι (1 aor. ὤλεσα, mid. fut. ὀλοῦμαι; 2 aor. ὠλόμην, perf. ὄλωλα), verb, *destroy.*

ὅλος, η, ον, adj., *whole.*

ὀλοῦμαι, see ὄλλυμι.

ὀλοφυρμός, subst. m., *lamentation.*

ὀλοφύρομαι, verb, *lament.*

ὄλωλα, see ὄλλυμι.

ὅλως, adv., *altogether.*

ὄμβρος, subst. m., *rain, shower, rain-storm.*

ὅμηρος, subst. m., *hostage.*

ὁμιλέω (1 aor. ὡμίλησα), verb, *associate with.*

ὅμιλος, subst. m., *multitude.*

ὀμνύω (fut. ὀμοῦμαι, 1 aor. ὤμοσα), verb, *swear.*

ὀμόθεν, adv., *at close quarters.*

ὅμοιος, α, ον, adj., *like, equal.*

ὁμοίως, adv., *in like manner, alike, similarly.*

ὁμολογέω (fut. -ήσω), verb, *agree.*

ὁμολογία, subst. f., *agreement.*

ὅμορος, ον, adj., 2 term., *neighboring, next.*

ὁμοῦ, adv., *at once, together.*

ὁμόφυλος, ον, adj., 2 term., *of the same tribe;* as subst. τὸ ὁμόφυλον, *common nationality.*

ὅμως, conj., *nevertheless.*

ὀνειδίζω (1 aor. ὠνείδισα), verb, *reproach, revile.*

ὀνηλάτης (gen. -ου), subst. m., *driver* (of a donkey).

ὄνομα (st. ὀνοματ-), subst. n., *name.*

ὀνομάζω (1 aor. ὠνόμασα), verb, *call, name.*

ὄνος, subst. m. or f., *donkey.*

ὄντως, adv., *really.*

ὀξύς, εῖα, ύ, adj., *sharp,* also *hasty.*

ὄπη, adv., *in what way.*

ὄπισθε, ὄπισθεν, adv., *behind, rear, back.*

ὁπλίζω (1 aor. pass. ὡπλίσθην). verb, *arm, equip.*

ὅπλισις (gen. -εως), subst. f., *equipment.*

ὁπλίτης (gen. -ου), subst. m., *hoplite* (i.e. heavy-armed foot-soldier).

ὅπλον, subst. n., mostly in plur., *arms, armor.*

ὁπόθεν, adv., *whence.*

ὅποι, adv., *whither.*

ὁποῖος, α, ον, adj., *what kind.*

ὁπότε, conj., *when, whenever.*

ὁπότερος, α, ον, adj., *which* (of two).

ὅπου, adv., *where.*

ὀπώρα, subst. f., *autumn.*

ὅπως, conj., 1. *how;* 2. *so that, that.*

ὁπωσοῦν, adv., *at all.*

ὁράω (imp. ἑώρων), verb, *see, look.*

ὀργή, subst. f., *anger, rage, passion.*

ὀργίζω (1 aor. pass. ὠργίσθην), verb, *enrage, provoke.*

ὄργυια, subst. f., *fathom.*

ὀρέγω, verb, *stretch,* mid. *reach at, reach after.*

ὀρθός, ή, όν, adj., *straight, upright.*

ὄρθρος, subst. m., *morning, early dawn.*

ὀρθῶς, adv., *rightly.*

ὅρκος, subst. m., *oath.*

ὁρμάω (1 aor. ὥρμησα), verb, *urge on;* but also often intransitive, *rush, start off,* and so in mid. and pass.

ὁρμή, subst. f., *impulse, rush, attack.*

ὁρμησ-, fut. and 1 aor. stem of ὁρμάω.

ὁρμίζω, verb, *moor, anchor.*

ὁρμισ-, fut. and 1 aor. stem of ὁρμίζω.

ὀρνιθεύω, verb, *snare birds, fowl.*

ὄρνις (st. ὀρνιθ-), subst. c., *bird.*

ὄρος (gen. -ους), subst. n., *mountain.*

ὅρος, subst. m., *frontier, boundary.*

ὀροφή, subst. f., *roof, ceiling.*

ὅς, ἥ, ὅ, pron., 1. relative, *who, which, what;* 2. demonstr., *he.*

ὅσος, η, ον, adj., *as much as, as many as.*

ὅσοσπερ = ὅσος.

ὅσπερ, ἥπερ, ὅπερ, pron., *who, which.*

ὅστις, ἥτις, ὅ τι, pron., *who, whoever, which, whichever.*

ὀστοῦν, subst. n., *bone.*

ὅταν, conj., *when, whenever.*

ὅτε, conj., *when.*

ὅτι, conj., *that.*

ὅ τι, neuter of ὅστις; with superlatives, *as much as possible,* thus, ὅ τι τάχιστα, *as quickly as possible.*

ὁτιοῦν, adv., *at all.* οὐδ᾽ ὁτιοῦν, *not a bit.*

ὅτου, ὅτῳ, gen. and dat. of ὅστις.

οὐ, adv., *not, no.*

οὗ, adv., *where.*

οὐδαμόθεν, adv., *from no quarter.*

οὐδαμοῦ, adv., *no where.*

οὐδέ, conj., *neither, nor, and not;* also adv., *not even.*

οὐδείς, οὐδεμία, οὐδέν, adj., *none, no, no one, nothing;* in neuter sometimes adverbial, *not at all.*

οὐδέποτε, adv., *never.*

οὐδεπώποτε, adv., *never yet.*

οὐδέτερος, α, ον, adj., *neither* (of two).

οὐκ = οὐ.

οὐκέτι, adv., *no longer.*

οὐκοῦν, conj., *accordingly, so, therefore.*

οὖν, conj., *then, therefore, accordingly.*

οὔπω, adv., *not yet.*

οὐρά, subst. f., *tail.*

οὐρανός, subst. m., *sky, heaven.*

οὖσα, fem. of ὤν (part of εἰμί, *sum*).

οὐσία, subst. f., *property, substance.*

οὔτε, conj., *neither, nor.*

οὗτος, αὕτη, τοῦτο, pron., *this,* also *he, she, it.* ὦ οὗτος (contemptuous form of address), *my good creature!*

οὕτω, οὕτως, adv., *so, thus.*

οὐχ = οὐ.

ὀφείλω (2 aor. ὤφελον), verb, *owe.*

ὀφθαλμός, subst. m., *eye.*

ὀφθ-, 1 aor. and fut. pass. stem of ὁράω.

ὄφις, (gen. -εως), subst. m., *serpent, snake.*

ὀφλισκάνω (2 aor. ὤφλον, inf. ὀφλεῖν), verb, *lose* (a lawsuit).

ὄχλος, subst. m., *mob, crowd.*

ὀψέ, adv., *late.*

ὄψιος, α, ον, adj., *late.*

ὄψις (gen. -εως), subst. f., *face, look.*

ὄψομαι, fut. of ὁράω.

ὄψον, subst. n., *cooked meat, delicate fare.*

πάγη, subst. f., *snare.*

παθ-, 2 aor. stem of πάσχω.

πάθος (gen. -ους), subst. n., *suffering, misfortune.*

παιδεύω, verb, *bring up, train.*

παιδίον, subst. n., *child.*

παιδοποιέομαι, verb, *beget children.*

παίζω, verb, *play, sport.*

παῖς (st. παιδ-), subst. m., *boy, child.*

παίω (1 aor. ἔπαισα), verb, *strike, smite, hit.*

παιωνίζω, verb, *sing the Paean* (battle-hymn).

πάλαι, adv., *of old, long since.*

παλαιός, ά, όν, adj., *old.*

παλαίστρα, subst. f., *wrestling school.*

πάλιν, adv., *back, again.*

παλίρροια, subst. f., *ebb-tide.*

πανδημεί, adv., *en masse,* with the whole body of citizens.

πανδοκεῖον, subst. n., *inn, public house.*

πανήγυρις (gen. -εως), subst. f., *festival.*

πανόπτης, adj. 1 term., *all-seeing.*

πανοῦργος, subst. m., *rascal, rogue.*

παντ-, stem of πᾶς.

πανταχόθεν, adv., *from all sides.*

πανταχοῦ, adv., *everywhere.*

παντοῖος, α, ον, adj., *of all sorts.*

πάντως, adv., *by all means.*

πάνυ, adv., *very, at all.*

πάππος, subst. m., *grandfather.*

παρά, prep., 1. with gen., *from.* 2. with dat., *beside, with, by.* 3. with acc., *along, to, beyond, over.*

παρα-βαίνω, verb, *transgress.*

παρα-βλέπω, verb, *take a side look, peep.*

παρα-βοηθέω, verb, *come to the rescue.*

παρα-γίγνομαι, verb, *arrive, present oneself, appear.*

παράδεισος, subst. m., *park, garden.*

παρα-δίδωμι, verb, *hand over, surrender.*

παράδοξος, ον, adj. 2 term., *unexpected, startling.*

παρ-αινέω, verb, *advise.*

παραίρημα (st. -ατ-), subst. n., *strip.*

παρ-αιτέομαι, verb, *beg off, deprecate.*

παρα-κάθ-ημαι, verb, *sit beside.*

παρα-καλέω, verb, *invite.*

παρά-κειμαι, verb, *lie beside, lie by.*

παρα-κελεύω, verb, *exhort, encourage.*

παρα-λαμβάνω, verb, *receive, succeed to.*

παρα-λείπω, verb, *omit, pass over.*

παραλία, subst. f., *sea-coast, beach.*

παρα-μένω, verb, *stay with, stay beside.*

παρα-μυθέομαι, verb, *address with cheering words, comfort.*

παρα-νομέω, verb, *transgress the law.*

παράνομος, ον, adj. 2 term., *illegal.*

παράπαν, adv., *at all.*

παρα-πλέω, verb, *sail past.*

παραπλήσιος, ον, adj. 2 term., *much about the same.*

παρασάγγης (gen. -ου), subst. m., *parasang* (measure of distance = thirty stadia).

παρα-σιτέω, verb, *dine with* (esp. at the board of one's superior).

παρα-σκευάζω, verb, *prepare.*

παρασκευή, verb, *arrangement, preparation, pomp.*

παρα-τάσσω, verb, *draw up in line.*

παρα-τίθημι, verb, *place beside.*

παρα-τρέπω, verb, *turn aside, divert.*

πάρ-ειμι, verb, *be present,* πάρεστι (impersonal), *one may* (compound of εἰμί, *sum*).

πάρ-ειμι, verb, *go by, pass by, come forward* (compound of εἶμι, *ibo*).

παρ-εκ-κλίνω, verb, *turn a little aside.*

παρ-έρχομαι, verb, *come forward.*

παρ-έχω, verb, *furnish, offer, cause.*

παρθένος, subst. f., *maiden, virgin.*

παρ-ιππεύω, verb, *ride alongside.*

παροιμία, subst. f., *proverb.*

παρ-οξύνω, verb, *urge on.*

παρών, οὖσα, όν (part. of πάρειμι), *present.*

πᾶς, πᾶσα, πᾶν (st. παντ-), adj., *all, whole, every.*

πάσχω (fut. πείσομαι, 2 aor. ἔπαθον, perf. πέπονθα), verb, *suffer, be treated* (ill, well, etc.), *experience.*

πατάσσω (1 aor. ἐπάταξα), verb, *beat, strike.*

πατήρ (gen. πατρός, acc. πατέρα), subst. m., *father.*

πάτριος, α, ον, adj., *national, ancestral.*

πατρίς (st. πατριδ-), subst. f., *fatherland.*

πατρῷος, α, ον, adj., *paternal.*

παύω, verb, *stop, end, close.* Mid. and pass., *leave off.*

παχύς, εῖα, ύ, adj., *stout.*

πεδίον, subst. n., *plain, flat land.*

πεζός, ή, όν, adj., *foot, infantry.* πεζῇ, as adv., *by land.*

πειθαρχέω, verb, *obey.*

πείθω (1 aor. ἔπεισα, perf. mid. πέποιθα), verb, *persuade, convince.* Mid. and pass., *obey, agree, comply.*

πεινάω (inf. πεινῆν, 1 aor. ἐπείνησα), verb, *be hungry.*

πεῖρα, subst. f., *attempt, experiment.*

πειράομαι (fut. -άσομαι), verb, *attempt, try.*

πεισθ-, 1 aor. and fut. pass. stem of πείθω.

πείσω, fut. of πείθω.

πείσομαι, fut. of πάσχω, also fut. mid. of πείθω.

πελάγιος, α, ον, adj., *marine, from the sea.*

πέλας, adv., *near.* οἱ πέλας, *one's neighbors.*

πέλω, verb, *be.*

πέμπτος, η, ον, adj., *fifth.*

πέμπω (1 aor. pass. ἐπέμφθην), verb, *send.*

πεμψ-, fut. and 1 aor. stem of πέμπω.

πένης (st. -ητ-), adj. 1 term., *poor.*

πενία, subst. f., *poverty.*

πεντακόσιοι, αι, α, adj., *five hundred.*

πέντε, numeral adj. (indecl.), *five.*

πεντήκοντα, numeral adj. (indecl.), *fifty.*

πέπονθα, perf. of πάσχω.

πέπτωκα, perf. of πίπτω.

περαιόω, verb, *convey across,* pass., *pass over, cross.*

περί, prep., 1. with gen., *about, concerning.* 2. with dat., *about.* 3. with acc. *about, round about.*

περι-άγω, verb, *bring round, twist round.*

περι-αιρέω, verb, *take away, strip off.*

περι-βάλλω, verb, *encompass, suround;* mid., *put on* (a dress, etc.).

περιβραχιόνιον, subst. n., *armlet.*

περι-γίγνομαι, verb, *prevail, survive.*

περιδεής, ές, adj. 2 term., *greatly frightened, in great fear.*

περί-ειμι, verb, *surround, encompass.* (Compound of εἰμί, *sum.*)

περί-ειμι, verb, *go round.* (Compound of εἶμι, *ibo.*)

περι-έρχομαι, verb, *come round.*

περι-έχω, verb, *encompass.*

περι-ίστημι, verb, *place round;* but in mid. and pass., and in 2 aor. and perfect act., it is intransitive, *stand round, encircle.*

περι-λαμβάνω, verb, *encompass, catch.*

περι-μένω, verb, *wait.*

περι-οράω (fut. περιόψομαι), verb, *disregard, put up with, overlook.*

περι-πατέω, verb, *walk about.*

περι-πέμπω, verb, *send round.*

περι-πήγνυμι or -ύω, verb, *fix round;* in mid., *harden round.*

περι-πίπτω, verb, *fall in with.*

περι-πλέω, verb, *sail round.*

περι-ρ-ρέω, verb, *flow round.*

περι-σκοπέω, verb, *look round.*

περισσεύω, verb, *abound.*

περισσός, ή, όν, adj., *more than enough, excessive.* ἐκ περισσοῦ, *superfluously, unnecessarily.*

περιστερά, subst. f., *pigeon.*

περι-φέρω, verb, *carry about.*

περίφοβος, ον, adj. 2 term., *exceedingly terrified.*

περιχαρής, ές, adj. 2 term., *exceedingly glad.*

πεσ-, 2 aor. stem of πίπτω.

πέτομαι, verb, *fly.*

πέτρα, subst. f., *rock.*

πεύσομαι, fut. of πυνθάνομαι.

πέφασμαι, perf. pass. of φαίνω.

πη, adv., *in some way, in any way.*

πήγνυμι (1 aor. ἔπηξα), verb, *fix.*

πηδάω (fut. ήσω and -ήσομαι), verb, *spring, leap.*

πηξ-, fut. and 1 aor. stem of πήγνυμι.

πῆχυς (gen. -εως), subst. m., *cubit,* unit of measure roughly a foot and a half, or half a meter.

πιέζω (1 aor. ἐπίεσα), verb, *crush, press, oppress, press hard upon.*

πιθανός, ή, όν, adj., *persuasive, plausible.*

πίθηκος, subst. m., *monkey.*

πίθος, subst. m., *wine-jar.*

πῖλος, subst. m., *felt, felt-cap, felt-cuirass.*

πίμπλημι (1 aor. ἔπλησα), verb, *fill.*

πίμπρημι (fut. πρήσω), verb, *burn, set on fire.*

πίναξ (st. πινακ-), subst. m., *tablet.*

πίνω (fut. πίομαι, 2 aor. ἔπιον), verb, *drink.*

πίπτω (fut. πεσοῦμαι, 2 aor. ἔπεσον, perf. πέπτωκα), verb, *fall.*

πιστεύω, verb, *believe.*

πιστός, ή, όν, adj., *faithful, trusty.*

πίτυς (st. πιτυ-), subst. f., *pine-tree.*

πλαγ-, 2 aor. stem of the compounds of πλήσσω.

πλανάω (fut. -ήσω), verb, *mislead;* mid. and pass., *stray, wander.*

πλάσσω (1 aor. ἔπλασα), verb, *mould, make up.*

πλάτος (gen. -ους), subst. n., *breadth.*

πλεῖστος, η, ον, superl. of πολύς, *most.* τὸ πλεῖστον, *for the most part.*

πλεονέκτης, adj. 1 term., *covetous, greedy.*

πλέω (fut. πλεύσομαι, 1 aor. ἔπλευσα, perf. πέπλευκα), verb, *sail.*

πλέων, ον, comparative of πολύς, *more.*

πληγ-, 2 aor. pass. stem of πλήσσω.

πληγή, subst. f., *blow.*

πλῆθος (gen -ους), subst. n., *crowd, number, quantity, amount.*

πλήν, adv., *except.*

πληξ-, fut. and 1 aor. stem of πλήσσω.

πλήρης, ες, adj. 2 term., *full, full of.*

πληρόω (fut. ώσω), verb, *fill;* also, *man* (a ship).

πλησ-, fut. and 1 aor. stem of πίμπλημι.

πλησιάζω (fut. -άσω), verb, *approach.*

πλησίος, subst. m., *neighbor.*

πλησίον, adv., *near;* as subst. οἱ πλησίον, *one's neighbors.*

πλήσσω (fut. πλήξω, 2 aor. pass. ἐπλήγην), verb, *strike, wound.*

πλοῖον, subst. n., *vessel, boat.*

πλοῦς (gen. πλοῦ), subst. m., *voyage.*

πλούσιος, α, ον, adj., *rich.*

πλοῦτος, subst. m., *wealth.*

πνεῦμα (st. -ατ-), subst. n., *wind, breath.*

πνέω (1 aor. ἔπνευσα), verb, *breathe.*

πνῖγος (gen. -ους), subst. n., *heat.*

πνίγω (1 aor. ἔπνιξα), verb, *stifle, choke.*

ποδ-, stem of πούς.

πόθεν, adv., *whence? from where?* ποθεν, *from somewhere.*

ποῖ, adv., *whither?, to where?* ποι, *somewhither, to some place.*

ποιέω (fut. -ήσω), verb, *do, make;* mid., *make for oneself, hold, consider.*

ποίημα (st. -ατ-), subst. n., *poem.*

ποίησις (gen. -εως), subst. f., *poetry.*

ποιητής (gen. -οῦ), subst. m., *poet.*

ποιμήν (st. ποιμεν-), subst. m., *shepherd.*

ποίμνιον, subst. n., *flock.*

ποῖος, α, ον, adj., *what kind?* ποιός, ά, όν, *some kind.*

πολεμικός, ή, όν, adj., *warlike.* τὰ πολεμικά, *military matters.*

πολέμιος, α, ον, adj., *hostile;* as subst. m., *an enemy.*

πόλεμος, subst. m., *war.*

πολιορκέω (fut. -ήσω), verb, *besiege.*

πολιορκία subst. f., *siege.*

πόλις (gen. -εως), subst. f., *city, state.*

πολιτεία, subst. f., *constitution* (of a city or state).

πολίτης (gen. -ου), subst. m., *citizen, fellow-citizen.*

πολιτικός, ή, όν, adj., *public, civic.* τὰ πολιτικά, *state affairs.*

πολλάκις, adv., *often, many times.*

πολλαπλάσιος, α, ον, adj., *many times more.*

πολυδάπανος, ον, adj. 2 term., *extravagant.*

πολυειδής, ές, adj. 2 term., *various.*

πολυπραγμονέω (fut. ήσω), verb, *meddle.*

πολύς, πολλή, πολύ, adj., *many, much.* οἱ πολλοί, *most people, the most part.* πολλῷ and πολύ (with comparatives and superlatives), as adv., *by a great deal, far.*

πολυτελής, ές, adj. 2 term., *costly.*

πονηρός, ά, όν, adj., *wicked, evil.*

πονηρῶς, adv., *ill.* πονηρῶς ἔχειν, *be ill off, be in a wretched state.*

πόνος, subst. m., *toil, labor, work.*

πορεία, subst. f., *journey.*

πορεύω, verb, *convey;* in mid. and pass., *go, travel.*

πορθέω (fut. -ήσω), verb, *ravage.*

πορίζω (1 aor. ἐπόρισα), verb, *furnish;* mid., *procure, provide.*

πόρος, subst. m., *ford, passage.*

πόρρω, adv., *far.*

πορφυροῦς, ᾶ, οῦν, adj., *purple, red.*

πόσις (gen. -εως), subst. f., *drinking.*

πόσος, η, ον, adj., *how much?*

ποταμός, subst. m., *river.*

πότε, adv., *when?* ποτε, *once, ever.*

πότερος, α, ον, adj., *which* (of two). πότερον ... ἤ, *whether ... or.*

ποτήριον, subst. n., *cup.*

πότος, subst. m., *drinking.*

ποῦ, adv., *where?* που, *anywhere, somewhere, perhaps.*

πουλύπους (st. πουλοποδ-), subst. m., *cuttle-fish, polypus.*

ποῦς (st. ποδ-), subst. m., *foot.*

πρᾶγμα (st. -ατ-), subst. n., *deed, thing, affair.* πράγματα, *affairs,* but also, *trouble.*

πραγματεία, subst. f., *occupation, business.*

πραγματεύομαι, verb, *busy oneself about.*

πρᾶος, πρᾶον (or πραύς, εῖα, ύ), adj., *gentle.*

πράσσω (1 aor. ἔπραξα, pass. 1 aor. ἐπράχθην, perf. πέπραγμαι), verb, *do,* also, *fare.*

πρέπω, verb, *be fitting, be suitable, become, be proper.*

πρέσβεις. εων, plur. subst. m., *ambassadors.*

πρεσβύτερος, πρεσβύτατος, compar. and superl. adj., *older, eldest.*

πρεσβύτης (gen. -ου), subst. m., *old man.*

πρησ-, fut. and 1 aor. stem of πίμπρημι.

πριάμενος, πρίασθαι, 2 aor. part. and inf. of ὠνέομαι.

πρίν, adv., *before.* τὸ πρίν, *the past.*

πρό, prep., *before, for.*

προάστειον, subst. n., *suburb.*

προ-βαίνω, verb, *go on, advance.*

προβοσκίς (st. προβοσκιδ-), subst. f., *trunk* (of an elephant).

προ-βουλεύω, verb, *concert measures in advance.*

προ-γίγνομαι, verb, *happen before, be born first.*

προ-διδάσκω, verb, *teach beforehand.*

προ-δίδωμι, verb, *betray.*

προδοσία, subst. f., *treason.*

προ-ειδώς, perf. part. of πρό-οιδα, *forewarned of.*

πρό-ειμι, verb, *advance.* (Compound of εἶμι, *ibo.*)

προ-εξ-αν-άγω, verb. Mid., *put out to sea before.*

προ-εξ-έρχομαι, verb, *go out before.*

προ-έρχομαι, verb, *advance.*

προ-έχω, verb, *be superior.*

προ-θυμέομαι, verb, *be eager.*

προθυμία, subst. f., *zeal.*

πρόθυμος, ον, adj. 2 term., *eager.*

προθύμως, adv., *readily.*

προ-ίστημι, verb, *set before;* but in mid. pass. and 2 aor. and perf. act., *be at the head of.*

προ-καλέομαι, verb, *challenge.*

προ-κατα-λαμβάνω, verb, *seize beforehand, anticipate, preclude.*

προ-κατα-φεύγω, verb, *escape before.*

προ-λαμβάνω, verb, *get on ahead.*

προ-λείπω, verb, *fall short, fail.*

προ-πηδάω, verb, *spring forward.*

προ-πηλακίζω, verb, *abuse, treat with indignity.*

πρός, prep., 1. with gen., *from, by;* 2. with dat., *at, to, besides;* 3. with acc., *to, towards, in regard to, upon, with.*

προσ-άπτω, verb, *fasten to.*

προσ-βάλλω, verb, *attack.*

προσβολή, subst. f., *attack, assault.*

προσ-δέομαι, verb, *want.*

προσ-δέχομαι, verb, *accept, expect.*

προσ-δοκάω, verb, *expect.*

προσεδρεία, subst. f., *besieging, siege.*

πρόσ-ειμι, verb, *approach, advance.* (Compound of εἶμι, *ibo.*)

προσ-εῖπον (2 aor. with no present), verb, *address, accost, speak to.*

προσ-ελαύνω, verb, *ride up.*

προσ-έρχομαι, verb, *approach.*

προσ-ήκω, verb, *belong to, concern;* τὸ προσ-ῆκον, *one's due;* οἱ προσ-ήκοντες, *those of one's family.*

προσ-ηλόω, verb, *nail to.*

πρόσθεν, adv., *before, forwards, the front.*

προσ-καθ-έζομαι, verb, *sit down before (a stronghold).*

προσ-καλέω, verb, *summon, call.*

πρόσ-κειμαι, verb, *devote oneself to, be fond of.*

προσκεφάλαιον, subst. n., *cushion, pillow.*

προσ-κολλάω, verb, *stick to.*

προσ-κομίζω, verb, *bring.*

προσ-κυνέω, verb, *prostrate oneself before, do obeisance to.*

προσ-μίσγω, verb, *come in contact with.*

προσ-νέω, verb, *swim towards.*

πρόσοδος, subst. f., *revenue.*

προσ-ορμίζομαι, verb, *come to anchor near.*

προσ-πελάζω, verb, *approach.*

προσ-πίπτω, verb, *attack, fall down before.*

προσ-πλέω, verb, *sail up.*

προσ-ποιοῦμαι, verb, *claim, pretend.*

προσ-τάσσω, verb, *enjoin, order, appoint.*

προστάτης (gen. -ου), subst. m., *champion, leader.*

προσ-τρέχω, verb, *run up.*

προσ-φέρω, verb, *bring to.*

προσ-χωρέω, verb, *go over to.*

πρόσωπον, subst. n., *face.*

πρότερος, η, ον, comparat. adj., *before, beforehand.*

προ-τίθημι, verb, *expose, propose.*

προ-τιμάω, verb, *prefer.*

προ-τρέπω, verb, *persuade.*

πρότριτα, adv., *three days before.*

προφασίζομαι, verb, *set up as excuse.*

προ-φέρω, verb, *bring forward.*

προχοῦς (gen. -οῦ), subst. f., *pitcher.*

προ-χωρέω, verb, *go forward, go on, succeed.*

πρύμνα, subst. f., *stern (of a ship).*

πρυτανεῖον, subst. n., *town-hall.*

πρωΐ, adv., *early, in the morning.*

πρῶτος, η, ον, superlat. adj., *first, in the first place, noblest.*

πτερόν, subst. n., *wing.*

πτηνός, ή, όν, adj., *winged.*

πτωχός, subst. m., *beggar.*

πυθ-, 2 aor. stem of πυνθάνομαι.

πύλη, subst. f., *gate.*

πυνθάνομαι (fut. πεύσομαι, 2 aor. ἐπυθόμην, perf. πέπυσμαι), verb, *ascertain, hear, learn.*

πῦρ (st. πυρ-), subst. n., *fire.*

πυρά (gen. -ῶν), plur. subst. n., *watch-fires.*

πυρά (gen. -ᾶς), subst. f., *funeral pyre.*

πύργος, subst. m., *tower.*

πωλέω (fut. -ήσω), verb, *sell.*

πώλησις (gen. -εως), subst. f., *sale.*

πῶμα (st. -ατ-), subst. n., *potion.*

πῶς, adv., *how?* πως, *somehow, anyhow.*

ῥαγ-, 2 aor. pass. stem of ῥήγνυμι.

ῥᾴδιος, α, ον, adj., *easy.*

ῥᾳδίως, adv., *easily;* ῥᾳδίως φέρειν, *make light of.*

ῥαπίζω (fut. ῥαπίσω), verb, *thrash, beat, cudgel.*

ῥαφανίς (st. ῥαφανιο-), subst. f., *radish.*

ῥαψῳδός, subst. m., *minstrel, bard.*

ῥᾴων, ον, comparative of ῥᾴδιος.

ῥεῖθρον, subst. n., *stream.*

ῥέω (fut. ῥεύσομαι), verb, *flow.*

ῥήγνυμι (fut. ῥήξω, 1 aor. ἔρρηξα, 2 aor. pass. ἐρράγην, fut. pass. ῥαγήσομαι), verb, *break, burst, cleave asunder.*

ῥῆμα (st. ῥηματ-), subst. n., *saying.*

ῥηξ-, fut. and 1 aor. stem of ῥήγνυμι.

ῥῆσις (gen. -εως), subst. f., *expression, passage* (in an author).

ῥήτωρ (st. ῥητορ-), subst. m., *orator.*

ῥινόκερως (gen. -ω), subst. c., *rhinoceros.*

ῥίπτω (1 aor. ἔρριψα, pass. perf. ἔρριμμαι, 2 aor. ἐρρίφθην), verb, *throw.*

ῥίς (st. ῥιν-), subst. f., *nose.*

ῥοία, subst. f., *pomegranate.*

ῥόπαλον, subst. n., *club.*

ῥύμη, subst. f., *onset.*

ῥώμη, subst. f., *strength.*

ῥώννυμι (1 aor. ἔρρωσα, perf. pass. ἔρρωμαι, 1 aor. pass. ἐρρώσθην), verb, *strengthen.* Pass., *be strong, be well.*

σαίνω (1 aor. ἔσηνα), verb, *wag the tail, fawn upon.*

σάλπιγξ (st. σαλπιγγ-), subst. f. *trumpet.*

σαπρός, ά, όν, adj., *musty.*

σάπφειρος, subst. f., *lapis lazuli*, a blue gemstone.

σάρισα, subst. f., *pike* (a Macedonian word).

σάρξ (st. σαρκ-), subst. f., *flesh.*

σατραπεία, subst. f., *satrapy.*

σατράπης, subst. m., *satrap, viceroy.*

σβέννυμι (1 aor. ἔσβεσα, 2 aor. (intransitive) ἔσβην), verb, *quench, put out.* Pass., and 2 aor. act. *go out* (of fire).

σεισμός, subst. m., *earthquake.*

σεμνύνομαι, verb, *be proud, give oneself airs.*

σεμνῶς, adv., *solemnly.*

σηκός, subst. m., *enclosure, chapel.*

σῆμα (st. -ατ-), subst. n., *sign.*

σημαίνω (1 aor. ἐσήμηνα), verb, *give a sign, signal.*

σήμαντρον, subst. n., *seal.*

σημεῖον, subst. n., *sign, signal.*

σθένος (gen. -ους), subst. n., *strength*

σῖγα, adv., *silently.*

σιγάω (fut. -ησω), verb, *be silent, hold one's peace.*

σιγή, subst. f., *silence.*

σίδηρος, subst. m., *iron.*

σιδηροφορέω, verb, *habitually carry arms.*

σιμός, ή, ον, adj., *blunt.*

σιτέω, verb, *feed.* Pass., *eat, feed on, dine.*

σίτησις (gen. -εως), subst. f., *feeding, maintenance.*

σιτίον (mostly in plur.), subst. n., *food, victuals.*

σιτοδεία, subst. f., *scarcity of food.*

σῖτος, subst. m., *food.* (Plur. σῖτα.)

σιωπάω (1 aor. ἐσιώπησα), verb, *keep silence.*

σιωπή, subst. f., *silence;* σιωπῇ, *in silence.*

σκάφιον, subst. n., *trough.*

σκεδάννυμι (1 aor. pass. ἐσκεδάσθην), verb, *scatter.*

σκέλος (gen. -ους), subst. n., *leg.*

σκευάζω (fut. σκευάσω, perf. pass. ἐσκεύασμαι), verb, *prepare, dress up.*

σκεψ-, fut. and 1 aor. stem of σκοπέω.

σκηνή subst. f., *tent, booth.*

σκόλοψ (st. σκολοπ-), subst. m., *stake, pointed stick.*

σκοπέω (fut. σκέψομαι, 1 aor. ἐσκεψάμην), *look, see, look at, or after.*

σκοπός, subst. m., *mark.*

σκότος, subst. m., *dark, darkness.*

σκύλαξ (st. σκυλακ-), subst. m., *puppy.*

σκῦλα, subst. n. plur., *spoils.*

σκυτοτόμος, subst. m., *cobbler.*

σκώπτω (1 aor. ἔσκωψα), verb, *scoff at, mock, make fun of.*

σμικρός, ά, όν = μικρός.

σός, σή, σόν, possessive pron., *your (singular), thy, thine.*

σοφία, subst. f., *cleverness, skill, wisdom.*

σοφιστής (gen. οῦ), subst. m., *professor of science, sage.*

σοφιστικός, ή, όν, adj., *contentious, argumentative.*

σοφός, ή, όν, adj., *clever, skilled, wise.*

σπανίζω verb, *be in want of.*

σπαρ-, 2 aor. pass. stem of σπείρω.

σπαράσσω (fut. σπαράξω), verb, *tear, mangle.*

σπάρτον, subst. n., *rope, cord.*

σπασ-, fut. and 1 aor. stem of σπάω.

σπάω, verb, *draw, pull.*

σπείρω (fut. σπερῶ, 1 aor. ἔσπειρα, pass. 2 aor. ἐσπάρην, perf. ἔσπαρμαι), verb, *sow, plant.*

σπένδω (fut. σπείσω), verb, *pour.* In mid., *make a treaty, make a truce, agree.*

σπέρμα (st. -ατ-), subst. n., *seed.*

σπεύδω (fut. σπεύσω), verb, *be eager, be anxious to.*

σπονδή, subst. f., *libation.* In plur., *truce, treaty.*

σποράς (st. σποραδ-), adj. 1 term., *scattered.*

σπουδάζω (1 aor. ἐσπούδασα), verb *be busy, be zealous, pursue zealously.*

σπουδαῖος, α, ον, adj., *good.*

σπουδή, subst. f., *zeal, haste.*

στάδιον (plur. στάδιοι or στάδια) subst. n., *race-course;* also *stade,* a measure of distance, about 606 feet or 200 meters.

σταθμός, subst. m., *stall, resting station, stage* (of a journey).

στάς, στᾶσα, στάν, 2 aor. part of ἵστημι.

στασιάζω, verb, *quarrel, dispute, be at variance.*

στατήρ (st. -ηρ-), subst. m., *stater,* a gold coin worth a significant amount of money

σταυρός, subst. m., *palisade.*

στενόπορα, subst. n. plur., *narrow passes.*

στενός, ή, όν, adj., *narrow.*

στέργω (1 aor. ἔστερξα), verb, *be fond of.*

στερεότης (st. -ητ-), subst. f., *stiffness, hardness.*

στερίσκω or στερέω (1 aor. ἐστέρησα), verb, *rob, deprive.*

στέφανος, subst. m., *wreath.*

στεφανόω (1 aor. pass. ἐστεφανώθην, perf. pass. ἐστεφάνωμαι), verb, *crown.*

στήλη, subst. f., *grave-stone, pillar.*

στησ-, fut. and 1 aor. stem. of ἵστημι.

στοά, subst. f., *colonnade.*

στοῖχος, subst. m., *row, file.*

στολή, subst. f., *dress.*

στόμα (st. στοματ-), subst. n., *mouth.*

στορέννυμι, verb, *strew, lay out.*

στοχάζομαι (f. -άσομαι), verb, *aim at, take aim.* Governs gen.

στρατεία, subst. f., *expedition.*

στράτευμα (st. -ατ-), subst. n., *armament.*

στρατεύω, verb, *march.* Mid. and pass., *serve as a soldier.*

στρατηγέω, verb, *be general, lead.*

στρατηγία, subst. f., *command* (of an army).

στρατήγιον, subst. n., *general's tent.*

στρατηγός, subst. m., *general.*

στρατιά, subst. f., *army.*

στρατιώτης (gen. -ου), subst. m., *soldier.*

στρατοπεδεύομαι, verb, *encamp.*

στρατόπεδον, subst. n., *camp.*

στρατός, subst. m., *army.*

στραφ-, 2 aor. pass. stem of στρέφω.

στρεβλόω, verb, *screw up, distort, dislocate.*

στρέφω (fut. στρέψω, 1 aor. pass. ἐστρέφθην, 2 aor. pass. ἐστράφην, perf. pass. ἔστραμμαι), verb, *turn, twist.*

σύ (gen. σοῦ, acc. σέ), pron., *you (singular).*

συβώτης (gen. -ου), subst. m., *swineherd.*

συγγενής, ές, adj. 2 term., *akin.*

συγγνώμη, subst. f., *forgiveness;* συγγνώμην ἔχειν, *to excuse.*

συγ-γράφω, verb, *compose, compile, write.*

συγ-καθεύδω, verb, *sleep with.*

συγ-καλέω, verb, *call together.*

συγ-καλύπτω, verb, *wrap up.*

συγ-κατα-καίω, verb, *burn with.*

συγ-κλαίω, verb, *join in lamenting.*

συγ-χωρέω, verb, *agree to, allow.*

συλάω (fut. -ησω), verb, *despoil.*

συλ-λαμβάνω, verb, *seize,* also *assist, join in* (any undertaking).

συλ-λέγω, verb, *collect.*

συλλήβδην, adv., *all at once.*

σύλλογος, subst. m., *gathering.*

συμ-βαίνω, verb, *come to an agreement,* also *happen, befall.*

σύμβασις (gen. -εως), subst. f., *agreement.*

συμβολή, subst. f., *encounter.*

συμ-βουλεύω, verb, *advise, recommend.* In mid., *take counsel with.*

συμμαχία, subst. f., *alliance.*

συμ-μάχομαι, verb *fight on the side of.*

σύμμαχος, subst. m., *ally.*

συμ-μένω, verb, *keep together.*

σύμμετρος, ον, adj. 2 term., *close fitting, suitable.*

σύμπας, ασα, αν (st. συμπαντ-), adj., *all together, the whole at once.*

συμ-πέμπω, verb, *send with.*

συμ-πίπτω, verb, *encounter.*

συμπόσιον, subst. n., *drinking party.*

συμφορά, subst. f., *misfortune.*

σύν, prep., *with, together with, by the help of.*

συν-άγω, verb, *collect.*

συν-ᾴδω, verb, *accord with.*

συν-αθροίζω, verb, *gather together.*

συν-ακολουθέω, verb, *follow along with.*

συναμφότεροι, αι, α, adj. plur., *both together.*

συν-άπτω, verb, *join.*

συν-ειδώς, perf. part. of σύνοιδα, *conscious of, feeling guilty of.*

συν-εκ-φέρω, verb, *join a funeral.*

συν-επι-λαμβάνομαι, verb, *take part with.*

συν-έρχομαι, verb, *come together.*

συνετός, ή, όν, adj., *sagacious, intelligent.*

συνετῶς, adv., *cleverly.*

συν-έχω, verb, *hold together, seize.*

συνεχῶς, adv., *continually, constantly.*

συνηγορέω, verb, *advocate, be one's advocate.*

συνήθης, ες, adj. 2 term., *acquainted, habitual.* As subst., *an acquaintance.*

συνθήκη, subst. f., *agreement, covenant.*

σύνθημα (st. -ατ-), *signal, anything agreed upon.*

συν-θνήσκω, verb, *die with.*

συν-ίστημι, verb, *put together.* But in mid. pass. and perf. and 2 aor. act. it is intransitive, *come together.*

σύν-οιδα (defective perfect), verb, *be conscious of.*

συν-τίθημι, verb, *compose, agree upon, make an agreement.*

συν-τρίβω, verb, *knock together.*

σύντροφος, ον, adj. 2 term., *native.*

συ-σκευάζω, verb, *pack up.*

συ-σκοτάζω, verb. *grow dark.*

σύστασις, subst. f., *conflict.*

συχνά, adv., *often.*

σφαγ-, 2 aor. pass. stem of σφάζω.

σφαγή, subst. f., *throat.*

σφάζω (1 aor. ἔσφαξα, 2 aor. pass. ἐσφάγην), verb, *slaughter.*

σφεῖς, acc. σφᾶς, pron., *they, themselves.*

σφενδόνη, subst. f., *sling,* also *hoop* (of a ring).

σφέτερος, α, ον, adj., *their own.*

σφόδρα, adv., *very, exceedingly, vigorously.*

σφοδρός, ά, όν, adj., *violent, excessive.*

σφραγίζω (perf. pass. ἐσφράγισμαι), verb, *seal, seal up.*

σφραγίς (st. σφραγιδ-), subst. m., *signet, ring.*

σχεδόν, adv., *nearly.*

σχεῖν, 2 aor. inf. of ἔχω.

σχέσθαι, 2 aor. inf. mid. of ἔχω, also 2 aor. inf. of compounds of -ισχνέομαι.

σχῆμα (st. -ατ-), subst. n., *figure,* in plur., *gestures.*

σχολάζω (fut. -ασω), verb, *be at leisure.*

σχολαῖος, α, ον, adj., *slow.*

σχολαίτερος, comp. of σχολαῖος.

σχολαίως, adv., *leisurely, slowly.*

σχολή, subst. f., *leisure, spare time.* σχολῇ, as adv., *leisurely.*

σχόμενος, 2 aor. part. mid. of ἔχω, also 2 aor. part. of compounds of -ισχνέομαι.

σχών, 2 aor. part. of ἔχω.

σώζω (1 aor. ἔσωσα, perf. σέσωκα, pass. 1 aor. ἐσώθην, perf. σέσωσμαι), verb, *preserve, keep.* In pass. *escape.*

σῶμα (st. -ατ-), subst. n., *body.*

σωτηρία, subst. f., *safety.*

σωφρονίζω, verb, *control.*

σώφρων, ον, adj. 2 term., *discreet, temperate.*

ταγ-, 2 aor. stem of τάσσω.

ταθ-, 1 aor. stem of τείνω.

ταλαιπωρέομαι, verb, *be distressed.*

τάλαντον, subst. n., *talent,* a unit of weight or of money. It is about 60 pounds, so a talent of silver is worth something like $6,700 in today's money. But the purchasing power of a talent in the ancient world was far greater.

ταμ-, 2 aor. stem of τέμνω.

ταξίαρχος, subst. m., *commander* (of a brigade).

ταπεινός, ή, όν, adj., *low.*

ταράσσω (fut. ταράξω, 1 aor. pass. ἐταράχθην), verb, *trouble, disturb, disquiet.*

ταραχή, subst. f., *confusion.*

τάσσω (fut. τάξω, 1 aor. pass. ἐτάχθην), verb, *arrange, draw up.*

ταὐτό = τὸ αὐτό, *the same.*

ταφ-, 2 aor. and fut. pass. stem of θάπτω.

ταφή, subst. f., *funeral.*

τάφος, subst. m., *burial, tomb.*

ταχέως, adv., *quickly,* superl. τάχιστα, *most quickly.*

ταχθ-, 1 aor. stem of τάσσω.

τάχος (gen. -ους), subst. n., *speed.* διὰ τάχους, *with all speed.*

ταχύς, εῖα, ύ, adj., *quick, hasty.*

ταχυτής (st. -ητ-), subst. f., *speed.*

τε, conj., *both, and.*

τέγος (gen. -ους), subst. n., *roof.*

τέθνηκα, perf. of θνήσκω.

τέθραμμαι, perf. pass. of τρέφω.

τείνω (1 aor. ἔτεινα, pass. 1 aor. ἐτάθην, perf. τέταμαι), verb, *stretch*.

τειχίζω (1 aor. ἐτείχισα), verb, *fortify*.

τείχισμα (st. -ατ-), subst. n., *fort*.

τειχομαχέω, verb, *conduct sieges*.

τεῖχος (gen. -ους), subst. n., *wall, fort*.

τεκμήριον, subst. n., *token, proof*.

τεκ-, 2 aor. stem. of τίκτω.

τέκνον, subst. n., *child*.

τεκτονικός, ή, όν, adj., *skilled in building*. τεκτονική, as subst. f., *masonry, carpentry, etc.*

τελευτάω (fut. -ήσω), verb, *finish, end*, also (often) *die*.

τελευτή, subst. f., *end, death*.

τελέω (1 aor. ἐτέλεσα, perf. τετέλεκα), verb, *accomplish*.

τέλος (gen. -ους), subst. n., *end*, also as adv., *at last*.

τέμενος (gen. -ους), subst. n., *precincts*.

τέμνω (perf. τέτμηκα, 1 aor. pass. ἐτμήθην), verb, *cut*.

τέρας, subst. n., *portent, monster*.

τερατώδης, ες, adj. 2 term., *marvellous*.

τερπνός, ή, όν, adj., *agreeable, pleasant*.

τέρψις (gen. -εως), subst. f., *enjoyment*.

τεσσαράκοντα, numeral adj. indecl., *forty*.

τέσσαρες, α, numeral adj., *four*.

τέταγμαι, perf. pass. of τάσσω.

τέταμαι, perf. pass. of τείνω.

τέταρτος, η, ον, adj., *fourth*.

τέτμηκα, perf. of τέμνω.

τετραίνω (1 aor. ἔτρησα), verb, *pierce*.

τετρακόσιοι, αι, α, num. adj., *four hundred*.

τετραλογία, subst. f., *tetralogy*, series of four plays performed together as one playwright's entry in the tragic competition at Athens, not necessarily on the same subject.

τέτραμμαι, perf. pass. of τρέπω.

τετράπους, ουν (st. τετραποδ-), adj. 2 term., *four-footed*.

τέτριμμαι, perf. pass. of τρίβω.

τέτροφα, perf. of τρέφω.

τεύξομαι, fut. of τυγχάνω.

τέχνη, subst. f., *art, craft*.

τέχνημα (st. -ατ-), subst. n., *work of art*.

τέως, adv., *for a time, awhile*.

τήθη, subst. f., *grandmother*.

τήκω, verb, *melt*.

τηλικοῦτος, αύτη, οῦτο, adj., *so old*.

τηρέω (fut. -ήσω), verb, *keep*.

τήρησις (gen. -εως), subst. f., *guarding*.

τί, adv., *why?* also neut. of τίς, *what?*

τιάρα, subst. f., *tiara* (sort of tall peaked cap).

τίθημι (fut. θήσω, 1 aor. ἔθηκα, 2 aor. part. θείς), verb, *place, lay down*.

τίκτω (2 aor. ἔτεκον), verb, *beget, bear* (children).

τιμάω (fut. -ήσω), verb, *honor, value, esteem*.

τιμή, subst. f., *honor*.

τίμιος, α, ον, adj., *precious, honorable*.

τιμωρέω (fut. -ήσω), verb, *help*. Mid. *punish, take revenge on, be punished*.

τιμωρία, subst. f., *vengeance, revenge*, also *punishment*.

τίνω (fut. τίσω), verb, *pay, render*.

τίς, τί, pron., *who? which? what?* τις, *a certain one, some one, any one;* τι, *some, any, something, anything*.

τιτρώσκω (1 aor. ἔτρωσα), verb, *hurt, wound*.

τοι, particle, *so, yet*.

τοιγαροῦν, conj., *well then, accordingly*.

τοίνυν, conj., *so*.

τοιόσδε, τοιάδε, τοιόνδε, pronom. adj., *such, such as follows*.

τοιοῦτος, τοιαύτη, τοιοῦτο, pronom. adj., *such.*

τολμάω (fut. -ήσω), verb, *dare, venture to.*

τολμηρός, ά, όν, adj., *daring.*

τολμηρῶς, adv., *boldly.*

τόνος, subst. m., *tone.*

τοξεύω, verb, *shoot.*

τόξον, subst. n., *bow.*

τοξότης (gen. -ου), subst. m., *archer.*

τόπος, subst. m., *place.*

τοσόσδε, τοσήδε, τοσόνδε, pronom. adj., *so great, so much.*

τοσοῦτος, τοσαύτη, τοσοῦτο, pronom. adj., *so great, as great, so much, as much.*

τότε, adv., *then, at that time.*

τραγῳδοποιός, subst. m., *tragedian, tragic poet.*

τραπ-, 2 aor. stem of τρέπω.

τράπεζα, subst. f., *table.*

τραπεζίτης (gen. -ου), subst. m., *banker.*

τραῦμα (st. τραυματ-), subst. n., *wound, hurt.*

τραυματίζω, (fut. τραυματίσω), verb, *wound.*

τραφ-, 2 aor. pass. stem of τρέφω.

τράχηλος, subst. m., *neck.*

τραχύς, εῖα, ύ, adj., *rough, rugged.*

τρεῖς, τρία, num. adj., *three.*

τρέμω, verb, *tremble.*

τρέπω (1 aor. ἔτρεψα, pass. 1 aor. ἐτρέφθην, perf. τέτραμμαι), verb, *turn, put to flight.* Mid. and pass., *betake oneself.*

τρέφω (1 aor. ἔθρεψα, perf. τέτροφα, pass. 2 aor. ἐτράφην, perf. τέθραμμαι), verb, *breed, rear.*

τρέχω, (2 aor. ἔδραμον, fut. δραμοῦμαι or θρέξομαι), verb, *run.*

τριάκοντα, num. adj. indecl., *thirty.*

τριακόσιοι, num. adj., *three hundred.*

τρίβω (fut. τρίψω), verb, *rub, pound, bruise.*

τριήρης (gen. -ους), subst. f., *trireme, ship with three banks of oars.*

τρίπηχυς, υ, adj. 2 term., *of three cubits' height* or *length.*

τρίς, adv., *three times.*

τρίτος, η, ον, adj., *third.* τρίτον, as adv., *thirdly.*

τριχ, stem. of θρίξ.

τρόπαιον, subst. n., *trophy,* pile of spoils set up to mark the spot where the enemy have turned to flee; see τροπή.

τροπή, subst. f., *rout, flight.*

τρόπος, subst. m., *manner, fashion.*

τροφή, subst. f., *food, rearing.*

τροφός, subst. c., *nurse.*

τρύβλιον, subst. n., *bowl.*

τρυγάω (fut. -ήσω), verb, *gather the vintage.*

τρυφερός, ά, όν, adj., *luxurious.*

τρυφερῶς, *luxuriously.*

τρυφερώτερος, τατος, comparat. and superl. of τρυφερός.

τρύφη, subst. f., *luxury.*

τρύχω, verb, *wear away, tire.*

τρώγω (fut. τρώξομαι), verb, *gnaw.*

τρωκτά, plur. subst. n., *dessert, sweetmeats, candy.*

τρωσ-, fut. and 1 aor. stem of τιτρώσκω.

τυγχάνω (fut. τεύξομαι, 2 aor. ἔτυχον, perf. τετύχηκα), verb, *happen,* with participles, also *hit* (a mark), with genitive.

τύμβος, subst. m., *tomb.*

τύπτω, verb, *strike, hit.*

τυρός, subst. m., *cheese.*

τυφλός, ή, όν, adj., *blind.*

τυχ-, 2 aor. stem of τυγχάνω.

τύχη, subst. f., *chance, fortune.* κατὰ τύχην, *by chance.*

ὑβρίζω (1 aor. ὕβρισα, perf. pass. ὕβρισμαι), verb, *outrage, insult, behave outrageously.*

ὕβρις (gen. -εως), subst. f., *violence, insult, insolence.*

ὑγιής, ές, adj., 2 term., *healthy, sound.*

ὑδατ-, stem of ὕδωρ.

ὑδάτιον, subst. n., *streamlet, rivulet.*

ὑδρία, subst. f., *water-bucket.*

ὕδωρ (st. ὑδατ-), subst. n., *water.*

ὑετός, subst. m., *rain, storm.*

ὑϊδοῦς, (gen. -οῦ), subst. m., *grandson.*

υἱός, subst. m., *son.*

ὑλακτέω (fut. -ήσω), verb, *bark.*

ὕλη, subst. f., *wood.*

ὑλώδης, ες, adj., 2 term., *woody.*

ὑμεῖς, plur. of σύ, *you (plural).*

ὑμέτερος, α, ον, pronom. adj., *your, yours.*

ὑμνέω (fut. -ήσω), verb, *sing of.*

ὑπ-άγω, verb, *bring.*

ὑπ-ακούω, verb, *listen, answer,* also *obey.*

ὑπ-αλείφω, verb, *anoint.*

ὑπ-άρχω, verb, *be.*

ὑπέρ, prep., 1. with gen. *on behalf of, for the sake of;* 2. with acc. *beyond.*

ὑπέραισχρος, adj., *exceedingly ugly.*

ὑπερ-βαίνω, verb, *overflow, exceed.*

ὑπερ-βάλλω, verb, *outdo, surpass.*

ὑπερ-εκ-πλήσσω, verb, *astonish beyond measure.*

ὑπερ-έχω, verb, *surpass, excel.*

ὑπερ-ήδομαι, verb, *be beyond measure delighted.*

ὑπερηφανία, subst. f., *arrogance.*

ὕπερθε, ὕπερθεν, adv., *from above, over.*

ὑπερμεγέθης, ες, adj., 2 term., *enormous.*

ὑπερφέρω, verb, *carry over.*

ὑπερφυῶς, adv., *excessively, wonderfully.*

ὑπ-εσχόμην, 2 aor. of ὑπισχνέομαι.

ὑπήκοος, ον, adj., 2 term., *subject, obedient.*

ὑπηρετέω (fut. ήσω), verb, *serve.*

ὑπηρέτης (gen. -ου), subst. m., *servant.*

ὑπισχνέομαι (2 aor. ὑπεσχόμην), verb, *undertake.*

ὑπό, prep., 1. with gen. *by, owing to;* 2. with dat. *under;* 3. with acc. *under,* also *towards.*

ὑπο-βάλλω, verb, *put under.*

ὑπόγειος, ον, adj., 2 term. *underground.*

ὑπο-δύνω, verb, *slip in under.*

ὑπόκρισις (gen. -εως), subst. f., *elocution, delivery.*

ὑποκριτής (gen. -οῦ), subst. m., *actor.*

ὑπο-λαμβάνω, verb, *reply, take up.*

ὑπο-λείπω, verb, *leave behind,* pass. *lag behind.*

ὑπο-μένω, verb, *endure, put up with, support.*

ὑπο-μιμνήσκω, verb, *remind.*

ὑπο-νοέω, verb, *suspect.*

ὑπο-πέμπω, verb, *send secretly.*

ὑπο-σκελίζω, verb, *trip up, upset.*

ὑπόσπονδος, ον, adj., 2 term., *under treaty.*

ὑπο-τελέω, verb, *pay.*

ὑπουργέω, verb, *serve.*

ὑπο-χωρέω, verb, *retire.*

ὑποψία, subst. f., *suspicion.*

ὕπτιος, α, ον, adj., *on one's back, turned upside down.*

ὗς, subst. c., *boar, pig.*

ὑστεραῖος, α, ον, adj., *following.* τῇ ὑστεραίᾳ, *next day.*

ὑστερέω (fut. -ήσω), verb, *come short of.*

ὕστερος, α, ον, comparat. adj., *after, behind.* ὕστερον, as adv., *afterwards, behind.*

ὑψηλός, ή, όν, adj., *high.*

ὕψος (gen. -ους), subst. n., *height.*

φαγ-, 2 aor. stem of ἐσθίω.

φαίνω (fut. φανῶ, 1 aor. ἔφηνα, pass. 2 aor. ἐφάνην, perf. πέφασμαι), verb, *show.* Mid. and pass., *appear.*

φαλάγγιον, subst. n., *venomous spider.*

φάλαγξ (st. φαλαγγ-), *phalanx* (i.e. deep column or square of infantry).

φαν-, 2 aor. and fut. stem of φαίνω.

φανερός, ά, όν, adj., *visible, conspicuous, evident.*

φανερῶς, adv., *openly, evidently.*

φάρμακον, subst. n., *drug, medicine, cure,* also *poison.*

φασί, 3rd. pers. plur. of φημί.

φάσκω, verb, *say, allege* (especially used of untrue statements).

φάτνη, subst. f., *manger.*

φαῦλος, η, ον, adj., *vulgar, paltry, mean.*

φειδίτιον, subst. n., *public meal* (at Sparta).

φείδομαι (fut. φείσομαι), verb, *spare, be over-careful of.*

φενακίζω (fut. φενακίσω), verb, *cheat.*

φέρω (1 aor. ἤνεγκα, 2 aor. ἤνεγκον), verb, *bear, bring, carry, lead.*

φεύγω (fut. φεύξομαι, 2 aor. ἔφυγον), verb, *flee,* also *be prosecuted.* **φεύγειν δίκην**, *be put on trial.*

φήμη, subst. f., *rumor, report.*

φημί (2 aor. ἔφην), verb, *say.*

φθάνω (1 aor. ἔφθασα, 2 aor. ἔφθην), verb, *anticipate, do anything before another;* thus ἔφθη, ἀποδράς, *he ran away before,* implying "before he could be seized," φθάνουσιν ἐρχόμενοι εἰς τὴν πόλιν, *they come first to the city,* etc.

φθαρ-, 2 aor. pass. stem of φθείρω.

φθέγγομαι (1 aor. ἐφθεγξάμην), verb, *utter, shout.*

φθείρω (fut. φθερῶ. Pass. perf. ἔφθαρμαι, 2 aor. ἐφθάρην), verb, *spoil, waste, destroy, kill.*

φθονέω (fut. -ήσω), verb, *envy, grudge, be jealous, spite.*

φιάλη, subst. f., *cup.*

φιλάνθρωπος, ον, adj. 2 term., *humane, kind.*

φιλανθρώπως, adv., *kindly.*

φιλάργυρος, ον, adj. 2 term., *avaricious.*

φιλέω (fut. -ήσω), verb, *love,* also *be wont to.*

φιλία, subst. f., *friendship.*

φιλικῶς, adv., *in a friendly way, as a friend.*

φιλόδωρος, ον, adj. 2 term., *munificent, fond of making presents.*

φιλόκαλος, ον, adj. 2 term., *fond of beautiful things.*

φιλοκέρδεια, subst. f., *love of gain.*

φιλοπαίσμων, ον, adj. 2 term., *fond of a joke.*

φιλοπονία, subst. f., *industry.*

φιλόπονος, ον, adj. 2 term., *industrious, diligent.*

φίλος, η, ον, adj., *loved, dear;* as subst. m., *friend.*

φιλοσοφέω (fut. -ήσω), verb, *study philosophy.*

φιλόσοφος, ον, adj. 2 term., *philosophical;* as subst. m., *philosopher.*

φιλοσοφώτερος, α, ον, compar. of φιλόσοφος.

φιλοτιμέομαι (fut. -ήσομαι), verb, *vie, contend* (for some honor).

φιλοφρόνως, adv., *kindly.*

φιλοψυχέω, (fut. -ήσω), verb, *value one's life.*

φίλτατος, η, ον, superl. of φίλος.

φλέγω (1 aor. ἔφλεξα), verb, *burn, blaze.*

φλόξ (st. φλογ-), subst. f., *flame.*

φλυαρέω (fut. -ήσω), verb, *talk nonsense.*

φλυαρία, subst. f., *nonsense, absurdity.*

φοβερός, ά, όν, adj., *fearful.*

φοβέομαι (1 aor. ἐφοβήθην), verb, *fear, be frightened.*

φόβος, subst. m., *fear.*

φονεύω, verb, *massacre, butcher.*

φόνος, subst. m., *murder, slaughter.*

φορέω (fut. -ήσω), verb, *carry, wear.*

φόρος, subst. m., *tribute.*

φορτικός, ή, όν, adj., *vulgar, common, paltry.*

φορτίον, subst. n., *load.*

φράζω (1 aor. ἔφρασα), verb, *tell.*

φρονέω (fut. -ήσω). *think, be minded, be disposed* (ill, well, etc.).

φροντίζω (1 aor. ἐφρόντισα), verb, *think.*

φρουρά, subst. f., *guard.*

φρούραρχος, subst. m., *commandant, commander* (of a guard).

φρουρέω (fut. -ήσω), verb, *keep guard, watch.*

φρούριον, subst. n., *fort.*

φρυάσσομαι, verb, *neigh.*

φρυκτωρέω (fut. -ήσω), verb, *signal.*

φυγ-, 2 aor. stem of φεύγω.

φυλακή, subst. f., *guard, garrison.*

φύλαξ (st. φυλακ-), subst. m., *guard, keeper.*

φυλάσσω (fut. φυλάξω), verb, *watch, guard, keep.* Mid., *defend oneself.*

φυλή, subst. f., *tribe.*

φυσικός, ή, όν, adj., *physical, natural.*

φύσις (gen. -εως), subst. f., *nature.*

φυτεύω (1 aor. ἐφύτευσα), verb, *plant.*

φυτόν, subst. n., *plant.*

φύω (2 aor. ἔφυν, perf. πέφυκα), *produce.* But in mid. and pass. and 2 aor. and perf. act., *be born.*

φωνέω (fut. -ήσω), verb, *utter.*

φωνή, subst. f., *voice, utterance.*

φώρ (st. φωρ-), subst. m., *thief.*

φωράω (1 aor. pass. ἐφωράθην) verb, *detect.*

φῶς (st. φωτ-), subst. n., *light.*

χαίρω (fut. χαιρήσω, 2 aor. ἐχάρην), verb, *rejoice, be pleased.* Part. χαίρων sometimes means *with impunity,* (lit. *rejoicing*). Also (esp. in infin. χαίρειν, and imperat. χαῖρε), used in salutations, *hello!* χαίρειν κελεύω, *bid farewell,* or *bid welcome.*

χαλεπαίνω (1 aor. pass. ἐχαλεπάνθην), verb, *enrage.*

χαλεπός, ή, όν, adj., *hard, harsh, angry, hard to bear, grievous.*

χαλεπότης (st. -ητ-), subst. f., *ruggedness.*

χαλεπῶς, adv., *roughly, hardly.*

χαλκός, subst. m., *brass, copper.*

χαλκοῦς, ῆ, οῦν, adj., *brazen, copper.*

χαράδρα, subst. f., *torrent,* also *bed of a torrent, ravine.*

χάραξ (st. χαρακ-), subst. m., *vinepole.*

χαρ-, 2 aor. stem of χαίρω.

χαρίζομαι, verb, *compliment, present, gratify.*

χάρις (st. χαριτ-), subst. f., *thanks, gratitude, favor.*

χάσμα (st. χασματ-), subst. n., *chasm.*

χαῦνος, η, ον, adj., *vain.*

χεῖλος (gen. -ους), subst. n., *lip,* also *edge, brim.*

χειμών (st. χειμων-), subst. m., *winter.*

χείρ (st. χειρ- and χερ-), subst. f., *hand.*

χειροτονέω (fut. -ήσω), verb, *elect.*

χελιδών (st. χελιδον-), subst. f., *swallow.*

χήν (st. χην-), subst. f., *goose.*

χθές, adv., *yesterday.*

χιλίαρχος, subst. m., *captain of a thousand.*

χίλιοι, αι, α, num. adj., *thousand.*

χιτών (st. χιτων-), subst. m., *shirt.*

χλαῖνα, subst. f., *cloak, coat.*

χοιροκομεῖον, subst. n., *sty* (for pigs).

χοῖρος, subst. m., *pig.*

χορεύω, verb, *dance.*

χράομαι (fut. χρήσομαι), verb, *use, experience, enjoy,* also *consult* (oracles, etc.) Governs dat.

χρεία, subst. f., *need.*

χρέος (gen. -ους), subst. n., *debt.*

χρή (impf. ἐχρῆν and χρῆν, inf. χρῆναι), verb (impersonal), *it is right, one ought, one should.*

χρῄζω, verb, *want, require.*

χρῆμα (st. χρηματ-), subst. n., *thing.* In plur. *goods, money.*

χρηματίζομαι, verb, *negotiate, bargain, do business.*

χρηματοφθορικός, όν, adj. 2 term., *extravagant, wasteful.*

χρησ-, fut. and 1 aor. stem of χράομαι.

χρήσιμος, η, ον, adj., *serviceable, fit.*

χρησμολόγος, subst. m., *soothsayer.*

χρησμός, subst. m., *oracle.*

χρόνος, subst. m., *time.*

χρυσός, subst. m., *gold.*

χρυσοῦς, ῆ, οῦν, adj., *golden.*

χρῶμα (st. χρωματ-), subst. n., *color.*

χώνη, subst. f., *funnel, pipe.*

χώρα, subst, f., *country.*

χωρέω (fut. -ήσω), verb, *withdraw, advance, proceed,* also *hold, contain.*

χωρίζω, verb, *separate.*

χωρίον, subst. n., *place, stronghold.*

χωρίς, prep., *apart from.*

ψάμαθος, subst. f., *sand.*

ψέγω, verb, *blame, find fault with.*

ψευδής, ές, adj., *false,* as subst. ψευδής, m., *liar;* ψευδῆ, n., *falsehoods.*

ψεύδομαι (1 aor. ἐψευσάμην, perf. ἔψευσμαι), verb, *lie, tell falsehoods.*

ψεῦδος (gen. -ους), subst. n., *lie, falsehood.*

ψευδῶς, adv., *falsely.*

ψηφίζομαι (1 aor. ἐψηφισάμην), verb, *vote for.*

ψῆφος, subst. f., *vote* (literally *pebble,* since these were used in voting).

ψοφέω (fut. -ήσω), verb, *sound.*

ψυχή, subst. f., *soul, life.*

ψυχρός, ά, όν, adj., *cold.*

ὦ, interj. used with vocatives, like *O,* but used much more often, and does not have the connotation of formality or literary language like English *O.*

ὧδε, adv., *thus, so, as follows.*

ᾠδικός, ή, όν, adj., *singing.*

ὠθέω (1 aor. ἔωσα, perf. pass. ἔωσμαι), verb, *thrust.*

ὠλόμην, 2 aor. mid. of ὄλλυμι.

ᾤμην, imperf. of οἴομαι (3d pers. ᾤετο).

ὦμος, subst. m., *shoulder.*

ὠμότης (st. -ητ-), subst. f., *ferocity.*

ὠμῶς, adv., *savagely, cruelly.*

ὠνέομαι (2 aor. ἐπριάμην), verb, *buy.*

ὠνόμασμαι, perf. pass. of ὀνομάζω.

ωρα, subst. f., *time.*

ὡραῖος, α, ον, adj., *ripe.*

ὠρεξάμην, 1 aor. of ὀρέγομαι.

ὡς, 1. adv., *as,* also (strengthening a superlative) *as much as possible;* ὡς τάχιστα, *as quickly as possible,* etc.; 2. conj., *that,* for example introducing indirect statement; 3. prep., *to.*

ὡσεί, *as though.*

ὥσπερ, *just as.*

ὥστε, conj., 1. with infin., *so as, as;* 2. with finite moods, *so that, that.*

ὤτρυνα, 1 aor. of ὀτρύνω.

ὠφέλεια, subst. f., *help.*

ὤφελον, 2 aor. of ὀφείλω.

ὠφέλιμος, η, ον, adj., *advantageous, to one's profit.*

ᾠχόμην, imperf. of οἴχομαι.

Vocabulary of Proper Names

Ἄβαρις, m., *Abaris.*

Ἀγκαῖος, m., *Ancaeus.*

Ἄγχουρος, m., *Anchurus.*

Ἄιδης, m., *Hades,* god of the Dead. ἐν Ἄιδου, in the place of Hades, i.e. *in the world below.*

Ἀθηνᾶ, f., *Athena,* a goddess (Latin Minerva).

Ἀθῆναι, f. pl., *Athens.* Ἀθήναζε (i.e. Ἀθήνασ-δε), adv., *to Athens.*

Ἀθηναῖος, α, ον, adj., *Athenian.*

Αἴγινα, f., *Aegina,* an island between Attica and Peloponnesus.

Αἴγυπτος, f., *Egypt.*

Αἰγύπτιος, α, ον, adj., *Egyptian.*

Αἰθίοψ, m., *Ethiopian.*

Ἀκραῖον λέπας, n., *the Acraean rock.*

Ἀλέξανδρος, m., *Alexander,* called the Great, king of Macedon, the conqueror of Persia.

Ἀλθαία, f., *Althaea.*

Ἄλκανδρος, m., *Alcander.*

Ἀλκιβιάδης, m., *Alcibiades,* a brilliant but unprincipled Athenian statesman.

Ἀλκίδας, m., *Alcidas.*

Ἀμφίπολις, f., *Amphipolis,* a town in Thrace.

Ἄναπος, m., *the Anapus,* a river in Sicily.

Ἀνάχαρσις, m., *Anacharsis.*

Ἀννίβας, m., *Annibal.*

Ἄννων, m., *Anno.*

Ἀντίγονος, m., *Antigonus,* king of all the southwest provinces of Asia.

Ἀπίκιος, m., *Apicius.*

Ἀπόλλων, m., *Apollo,* god of poetry, music, and the arts generally: regarded also as inspiring prophecy.

Ἀργεῖος, α, ον, adj., *Argive.*

Ἄρης, m., *Ares,* god of War (Latin Mars).

Ἀριστοτέλης, m., *Aristotle.*

Ἀρταξέρξης, m., *Artaxerxes.*

Ἄρτεμις, f., *Artemis,* a goddess (Latin Diana).

Ἀσία, f., *Asia.*

Ἀσσίναρος, m., *the Assinarus,* a river in Sicily.

Ἀταλάντη, f., *Atalanta.*

Ἀτλαντικός, ή, όν, adj., *Atlantic.*

Ἀττικός, ή, όν, adj., *Attic.* ἡ Ἀττική, f., *Attica,* the district in Greece in which Athens is situated.

Ἀχαία, f., *Achaea,* district in the north of Peloponnesus.

Βαγώας, m., *Bagoas.*

Βελλεροφόντης, m., *Bellerophon,* a legendary hero of Corinth.

Βοιωτία, f., *Boeotia,* district lying northwest of Attica.

Βοιωτός, m., *Boeotian.*

Βούσιρις, m., *Busiris.*

Βρασίδας, m., *Brasidas,* one of the bravest and best Spartan generals.

Βρέννος, m., *Brennus.*

Βυζάντιον, n., *Byzantium* (the modern Constantinople).

Γαλατής, m., *Gaul* (inhabitant of Gaul, now France, or of Galatia in Asia Minor).

Γεσελήρ, m., *Geseler,* Gessler.

Γύγης, m., *Gyges.*

Δαρεῖος, m., *Darius,* the name of three among the kings of Persia.

Δελφοί, m. plur., *Delphi,* a town in North Greece with a famous temple and oracle of Apollo.

Δήλιον, n., *Delium,* a town in Boeotia.

Δημήτηρ, f. *Demeter,* a goddess (Latin Ceres).

Δημήτριος, m., *Demetrius.*

Δημοσθένης, m., *Demosthenes,* an Athenian, one of the most celebrated orators in the world.

Δημοφῶν, m., *Demophon.*

Διάσια, n. plur., *the Diasia* (a festival of Zeus).

Διά, Διΐ, Διός, acc. dat. and gen. of Ζεύς.

Διογένης, m., *Diogenes,* a philosopher.

Διόδωρος, m., *Diodorus,* a contemporary of Julius Caesar, author of a sort of "Universal History," a great traveller and student.

Διονύσια, m., *the Dionysia* (a festival of Dionysus at which dramatic entertainments were given by the State).

Διόνυσος, m., *Dionysus,* god of Wine (Latin Bacchus).

Διότιμος, m., *Diotimus.*

Διώξιππος, m., *Dioxippus.*

Δράβησκος, m., *Drabescus,* a town in Thrace.

Δρίμακος, m., *Drimacus.*

Δωρίας, m., *Doria,* a famous admiral of Genoa in the sixteenth century AD.

Εἵλως, m., *Helot.* The Helots were a people of Laconia, who had been reduced to slavery by the Spartan invaders of that country, and were treated with great contempt and harshness by their masters.

Ἐλευσίς, *Eleusis,* a village in Attica.

Ἑλλάς, f., *Hellas = Greece.*

Ἕλλην, m., *Greek.*

Ἑλληνικός, ή, όν, adj., *Grecian.* **ἡ Ἑλληνική** = Ἑλλάς.

Ἑλωρινός, η, ον, adj., *leading to Helorus.* ἡ Ἑλ. ὁδός, *the Helorus road.*

Ἐννέα Ὁδοί, f. plur., *Nine Roads,* name of a town (cf. our English names, Nine Elms, Seven Oaks, Three Bridges, etc.).

Ἐπαμεινώνδας, m., *Epaminondas,* a brilliant Theban commander, defeated the Spartans at Leuctra, and again at Mantinea, where he fell in the moment of victory.

Ἐπίχαρμος, m., *Epicharmus,* a Sicilian comic playwright and philosopher, late 6th-early 5th century.

Ἐρινεός, m., *Erineiis,* a river in Sicily.

Ἑρμῆς, m., *Hermes,* a god (Latin Mercurius, Mercury).

Ἑρμοκράτης, m., *Hermocrates.*

Εὐρυδίκη, f., *Eurydice.*

Εὐρυμέδων, m., *Eurymedon.*

Εὐρώπη, f., *Europe.*

Ἔφεσος, f., *Ephesus,* a city of Asia Minor.

Ἐχινάδες, f. plur., *the Echinades,* small islands of North Greece, at the mouth of the river Achelous.

Ζεύς, m., *Zeus,* the king of gods (Latin Jupiter).

Ζώπυρος, m., *Zopyrus.*

Ἥλιος, m., *the Sun* (personified).

Ἠλύσιον, n., *Elysium,* the place of the happy dead.

Ἡραῖον, n., *temple of Hera* (Hera was wife of Zeus, Latin Juno).

Ἡρακλῆς, m., *Heracles,* a demigod (Latin Hercules)

Θαλῆς, m., *Thales,* of Miletus, a very early and celebrated philosopher, mathematician, and astronomer; reckoned as chief of the "Seven Sages" of Greece.

Θαμοῦς, m., *Thamus.*

Θάνατος, m., *Death* (personified).

Θάσιος, α, ον, adj., *Thasian.*

Θάσος, f., *Thasus,* an island off the coast of Thrace.

Θεαγένης, m., *Theagenes.*

Θεμιστοκλῆς, m., *Themistocles,* a famous Athenian general and statesman.

Θεσσαλός, m., *Thessalian.*

Θῆβαι, f. plur., *Thebes,* chief town of Boeotia.

Θηβαῖος, α, ον, adj., *Theban.*

Θράκη, f., *Thrace.*

Θρᾷξ, m., *Thracian.*

Θουκυδίδης, m., *Thucydides,* an Athenian, author of a history of the Peloponnesian war. Lord Macaulay calls the seventh book of this work "the *ne plus ultra* of human art."

Ἰάφαρος, m., *Jaffar.*

Ἰθώμη, f., *Ithome,* a mountain fortress in Messenia.

Ἰνδικός, ή, όν, adj., *Indian.* ἡ Ἰνδική, *India.*

Ἰνδός, m., *Indian.*

Ἰνησσαῖος, m., *Inessaean* (Inessa is a town of Sicily).

Ἱπποκράτης, m., *Hippocrates.*

Ἰστώνη, f., *Istone,* mountain in Corcyra.

Ἰταλία, f., *Italy,*

Ἰφίκλης, m., *Iphicles.*

Ἴων, m., *Ionian.*

Ἰωάννης, m., *John.*

Κακύπαρις, m., *the Cacyparis,* a river in Sicily.

Κάλανος, m., *Calanus.*

Καλλικλῆς, m., *Callicles.*

Καλυδών, m., *Calydon,* a district of north Greece.

Καμάρινα, f., *Camarina,* a town of Sicily.

Καμεράριος, m., *Camerarius,* humanist scholar, 1500-1574

Κάρ, m., *Carian* (native of Caria in Asia Minor).

Καρχηδόνιος, α, ον, adj., *Carthaginian.*

Καρχηδών, f., *Carthage* (in Africa).

Καύκασος, m., *Caucasus,* a mountain range east of the Black Sea.

Κελαινός, f., *Celacnus.*

Κελεός, m., *Celeus.*

Κέρκυρα, f., *Corcyra,* large island off North Greece, modern *Corfu.*

Κερκυραῖος, α, ον, adj., *Corcyracan.*

Κητεύς, m., *Ceteus.*

Κίμων, m., *Cimon,* a distinguished Athenian.

Κιχώριος, m., *Cichorius.*

Κοῖρανος, m., *Coeranus.*

Κόραγος, m., *Coragus.*

Κορίνθιος, α, ον, adj., *Corinthian.*

Κότυς, m., *Cotys.*

Κράσσος, m., *Crassus,* a Roman, celebrated for his wealth and cupidity.

Κυκλάδες, f. plur., *the Cyclades,* islands in the Aegaean sea.

Κύλων, m., *Cylon.*

Κύπρος, f., *Cyprus,* large island between Asia Minor and Egypt.

Λακεδαιμόνιος, α, ον, adj., *Lacedaemonian.*

Λακεδαίμων, f., *Lacedaemon,* a city of Peloponnesus, also called *Sparta.*

Λακωνικός, ή, όν, adj., *Laconian.* ἡ
Λακωνική, *Laconia.* (Laconia is the
district of which Lacedaemon is the
chief town).

Λευκίμμη, f., *Leucimme,* promontory in
Corcyra.

Λητώ, f., *Latona,* mother of Apollo and
Artemis.

Λιβύη, f., *Africa* (strictly, Libya is the coast
country west of Egypt).

Λίβυς, m., *African.*

Λυδία, f., *Lydia,* a country of Asia Minor.

Λυκοῦργος, m., *Lycurgus,* a half-fabulous
Spartan hero and lawgiver; he was
considered the inventor and author of
the whole Spartan constitution, but it is
clear that his achievements have been
(at least) greatly exaggerated.

Λύσανδρος, m., *Lysander,* a Spartan
admiral, who finally crushed the
Athenian supremacy in Greece.

Μακεδονία, f., *Macedonia,* district north of
Greece, west of Thrace.

Μακεδονικός, ή, όν, adj., *Macedonian.*

Μακεδών, m., *Macedonian.*

Μαραθών, m., *Marathon,* on the east coast
of Attica, where the famous victory was
won by the Greeks over the Persians,
490 BC.

Μαρσύας, m., *Marsyas.*

Μεγάβαζος, m., *Megabazus.*

Μεγάβυζος, m., *Megabyzus.*

Μέγαρα, n. plur., *Megara,* town of
Peloponnesus, near Corinth.

Μεγαρεύς, m., *Megarian.*

Μειλανίων, m., *Milanion.*

Μελέαγρος, m., *Meleager.*

Μενεκράτης, m., *Menecrates.*

Μένων, m., *Meno.*

Μεσσηνία, f., *Messenia,* district of
Peloponnesus, west of Laconia.

Μεσσήνιος, α, ον, adj., *Messenian.*

Μέτων, m., *Meton.*

Μίδας, m., *Midas.*

Μίθρας, m., *Mithras,* the Persian Sun-God.

Μιλήσιος, α, ον, adj., *Milesian.* (Miletus is
a town of Asia Minor.)

Μιντοῦρναι, f. plur., *Minturnae,* a town of
Latium in Italy.

Μίνως, m., *Minos,* an ancient (perhaps
fabulous) king of Crete.

Μνήμων, m., *the Mindful,* a surname of
Artaxerxes II. of Persia.

Μοῖραι, f. plur., *the Fates* (personified).

Μυσία, f., *Mysia,* district of Asia Minor,
north of Lydia.

Ναβαταῖος, α, ον, adj., *Nabataean.* (The
Nabataeans were an Arabian tribe.)

Ναύπακτος, f., *Naupactus,* city on north
coast of the Corinthian gulf.

Νεῖλος, m., *the Nile,* famous river of Egypt.

Νέστωρ, m., *Nestor,* an old Greek hero,
famed for eloquence and wisdom, a
leader in the Trojan war.

Νηλίδης, m., *Nelides.*

Νικίας, m., *Nicias,* a much-respected,
but singularly unsuccessful Athenian
general and statesman.

Νικόστρατος, m., *Nicostratus.*

Νιόβη, f., *Niobe.*

Ξέρξης, m., *Xerxes,* king of Persia.

Οἰνεύς, m., *Oeneus.*

Ὀλύμπια, n. plur., *the Olympian games.*

Ὀλυμπία, f., *Olympia,* in Elis, where the
great games were held in honor of Zeus.

Ὀλυμπιακός, ή, όν, adj., *Olympian.*

Ὄλυμπος, m., *Olympus,* a mountain in
Thessaly.

Ὅμηρος, m., *Homer,* the supposed author
of the earliest and most famous of
Greek poems, the *Iliad* and *Odyssey.*

Ὀρφεύς, m., *Orpheus.*

Ὀρχομένιος, m., *Orchomenian.*
(Orchomenus was a town of Boeotia.)

Ὄσσα, f., *Ossa,* a mountain of Thessaly.

Ὀστάνης, m., *Ostanes.*

Παγώνδας, m., *Pagondas.*

Πάν, m., *Pan,* a rustic god.

Πάτραι, f. plur., *Patrae,* a town in Achaea.

Πειθίας, m., *Peithias.*

Πελοπόννησος, f., *Peloponnesus,* the South Greek peninsula, connected with North Greece and Attica by the Isthmus of Corinth.

Πελοποννήσιος, α, ον, adj., *Peloponnesian.*

Πενθεύς, m., *Pentheus.*

Πέρσης, m., *Persian.*

Περσικός, ή, όν, adj., *Persian;* ἡ Περσική, *Persia.*

Πήγασος, m., *Pegasus.*

Πηλῶδες, n., *Pelodes,* a harbor of Illyria.

Πλάταια, f., *Plataea,* a small town in Boeotia.

Πλάτων, m., *Plato,* a very celebrated Athenian philosopher; pupil of Socrates, and teacher of Aristotle.

Πλούταρχος, m., *Plutarch,* a learned and industrious Greek author; his best known works are the *Parallel Lives,* biographies of Greek and Roman worthies, arranged in pairs.

Πλούτων, m., *Pluto,* god of the Dead.

Πόνος, m., *Labor* (personified).

Ποσειδῶν, m., *Poseidon,* god of the Sea. Latin Neptunus, Neptune.

Προμηθεύς, m., *Prometheus,* a demi-god.

Προσώπιτις, f., *Prosopitis,* an island at the mouth of the Nile.

Πρυτανεῖον, n., *The Town-hall,* at Athens.

Ῥωμαῖος, α, ον, adj., *Roman.*

Ῥώμη, f., *Rome.*

Ῥωμύλος, m., *Romulus.*

Σαβῖνος, m., *Sabine* (a people of Italy).

Σαλαμίνιος, α, ον, adj., *Salaminian.*

Σαλαμίς, f., *Salamis,* island west of Attica, off which the Greeks signally defeated the Persians, 480 BC.

Σάμος, f., *Samos,* large island near Asia Minor.

Σαρωνικός, ή, όν, adj., *Saronic,* name of a gulf between Attica and Argolis.

Σάτυρος, m., *Satyrus.*

Σικελία, f., *Sicily.*

Σικελικός, ή, όν, adj., *Sicilian.* ἡ Σικελική = Σικελία.

Σικελιώτης, adj., *settled in Sicily* (the Greek colonists there were so called). Διόδωρος Σικελιώτης, *Diodorus Siculus.*

Σιναίτης, m., *Sinactes.*

Σκιπίων, m., *Scipio,* the family name of several distinguished Roman generals, one of whom conquered Hannibal, and took Carthage.

Σκύθης, m., *Scythian.*

Σόλων, m., *Solon,* a great Athenian statesman, considered as the chief founder of the whole constitution of Athens.

Σοφοκλῆς, m., *Sophocles,* an Athenian tragedian.

Σπάρτη, f., *Sparta,* see Λακεδαίμων.

Σπαρτιάτης, m., *Spartan.*

Στρυμών, m., *the Strymon,* a river of Thrace.

Συβαρίτης, m., *Sybarite.* (Sybaris was a very luxurious Greek city of South Italy.)

Σύλλας, m., *Sylla,* or *Sulla,* a Roman general, who supplanted his old leader Marius, and became absolute ruler at Rome with the title of Dictator.

Συρακόσιος, α, ον, adj., *Syracusan.*

Συρακοῦσαι, f. plur., *Syracuse,* the chief city of Sicily.

Σύφαξ, m., *Syphax,* an African king conquered by the Romans.

Σωκράτης, m., *Socrates,* the well-known Greek philosopher.

Τάνταλος, m., *Tantalus.*

Ταρπεία, f., *Tarpeia.*

Ταρπεῖος, m., *Tarpeius.*

Ταυροσθένης, m., *Taurosthenes.*

Τέλλος, m., *Tellos,* Tell.

Τηλέμαχος, m., *Telemachus.*

Τιβέριος, m., *Tiberius,* emperor of Rome. AD 14-37.

Τιμανδρίδας, m., *Timandridas.*

Τίμων, m., *Timon.*

Ὑβλαῖος, m., *Hyblaean.* (Hybla is a town in Sicily.)

Φάλανθος, m., *Phalanthus.*

Φοῖνιξ, m., *Phoenician.*

Φρυγία, f., *Phrygia,* country in Asia Minor.

Χάρης, m., *Chares.*

Χίμαιρα, f., *Chimaera* (a fabulous monster, Lit. a she-goat).

Χῖος, m., *Chian.* (Chios is an island off the coast of Asia Minor.)

Ὠμίσης, m., *Omises.*

Ὠρωπός, m., *Oropus,* a town on the frontiers of Attica and Boeotia.

Ὦχος, m., *Ochus* (surname of Artaxerxes III. of Persia).

Notes on Sources

These stories are told in a variety of classical and modern sources. The following notes identify the authors and works cited in the source notes. Note that many classical works are conventionally cited by their Latin titles, even if they were written in Greek. When a work is cited by the author's name alone, this normally means that the author only wrote one work, or only one that survives. Although in some cases there are several people in classical history with the same name (for example Plato the famous philosopher and Plato the less well known comic playwright), these notes discuss only the authors mentioned in this book.

Aelian (Claudius Aelianus) lived in Rome from about AD 170-235, but wrote in Greek. His *Varia Historia* is a collection of anecdotes about historical figures.

Aeschylus is the first of the three great Athenian tragedians (followed by Euripides and Sophocles). He lived roughly 525-455 BC. Six of his plays are extant, including the only surviving complete trilogy, the *Oresteia* (*Agamemnon, Libation Bearers,* and *Eumenides*). A seventh play, *Prometheus Bound*, is probably his work, but scholars are not certain.

Apollodorus is the conventional name of the author of the *Library of Mythology*. Ancient sources attribute the work to Apollodorus of Athens, a scholar who lived around 140 BC, but he is probably not the author. The *Library* is a compendium of mythological stories in straightforward Greek prose.

Aristophanes is the only writer of fifth-century comedy (Old Comedy) from whom we have complete extant plays — eleven of them. He lived in Athens from about 447 to the late 380s BC. His plays, like all ancient drama, are in verse.

Aristotle lived from 384-322 BC and passed most of his life in Athens. We call him a philosopher, but his interests ranged widely over science, literature, politics, and various other fields. He was a member of the Academy in Athens, founded by Plato, and was the teacher of Alexander the Great. The work cited here is one of his less important, the *History of Animals* or *Historia Animalium*. Like most ancient writers of natural history, Aristotle does not always get his facts straight.

Athenaeus lived in Egypt around AD 200. His one existing work is called *Deipnosophistae* or *Dining Philosophers*; it is an account of a (fictional) party at which the guests discussed a variety of topics, told stories, quoted from literature, and generally had a highly learned conversation. The text is in fairly straightforward Greek prose.

Q. Curtius Rufus lived in the first century AD at Rome and wrote a history of Alexander the Great in Latin. The details of his life are uncertain.

Diodorus Siculus lived in the first century BC and wrote a history of the world, in Greek, covering everything from the earliest civilizations down to Caesar's war in Gaul in the 50s BC. Although he is not a great writer, he preserves a fair amount of information from other historians whose work is now lost.

Diogenes Laertius wrote a collection of biographies of philosophers, in Greek. Based on the philosophers he includes or omits, and the other writers he quotes, we conjecture that he lived between AD 200 and 250, but we do not know anything else about him.

Euripides is the youngest of the three great Athenian tragedians. He lived from 485 to 405 BC and wrote about 92 plays. We have 18 of them, plus another, *Rhesus*, which is traditionally attributed to him but was probably written later.

The **Greek Anthology** is a collection of short poems, mostly in elegiac couplets. It was put together over a period of centuries, starting with a collection from the first century BC, then growing as various scholars and readers added to it, down to the fourteenth century AD. The poems themselves include some from classical Greece and some later work, still in the classical language.

Herodotus lived in the fifth century BC, possibly from 484 to 420. He was born in Halicarnassus in Asia Minor and therefore wrote in the Ionic dialect of Greek, which is only a bit different from Attic. His work is a history of the Persian War of the early fifth century, but he finds excuses for a variety of interesting digressions. His Greek is relatively easy to read.

Hesiod is one of the two great early epic poets of Greece, and lived around 700 BC. His two major poems are the *Theogony*, telling the genealogies of the gods, and the *Works and Days*, a didactic poem about how to live well and how to run a farm. Both are in epic form: long poems in dactylic hexameters.

Homer is traditionally the first of the great Greek epic poets, though in fact there was probably no single person who was "Homer." His name is attached to the *Iliad* and the *Odyssey*, two large-scale epics from the body of stories around the Trojan War. The *Homeric Hymns* are from the same tradition; they are shorter poems, also in dactylic hexameters, that praise the gods and tell their stories. Homer's Greek is quite easy once you get used to the style.

Henry Wadsworth Longfellow, 1807-1882, lived in Cambridge, Massachusetts, in a house that still stands, outside Harvard Square. His poems range from short lyrics to long narratives. The collection *Tales of a Wayside Inn* includes the familiar "Paul Revere's Ride" as well as the medieval story adapted here.

Cornelius Nepos was from Cisalpine Gaul but spent most of his life at Rome. He lived roughly 99-24 BC and was acquainted with many of the important figures of the period. Catullus dedicates his poetry book to him. His surviving works, written in Latin, are biographies, mostly of famous generals but also of Cato the Elder and of T. Pomponius Atticus, Cicero's friend.

P. Ovidius Naso, known in English as Ovid, lived from 43 BC to AD 17, mostly at Rome until he was sent into exile for reasons we do not know. He wrote a large amount of Latin poetry. The *Metamorphoses* is a collection of tales in the form of an epic poem; as you might expect from the title, each of the stories involves someone being changed into something else. The rest of his works are in elegiac couplets. The *Fasti* is a calendar in verse, telling what holidays and anniversaries occur on each day of the year. It is not finished: Ovid only got as far as June. The *Ars Amatoria* or *Art of Love* gives advice on starting and maintaining love relationships. The *Amores* are love poems. So are the *Heroides*, but they are specifically in the form of letters purporting to be written by famous women lovers in mythology, such as Penelope, Dido, and Medea.

Pausanias, probably of Lydia, lived around AD 150. His main work, called the *Description of Greece*, is a travelogue. Pausanias went to all the major cities in Greece and wrote up what he found: the buildings, monuments, art, local legends, striking natural features, and so on. His Greek is not terribly difficult.

Pindar of Boeotia lived 518-438 BC. He is one of the greatest of Greek lyric poets. His surviving works are four books of victory songs for winners in the Olympian, Pythian, Nemean, and Isthmean Games. Other works survive only in fragments. Pindar's poetry is quite difficult but worth the effort.

Plato, student of Socrates and teacher of Aristotle, lived about 429-347 BC, mostly in Athens. He is a philosopher. His works are almost all in dialogue form, usually featuring Socrates as the main character. The *Republic*, one of only two multi-book works (the other is the *Laws*), gives a picture of what an ideal city should be like. Plato's Greek style is wonderful, capturing the tone of conversation among friends.

C. Plinius Secundus is called Pliny the Elder to distinguish him from his nephew, who was also a writer. Pliny the Elder lived AD 23-79; we know the date of his death because he died in the eruption of Mt. Vesuvius, as described by his nephew in a well-known letter (6.16). His surviving work, in Latin, is the *Natural History*, an encyclopedia of biology, geology, art, and various other subjects.

Plutarch was alive at least from AD 50-120. He lived in Chaeronea, in Boeotia, but travelled widely. His works fall into two groups: the *Parallel Lives* and the *Moralia*. The *Lives* are biographies in pairs, a Greek matched with a Roman, usually followed by a comparison of the two lives. The *Moralia* are essays and dialogues. Although each one has its own individual title, and they were not written as a single unit, the group is often referred to by the general name. Plutarch's Greek is not very difficult and he has many good anecdotes throughout his work.

Sophocles the tragedian lived 495-405 BC, in Athens. Of his many plays, only seven survive, but they include two of the most beloved of all Greek plays, *Antigone* and *Oedipus the King*.

Thucydides of Athens lived from about 460-400 BC and wrote a history of the Peloponnesian War, fought between Athens and Sparta from 431 to 404 BC. He is one of the first really scholarly historians. His Greek is often complex, with a tendency on the one hand to concise, gnomic pronouncements, and on the other hand to long, periodic sentences.

P. Vergilius Maro, called Vergil or Virgil in English, lived 70-19 BC in Rome. His major work is the *Aeneid*, an epic in Latin on the founding of Rome by Aeneas, a Trojan who survived the Trojan War. The *Georgics* is ostensibly a didactic epic about farming, though it contains more than just agricultural advice. His earliest work, the *Eclogues* or *Bucolics*, is a group of ten pastoral poems, that is, poems about shepherds and goat-herds.